JB-I-28
(FC-I)

Geographisch denken und wissenschaftlich arbeiten

PERTHES GEOGRAPHIEKOLLEG

Geographisch denken und wissenschaftlich arbeiten

Eine Einführung in die Geographie und in Studientechniken

Axel Borsdorf

Klett-Perthes

Gotha und Stuttgart

Die Deutsche Bibliothek – CIP-Einheitsaufnahme

Borsdorf, Axel:
Geographisch denken und wissenschaftlich arbeiten: eine Einführung in die Geographie und in Studientechniken / Axel Borsdorf. – 1. Aufl. – Gotha ; Stuttgart : Klett-Perthes, 1999
(Perthes GeographieKolleg)
ISBN 3-623-00649-1

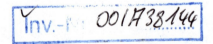

Titelfoto: Strandleben in Polangen, Litauen (Foto: BORSDORF 1997)

Redaktion: Stephan Frisch
Grafik: Franz Josef Domke, Hannover
Einbandgestaltung: Klaus Martin, Arnstadt, und Uwe Voigt, Erfurt
Druck und buchbinderische Verarbeitung: Salzland Druck & Verlag, Staßfurt

ISBN 3-623-00649-1
1. Auflage

© Justus Perthes Verlag Gotha GmbH, Gotha 1999
Alle Rechte vorbehalten.

http: www.klett-verlag.de/klett-perthes

Gedruckt auf Papier aus chlorfrei gebleichtem Zellstoff.

Vorwort

Wer dieses Buch kauft, hat eine wichtige Entscheidung entweder direkt vor sich oder sie bereits getroffen: Die Wahl des Studiums der Geographie. Dieser Entschluss ist ein guter: In kaum einem Fach kann man so viele Begabungen einbringen wie in die Geographie, die räumliches, historisches, sprachliches, kulturelles, naturwissenschaftliches und mathematisches Verständnis voraussetzt. Sie umfasst naturwissenschaftliche, geisteswissenschaftliche und sozialwissenschaftliche Erkenntnisse nicht in additiver, sondern in integrativer Sichtweise. Daraus folgt, dass natur-, geistes- und sozialwissenschaftliche Methoden gelehrt und angewandt werden, ferner analytische und synthetisch-integrative Vorgehens- und Denkweisen einen gleich hohen Stellenwert haben. Und schließlich ist die Perspektive der Geographie weder regional noch zeitlich begrenzt: Vom Heimatraum zur ganzen Welt unter Einschluss der Kontinente und Ozeane, von der Entstehung der Erde bis zu den gegenwärtig darin ablaufenden Prozessen reicht ihr Interesse.

Es versteht sich von selbst, dass in einem einzigen Buch das Gesamtgebiet der Geographie nicht dargestellt werden kann. Der vorliegende Band ist daher als Einführung in geographisches Denken gedacht. Dieser Konzeption folgend treten Inhalte unseres Faches gegenüber der Einführung in Erkenntnistechniken zurück: Nicht Raum und Zeit als Objekte geographischen Erkenntnisstrebens werden behandelt, sondern Vorgehensweisen, diese Gegenstände zu erfassen, zu beschreiben und ihre Strukturen sowie die ablaufenden Prozesse zu erklären. Dies folgt der Einsicht, dass in der ständig zunehmenden Menge an Wissen und Information nicht mehr das lexikalische Wissen zählt, sondern die Fähigkeit, sein Wissen ständig zu erneuern und es einzuordnen.

Dabei werden auch nur Basismethoden behandelt, von denen aus Pfade zu spezifischeren Methoden der Kartographie, der Luft- und Satellitenbildauswertung, der Geographischen Informationssysteme, der Labortechniken, der Quellenforschung, der sozialwissenschaftlichen Datenerhebung, der Datenverarbeitung, Statistik und vieler anderer Ansätze führen. Die Einführung in diese spezifischen Methoden muss anderen Bänden vorbehalten bleiben.

Die wichtigste Aufgabe dieses Buches ist es, Studienanfängern in unserem Fach eine erste Orientierung zu vermitteln, sie in wissenschaftliches Denken und Arbeiten einzuführen. Dazu ist es auch notwendig, einige grundlegende Darstellungsmethoden der Geographie kennenzulernen und sich einzuprägen. Sie sollen helfen, in späteren Lehrveranstaltungen die Vielfalt der geographischen Substanz zu systematisieren, Referaten sinnvolle Gliederungen zu geben oder auf Exkursionen die sichtbaren geographischen Phänomene erfassen, beschreiben und erklären zu können. Um diesem Zweck zu genügen, wurde eine Auswahl aus derartigen Methoden getroffen und diese möglichst einfach dargestellt und exemplifiziert.

Die zweite Aufgabe, der sich der vorliegende Band stellt, ist es, eine Hilfestellung bei der Erarbeitung von Studien- und Lerntechniken zu bieten. In meiner langjährigen Tätigkeit an zwei Universitäten wie auch bei Gastprofessuren und kurzfristigen Tätigkeiten an anderen Hochschulen hat sich gezeigt, wie notwendig eine solche Einführung ist. Was im ersten Semester versäumt wird, lässt sich manchmal nur noch schwer nachholen und fällt spätestens bei der Abgabe der Diplomarbeit auf den Kandidaten zurück. Diesem aber die Verantwortung zuzuschieben, wäre nicht ganz lauter, denn verantwortlich für die Ausbildung unserer Studierenden sind in erster Linie die Lehrpersonen.

Ein mögliches Missverständnis muss gleich zu Beginn ausgeräumt werden: Dieses Buch ist kein Handbuch, sondern ein Lehrbuch. Es ist dem Textbook vergleichbar, das sich im angloamerikanischen Lehrbetrieb einen festen Platz erobert hat. Es will dementsprechend im Zusammenhang gelesen und studiert werden, und es eignet sich weniger zum gelegentlichen Nachschlagen. Im Gegenteil: Es fordert nach den Kapiteln zum eigenen Einüben und zum Weiterlesen heraus. Darin liegt auch ein didaktischer Anspruch. Da es sich in erster Linie an Studienanfänger richtet, sollen diese schon im ersten Semester mit den akademischen Lernprinzipien vertraut gemacht werden und den Wert des Eigenstudiums neben dem universitären Lehrbetrieb erkennen lernen.

Ich habe vier Personen zu danken, deren Anregungen jeder Seite dieses Skriptums immanent sind: meinem Lehrer HERBERT WILHELMY, der mir die Begeisterung für die Geographie vermittelte, Prof. ADOLF KARGER, dem ich mein methodisches Denken verdanke und dessen eigenes Vorlesungsskript das Grundgerüst dieses Buches bildet, Prof. HERMANN GREES, der mir die Wissenschaftstheorie nahegebracht hat (soweit dies nicht mein Freund Dr. UWE ROSTOCK bereits getan hatte) und meinem Freund Dr. HELMUT ECK, dem das Skriptum in Bezug auf die wissenschaftlichen Arbeitstechniken verpflichtet ist. Wenn ich viel von seinem eigenen Buch übernommen habe, dann geschah dies doch ohne ein schlechtes Gewissen. Wir haben jahrelang die Tübinger Einführungsveranstaltung in die Geographie im Wechsel durchgeführt, uns dabei immer ausgetauscht, so dass auch Helmuts Einführungsbuch manche Ideen aus meiner Lehrveranstaltung enthält.

Ich widme dieses Buch allen Geographiestudenten und -studentinnen. Für sie ist es geschrieben worden. Möge es ihnen helfen, sie zu begeistern und zu erfolgreichen Geographen und Geographinnen zu machen.

Inhalt

Vorwort   5

1. Einführung   10
   1.1. Zielstellung, Aufbau und Darstellungsmethode   10
   1.2. Der Geograph auf dem Strand – ein Beispiel nach Peter Haggett   12

2. Einführung in das wissenschaftliche Denken   19
   2.1. Aufgabe der Wissenschaft   19
   2.2. Innere Struktur der Wissenschaft   21
   2.3. Metatheoretische Ansätze   22
   2.4. Die Geographie im Gefüge der Wissenschaften   28

3. Grundlagen der Geographie   30
   3.1. Vorläufige Definition der Geographie   30
   3.2. Begriffe   33
      3.2.1. Geosphäre   33
      3.2.2. Lage   34
      3.2.3. Stoff, Form und Struktur   36
      3.2.4. Funktion   36
      3.2.5. Genese   37
   3.3. Folgerungen für das Geographiestudium   39
      3.3.1. Zusammenfassung der Kapitel 3.1. und 3.2.   39
      3.3.2. Konsequenzen für das Geographiestudium   39

4. System der Geographie   42
   4.1. Betrachtungsweisen und Organisationsplan der Geographie   42
   4.2. Die Allgemeine Geographie und ihre Stellung zu benachbarten Wissenschaften   52
   4.3. Regionale Geographie   55
      4.3.1. Länderkunde   55
         4.3.1.1. Das „länderkundliche Schema"   57
         4.3.1.2. Die „Dynamische Länderkunde"   58
         4.3.1.3. Die problemorientierte Länderkunde   60
      4.3.2. Landschaftskunde   61
         4.3.2.1. Die Vergleichende Länderkunde   61
         4.3.2.2. Die geographische Formenwandellehre   61
         4.3.2.3. Die Integrationslehre   63
   4.4. Folgerungen für das Geographiestudium   66
      4.4.1. Zusammenfassung des Kapitels 4   66
      4.4.2. Konsequenzen für das Geographiestudium   66

5. Weitere Grundmethoden der Geographie   69
   5.1. Kulturlandschaftsgenese   69
   5.2. Der „Münchener" sozialgeographische Ansatz   77

5.3. Der perzeptionsgeographische Ansatz	79
5.4. Der systemanalytische Ansatz	83

6. Erweiterung der Definition der Geographie: Die Angewandte Geographie   87

6.1. Angewandte Geographie	87
6.2. Folgerungen aus der Diskussion um die Definition der Geographie	88

7. Die Entwicklung der geographischen Wissenschaft und ihrer Richtungen   90

7.1. Kurzgefasste Disziplingeschichte	90
7.2. Das Dualismus-„Problem"	92
7.2.1. Der Dualismus Allgemeine - Regionale Geographie	92
7.2.2. Der Dualismus Physio- – Anthropogeographie	93
7.2.3. Der Dualismus Grundlagenforschung – Angewandte Geographie	93

8. Neuere Forschungsrichtungen in der Geographie   94

8.1. Paradigmenwechsel	94
8.2. Die Geographie in der Postmoderne?	94
8.3. Geographie ohne Raum? oder: Sozialgeographie alltäglicher Regionalisierungen	97
8.4. Humanökologische Geographie	101

9. Einführung in das wissenschaftliche Arbeiten   103

9.1. Informationsgewinnung aus Schrifttum	103
9.1.1. Informationsträger und Analysetechniken	103
9.1.2. Themaanalyse	104
9.1.3. Die Literatursuche	105
9.1.4. Das Bibliographieren	106
9.1.5. Suche im Internet	110
9.1.6. Enzyklopädien, Fachlexika, Hand- und Lehrbücher	111
9.1.7. Fachzeitschriften und Reihen	112
9.1.8. Statistiken	114
9.1.9. Pressedienste	115
9.2. Ikonographische Materialien	115
9.2.1. Karten und Atlanten, Luft- und Satellitenbilder	115
9.2.2. Dias, Arbeitstransparente, Filme, Videos	116
9.3. Informationsspeicherung	117
9.3.1. Das eigene Archiv	117
9.3.2. Die eigene Kartei	117
9.4. Wissenschaftliche Lese- und Lernmethoden	121
9.4.1. Das studierende/lernende Lesen: Die SQ3R- und die Reiners-Methode	121
9.4.2. Das schnelle Lesen	122
9.5. Das Zitieren im Text und im Literaturverzeichnis	123

Inhalt

9.6. Die Gliederung des Manuskriptes	126
9.6.1. Allgemeines	126
9.6.2. Die Gliederung	126
9.7. Die Präsentation	127
9.7.1. Der Vortrag und seine Alternativen	129
9.7.2. Gesamtgestaltung	130
9.7.3. Vortragstechnik	131
9.7.4. Möglichkeiten der Veranschaulichung, Medieneinsatz	132
9.7.5. Äußerer Ablauf des Vortrags	136
10. Ein Blick vom ersten auf das letzte Semester	137
10.1. Von der Notwendigkeit des Vorausschauens	137
10.2. Berufsfelder für Geographen	137
10.2.1. Der Arbeitsmarkt	137
10.2.2. Die Ist-Situation auf dem Arbeitsmarkt	140
10.2.3. Der Berufseinstieg	141
10.2.4. Qualifikationen, Berufspraktikum und Zusatzausbildungen	144
10.2.5. Folgerungen für das Geographiestudium	147
11. Literaturverzeichnis	149
12. Verzeichnis der Abbildungen	156
13. Stichwortregister	158

1. Einführung

1.1. Zielstellung, Aufbau und Darstellungsmethode

„Was ist das für ein dickes Buch?" sagte der kleine Prinz. „Was machen Sie da?"
„Ich bin ein Geograph", sagte der alte Herr.
„Was ist das, ‚ein Geograph'?"
„Das ist ein Gelehrter, der weiß, wo sich die Meere, die Ströme, die Städte, die Berge und die Wüsten befinden."
„Das ist interessant", sagte der kleine Prinz. „Endlich ein richtiger Beruf!"
(aus: ANTOINE DE SAINT-EXUPÉRY, Der kleine Prinz)

Viele Geographen zitieren den französischen Nobelpreisträger bis hierher. Wer jedoch weiterliest, bemerkt schnell, dass dies den Sinn verstellt, denn in der Geschichte vom kleinen Prinzen verliert der Geograph schnell seine Kompetenz und zeigt sich den praktischen Anforderungen seines Berufes nicht gewachsen. Das vorliegende Skriptum wurde geschrieben, um solche Inkompetenzen unter zukünftigen Geographen vermeiden zu helfen. Methoden der Geographie werden als Handwerkszeug vorgestellt. Die Gewöhnung an dieses Werkzeug soll stümperhafte Hobbywerkelei obsolet machen. Dabei muss eingestanden werden, dass sich jedes Werkzeug noch verbessern und erweitern lässt, also auch die Methoden der Geographie. Um dazu fähig zu sein, muss man aber zuvor ein Meister in der Arbeit mit dem vorhandenen Werkzeug bzw. den Methoden geworden sein. Wer das vorliegende Buch durcharbeitet, sollte zumindest die Gesellenprüfung ablegen können.

Das Buch setzt sich aber noch ein zweites Ziel. Die Beherrschung geographischer Methoden allein garantiert noch keinen Studienerfolg. Ebenso wichtig sind die Methoden wissenschaftlichen Arbeitens überhaupt, ja sie bilden vielfach erst die Grundlage für erfolgreiche Analysen im geographischen Bereich. Zwar eignet sich jede(r) Studierende diese Methoden im Laufe des Studiums selbst an, „learning by doing" könnte man diesen Prozess bezeichnen, doch gehen dabei viel Zeit und Energie verloren, die besser für fachinhaltliche und fachmethodische Studien eingesetzt würden. Quasi als Propädeutikum ist diesem Buch eine solche Einführung in das wissenschaftliche Arbeiten hintangestellt. Sie macht den Leser anhand eines fiktiven Beispiels (Anfertigung eines Referates) mit den grundlegenden Arbeitstechniken vertraut. Es kann durchaus empfohlen werden, diesen Teil separat und u.U. parallel zum Studium des ersten Teiles durchzuarbeiten, um bereits zu Beginn des ersten Semesters zentrale Studientechniken beherrschen zu lernen.

In gleicher Weise kann sich die Nichtvertrautheit mit den inneren Strukturen der Wissenschaft als solcher zeitverzögernd auf den Studienerfolg auswirken. Auch dafür sollen einleitend Orientierungshilfen gegeben werden. Da über dem Studium dieser propädeutischen Teile die Lust auf die Geographie verloren gehen könnte, steht am Anfang, sozusagen zur Motivationsweckung, ein Kapitel, in dem an einem einfachen Beispiel die geographische Fragestellung entwickelt wird.

Dieses Buch wurde in einer ersten Fassung als Begleittext zu einer Vorlesung entwickelt, die am Institut für Geographie der Universität Innsbruck im Zwei-Semester-Turnus gelesen wird. Es kann aber auch ohne den Besuch einer Lehrveranstaltung durchgearbeitet werden. Diese Konzeption folgt der Einsicht, dass es sehr unterschiedliche Lerntechniken gibt: Der eine zieht die Vorlesung vor, wo Sachverhalte logisch entwickelt und vorgetragen werden, arbeitet diesen Stoff anhand der Mitschrift zu Hause nach und diskutiert ihn mit Kommilitonen/innen, ein anderer zieht die direkte diskutierende gedankliche Arbeit im Seminar vor, ein dritter das Projekt- oder Forschungsseminar, ein letzter vielleicht das Lehrbuchstudium. Alle diese Techniken haben ihre Berechtigung, im Idealfall sollten sie parallel zueinander eingeübt werden, da sie auf die späteren beruflichen Methoden der Erkenntnisgewinnung vorbereiten: Da gilt es, Vorträgen zuzuhören, in Teamarbeit Gedanken zu entwickeln, aus Literatur und Sekundärdaten zu Erkenntnissen zu kommen oder selbständig Primärdaten zu erheben und zu verarbeiten. Daraus folgt, dass zwar ein Studium des Skriptums für sich genommen möglich ist, dennoch nur dringend empfohlen werden kann, parallel dazu eine einführende Lehrveranstaltung zu besuchen.

Der Stil des Buches versucht, zwischen trockenem Lehrbuchdargebot und spannender Vorlesungs- oder Seminaratmosphäre zu vermitteln. Dazu ist es zuweilen notwendig, sich selbst Aufgaben zu stellen oder die begleitenden Graphiken für sich selbst zu interpretieren, da dies nicht in allen Fällen im Text erfolgt. Allerdings sollten die hierzu im Buch gegebenen Informationen unter Einbeziehung eines Minimums an Allgemeinwissen, das man bei Studierenden voraussetzen sollte, ausreichen.

Nach einigen Kapiteln werden Tipps zum Weiterlesen gegeben. Das Studium eines Faches besteht nur zu einem Teil aus dem Besuch von Lehrveranstaltungen im Hörsaal und, wie im Fall der Geographie, im Gelände. Ein zweites Standbein bildet die eigene Lektüre, das Selbststudium. Es ist daher dringend zu empfehlen, diese Tipps auch umzusetzen. Die Literaturhinweise im Text und bei den Abbildungen finden sich nicht sämtlich in diesen sogenannten „Tipps zum Weiterlesen" wieder. Sie können im Literaturverzeichnis am Ende des Bandes nachgeschlagen werden. Schließlich soll darauf hingewiesen werden, dass die Nachhaltigkeit des Lernerfolgs durch Teamarbeit, d.h. auch Diskussionen mit Kommilitonen/innen gesteigert werden kann.

Es stellt sich abschließend die Frage, warum ein solches Buch geschrieben wurde. An Einführungen zur Geographie, zur Wissenschaft und zum wissenschaftlichen Arbeiten mangelt es nicht. Der Aufgabe, die Geographie in ihrer inneren Struktur, ihrer Geschichte und ihren Arbeitsweisen vorzustellen, haben sich u.a. LESER (1980), HAGGETT (1991), ABLER/ADAMS/GOULD (1971) und andere unterzogen. Zum Teil greift die hier vorgelegte Darstellung auf diese Arbeiten zurück. Bei aller Klarheit von Aufbau und Durchführung im theoretischen Teil fehlt es diesen Darstellungen jedoch an der zusammenfassenden Vorstellung von Arbeitsmethoden. Diese versuchen HANTSCHEL/THARUN (1975) für den anthropogeographischen Bereich, gehen aber kaum über den Teil der sozialwissenschaftlichen Datenerhebung hinaus. HARD (1973) setzt weit höher an, indem er eine wissenschaftstheoretische Einführung versucht. Ihr hohes Niveau und das kritische Bewusstsein erschweren dem Anfänger jedoch die Lektüre und die Näherung an die Geographie. Zur Wissenschaftstheorie liegen zahlreiche weitere Einführungsbücher vor, an erster Stelle ist das vierbändige, leicht verständliche Werk von SEIFFERT (1970-97) zu nennen. In diesen Einführungen kann naturgemäß auf die Geographie nicht reflektiert werden. Ebenso verhält es sich mit vielen Büchern zum wissenschaftlichen Arbeiten. Das Buch von ECK (1983) stellt den bislang noch seltenen Versuch dar, eine Einführung für Geographiestudenten zu bieten. Das vorliegende Skriptum stützt sich in seinem praktischen Teil z. T. auf diese Arbeit.

So ist es keineswegs so, dass mit diesem Skriptum neue Fakten vorgelegt würden. Im Gegenteil, alles, was hier behandelt wird, ist in guten und besseren früheren Werken vorgestellt und diskutiert worden. Der Anspruch liegt daher nur in der neuen Art der Zusammenfassung und in dem Bestreben, die teilweise sehr komplizierten Sachverhalte so aufzubereiten, dass sie für Schüler und Studienanfänger lesbar und nachvollziehbar sind.

1.2. Der Geograph auf dem Strand – ein Beispiel nach Peter Haggett

Strandszenen, wie sie in Abb. 1 wiedergegeben werden, sind alltäglich. Was macht sie für Geographen interessant? Bevor hierauf eine Antwort gegeben wird, ist ein Exkurs hilfreich: Wenn wir einen Stein einem Bildhauer, einem Mineralogen oder gar einem Demonstranten gleich welcher Couleur zeigen, werden die Reaktionen sehr unterschiedlich ausfallen. Der Bildhauer entdeckt darin vielleicht die Rohform eines sterbenden Schwans und versucht sich vorzustellen, was zu tun wäre, um ihn in die Endform zu bringen. Der Mineraloge zückt vermutlich sofort seine Gesteinslupe und versucht, die mineralische Zusammensetzung des Handstücks zu ermitteln. Der Demonstrant dagegen wägt es möglicherweise in der Hand, erinnert sich an die letzte große Konfrontation mit der Staatsgewalt und denkt darüber nach, wie hilfreich ihm damals dieser Stein gewesen wäre[1].

Natürlich ist dieses Bild überzeichnet, es dient auch nur dazu, zu zeigen, dass ein und dasselbe Objekt sehr unterschiedliche Reaktionen bei verschiedenen Menschen auslösen kann. Wenn dies auch für Wissenschaftler, also einer Subspezies der Menschen gilt, dann folgt daraus die Erkenntnis:

> **Die Art des Denkens und die Aktionen von Wissenschaftlern werden nicht vom Objekt gesteuert, sondern von der Haltung des Individuums dem Objekt gegenüber.**

Hierzu ein Beispiel: Viele Menschen haben vor ISAAC NEWTON gedankenlos zur Kenntnis genommen, dass Gegenstände zu Boden fallen. Erst NEWTON als Physiker

---
[1] Das Beispiel „Der Geograph auf dem Strand" folgt einem Gedankengang, der von HAGGETT 1979, S. 4–18 (in der deutschen Ausgabe 1991, S. 31–46) entwickelt worden ist. Es ist so gut gewählt, dass es auch für diese Einführung verwendet wird.

Der Geograph auf dem Strand – ein Beispiel nach Peter Haggett

Abb. 1: Strandleben in Polangen, Litauen (Foto: BORSDORF 1997)

interessierte sich dafür, den Grund kennenzulernen. Auch hieraus folgt die oben formulierte Erkenntnis, dass Reaktionen bzw. Fragestellungen nicht objekt-, sondern subjektgesteuert sind.

Betrachten wir noch einmal das Beispiel des Steins. Er war identisch für Bildhauer, Mineralogen und Demonstranten. Unterschieden haben sich die Reaktionen nach der Art der Erkenntnisse, die die einzelnen Personen aus diesem Objekt gewinnen wollten. Erst dadurch wurde das Objekt der Erfahrungen zu einem Objekt der Erkenntnisgewinnung. Hieraus folgt unsere zweite Erkenntnis:

> **Wir müssen zwischen einem Erfahrungsobjekt, das vielen Wissenschaften gemein sein kann, und dem Erkenntnisobjekt, das jeweils einer Disziplin zuzurechnen ist, unterscheiden.**

Wenn wir jetzt unseren Exkurs beenden, kann dieses Ergebnis am Ausgangsbeispiel des Strandes exemplifiziert werden. Fragen wir uns, welche Reaktionen ein Strand bei einem Geologen, Soziologen oder Betriebswirt hervorrufen würde, wird uns sehr schnell deutlich, dass in der Tat das identische Erfahrungsobjekt sehr unterschiedliche Arten der Erkenntnisgewinnung zur Folge hätte: Der Geologe würde den Sand nach Mineralzusammensetzung, Korngröße und Liefergebiet analysieren, der Soziologe wäre am Gruppenverhalten der Badenden interessiert, der Betriebswirt würde im Geiste Umsatz und Gewinn der Strandkorbvermieter oder Eisverkäufer überschlagen. Diese unterschiedlichen Reaktionen folgen aus den unterschiedlichen Fragestellungen, die sich diese verschiedenen Disziplinen stellen.

Wie aber würde ein Geograph reagieren? Aus dem Gesagten folgt, dass auch die Reaktion des Geographen abhängig von seinem Erkenntnisinteresse und damit von seinen Fragestellungen wäre. Wie würde der Geograph also fragen? Geographen beschäftigen sich mit Standorten im Raum, also wäre ihre erste Frage sicherlich, wo was im Raum ist. Sehen wir uns zunächst das »Was« an, also die Gegenstände, deren Lage im Raum den Geographen interessieren würde. In unserem Fall wären dies vielleicht das „feste Land", das Meer, die Wasserlinie, die Menschen, die Häuser, die Autos, die Algen, der Schmutz, die Straßen: All dies bezeichnen wir zusammengefasst als **Geographische Substanz**. Dieser Terminus, den wir uns zu merken haben, bezeichnet den Gesamtinhalt eines Raumausschnitts innerhalb des geographischen Maßstabs.

Auch hierzu ist ein kurzer Exkurs nötig: Jede Wissenschaft, die sich mit dem Raum beschäftigt, hat einen spezifischen Maßstab. Der Maßstab der Mineralogie z. B. ist sehr groß: Sie interessiert sich von der Korngröße abwärts bis hin zum Kristallgitter von Mineralien. Die Astronomie dagegen hält sich mit solchen Details nicht auf, sie denkt in unvorstellbar großen Räumen, also kleinen Maßstäben. Der Maßstab der Geographie dagegen liegt in der Mitte: Gerade eben interessiert einen Bodengeographen noch die Korngröße, ein Siedlungsgeograph endet schon bei der inneren Einteilung eines Hauses in Zimmer und nimmt deren Einrichtung schon nicht mehr wahr. Und nach oben ist das Interesse des Geographen in der Regel mit der Atmosphäre begrenzt. Was jenseits der Erde im Raum liegt, bleibt außerhalb des Interesses. Daraus folgt:

> **Der geographische Maßstab liegt zwischen 10^2 und 10^{10} cm, also zwischen der Größe eines Kindes und etwa der doppelten Größe des Erdumfangs. Zu große oder zu kleine Dimensionen interessieren die Geographie nicht mehr.**

Damit ist der Gegenstand geographischen Forschens, das Erfahrungsobjekt also, vorläufig ausreichend benannt. Das eigentliche Kernwort in der oben skizzierten Frage ist aber das Fragewort „Wo". Mit dieser Frage, mit Standorten im Raum also, haben es Geographen täglich zu tun. Dies bedeutet:

> **Die Beschäftigung mit Standorten ist ein wichtiges Aufgabenfeld der Geographen.**

Standorte genau zu spezifizieren, ist eine erste Grundregel geographisch-wissenschaftlicher Arbeit. Eine ungenaue Standortbestimmung ärgert den Geographen ebenso wie den Linguisten eine falsche Aussprache oder den Historiker eine ungenaue Zeitangabe. Für eine erste Näherung an diese Frage soll es genügen, sie hier nur für ein Element der geographischen Substanz, die Menschen, zu beantworten. Wo sind die Menschen am Strand? – Dies wäre also die Frage, die es im Folgenden zu beantworten gilt. Wenn man an eine möglichst genaue Beantwortung denkt, zeigt sich sogleich, dass die trivial erscheinende Frage nur sehr schwer exakt beantwortet werden kann. In ersten Antwortversuchen werden Lagebeziehungen ausge-

Der Geograph auf dem Strand – ein Beispiel nach Peter Haggett 15

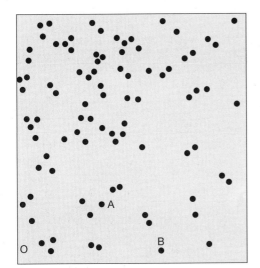

Abb. 2: Verteilung der Strandpopulation und Auszählung (eigener Entwurf nach HAGGETT 1991, S. 36)

drückt: nahe am Wasser, weiter weg von der Straße, abseits des Algenteppichs etc. Solche Lagebeziehungen und Lagekoinzidenzen sind tatsächlich sehr wichtig und werden uns später noch beschäftigen. Hier aber erweist sich eine solche Betrachtung zunächst als zu ungenau. Dies zeigt sich allein daran, dass aus einer solchen Antwort allein niemand eine genaue Vorstellung über die Strandpopulation gewinnen kann, kurz: die Antworten sind noch so ungenau, dass sie nicht reproduzierbar sind. Wir hätten gern ein Hilfsmittel, mit dem wir die Frage nach der Position der Menschen am Strand genauer beantworten können. Um nicht durch relationale Lagebeziehungen abgelenkt zu werden, entwerfen wir zunächst eine reine Verteilungskarte der Menschen am Strand, die wir z. B. durch einfache Übertragung aus einem Luftbild gewinnen können.

Ein Hilfsmittel zur Positionierung der Punkte (= Menschen) im Raum kann ein Orientierungsschema sein. Wir kennen solche Schemata aus Stadtplänen. Wenn wir eine Straße suchen und aus dem Namensregister wissen, dass sich diese Straße im Planquadrat P 8 befindet, werden wir dort auch fündig werden. Und wir wissen von unserer Arbeit mit Atlanten, dass es auch für die gesamte Erde eine Möglichkeit gibt, Standorte absolut und unverwechselbar anzugeben, so dass sie jeder andere leicht wiederfindet: das Gradnetz der Erde. Mit einem solchen Gradnetz wäre es auch möglich, den Standort jedes Menschen am Strand exakt wiederzugeben. Allerdings würde dies exakter Vermessungstechniken bedürfen. In unserem Fall wäre es einfach, ein spezifisches Rasternetz selbst zu definieren.

Nun wird eine genaue Ortsangabe für jeden Punkt möglich. Vieles andere erschließt sich nun auch: Wir können die Punkte in den einzelnen Rasterquadraten auszählen, entdecken, dass einzelne dichter, andere weniger dicht „bevölkert" sind. Dies verleitet uns dazu, Rasterquadrate gleicher Dichte zusammenzufassen, und eine Choroplethenkarte (Karte von Räumen gleicher Dichte) entsteht. Vielleicht stört uns die rechteckige Abgrenzung der Räume. Wenn wir zwischen den einzelnen Quadraten interpolieren und die Grenzlinien fixieren, erhalten wir eine Iso-

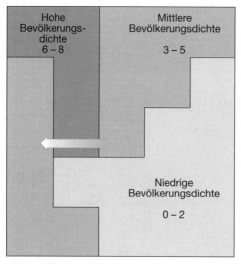 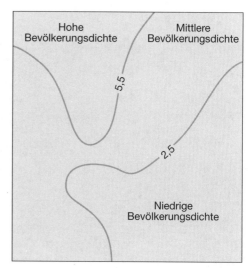

Abb. 3 und 4: Choroplethen- und Isoplethenkarte
(nach HAGGETT 1991, S. 36)

plethenkarte, auf der die Linien eine gleiche Dichte symbolisieren und die Räume voneinander abgrenzen.

Mit unserer Methode haben wir Elemente der geographischen Substanz, in diesem Fall die Menschen auf dem Strand, zum Raum in Beziehung gesetzt. Wir hätten auch diese Elemente zueinander in Beziehung setzen können, indem wir in unserem Fall die Distanzen zwischen den einzelnen Menschen messen. Dabei werden wir schnell feststellen, dass sich bestimmte Distanzen häufen, andere zwischenmenschliche Entfernungen kaum auftreten. Tragen wir unser Ergebnis in ein Diagramm ein, so erhalten wir ein Diagramm interpersonaler Distanzen am Strand. Stark vertreten sind die Paare, die eng umschlungen auf dem Strand liegen und wenig Distanz zum Partner wahren. Eine zweite Gruppe bilden die Familien und Freundesgruppen, die, um gut miteinander kommunizieren zu können, selten eine Distanz von einem Meter zum anderen überschreiten. Kommt ein einzelner Erholungssuchender oder eine neue Gruppe an den Strand, wird sie danach trachten, zumindest vier bis fünf Meter Abstand zum Nachbarn zu haben.

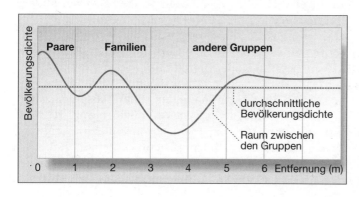

Abb. 5: Interpersonale Distanzen auf dem Strand
(nach HAGGETT 1991, S. 37)

Der Geograph auf dem Strand – ein Beispiel nach Peter Haggett

Nach diesem Stand der Reflexion wird man leicht verstehen, dass die geographische Fragestellung beim „Wo" und „Was" nicht stehen bleiben kann. Schon mit den Choroplethen- und Isoplethenkarten waren wir zum „Wie" vorangeschritten und hatten festgestellt, wie die Raumstruktur (dichtbevölkerte, weniger dichtbevölkerte Strandabschnitte) beschaffen ist. Und in der Interpretation des Diagramms der interpersonalen Distanzen steckten ja bereits Begründungselemente für diese Struktur (Paare, Familien, Einzelbadende). Die weiterführenden Fragen lauten daher „wie" und „warum", so dass sich nach dieser Reflexion die Grundfrage der Geographie wie folgt, aber immer noch vorläufig, formulieren ließe: Was ist wo, wie und warum im Raum?

Warum sind die Menschen denn so verteilt, wie erklärt sich das Raummuster der Strandpopulation, warum sind einzelne Teile des Strandes mit Menschen gespickt, andere dagegen menschenleer? Nun, jedermann wird bereits Erfahrungen auf dem Strand gemacht haben, so dass die Erarbeitung von Hypothesen nicht schwerfällt: Da sind die Aktivitätsräume nahe am oder im Wasser, die Bereiche, in denen man sich gern niederlässt, weil dort das Hochwasser nicht mehr hinreicht, die unattraktiven Bereiche in großer Entfernung vom Wasser oder im Einflussbereich der Lärm- und Abgasemissionen der Straßen oder jene Strandteile, die von Algen bedeckt sind oder schlechte Gerüche ausstrahlen. Räumliche Präferenzen, aktionsräumliches Verhalten und andere Kriterien beeinflussen also die Strandpopulation, aber auch die Umweltfaktoren, allgemeiner ausgedrückt: die Mensch-Umwelt-Beziehung. Gute Strandabschnitte (feiner Sand, quallen- und algenfreies Wasser, mittelstarke Brandung, Fehlen von Unterströmungen etc.) tendieren dazu, mehr Menschen anzuziehen als weniger gute (Kies, Hundetreffpunkt, Algen, aber auch: Ölverschmutzung, Abfälle, Lärm, Überfüllung). Wir lernen daraus, dass die Mensch-Umwelt-Beziehung vielfältig verschränkt ist: Die Umweltqualität beeinflusst das Verhalten des Menschen, aber das Verhalten des Menschen wirkt auch auf die Umweltqualität zurück.

Haben wir damit alle Fragen zur Verteilung der Strandpopulation gelöst? Wohl kaum, denn wir sind bis hierher stillschweigend davon ausgegangen, dass die Verteilung der Menschen auf dem Strand statisch ist. In Wahrheit aber ist ein Strand ein überaus dynamisches Gebilde, weil sich viele Menschen auf dem Strand bewegen. In jeder Sekunde wechselt die Verteilung der Strandpopulation. Wir haben es also mit einem **raumzeitlichen Prozessmuster** zu tun, das nicht statisch, sondern höchst dynamisch ist. Dies gilt für die große Mehrzahl räumlicher Phänomene, deshalb kann man die Geographie auch als die Wissenschaft von Raum und Zeit bezeichnen. Wir müssen daher die **Grundfrage der Geographie** nun endgültig erweitern zu folgender Formulierung:

> Was ist wo, wie, wann und warum im Raum?

Wie aber verändert sich der Strand in Zeitabschnitten? Die Antwort hängt sehr stark vom zeitlichen Maßstab ab, den wir anlegen. Im Laufe eines Tages füllt sich der Strand bis zur Mittagszeit, dann verlassen einige Badende den Strand, um zum Essen zu gehen, anschließend erreicht er sein Tagesbelegungsmaximum, um sich schließlich gegen Abend wieder zu entvölkern. Im Wochenmaßstab ist ein Maximum am Wochenende festzustellen, im Jahresmaßstab in den Sommermonaten, im säkularen Maßstab ein akzeleriertes Wachstum. Diese zeitliche Dynamik hat Ursachen, auch von der Frage „wann" führt also ein direkter Weg zur Frage „warum". Und umgekehrt erschließt sich die Begründung für räumliche Strukturen häufig erst aus der Analyse der zeitlichen Entwicklung.

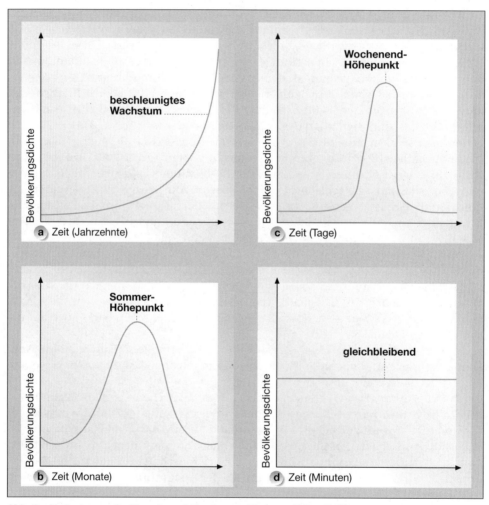

Abb. 6: Veränderung der Strandpopulation in verschiedenen Zeitmaßstäben (nach HAGGETT 1991, S. 39)

Tipps zum Weiterlesen:
HAGGETT, P.: Geography – A Modern Synthesis. - New York etc. 3. Aufl. 1979. (Deutsche Ausgabe: Geographie – eine moderne Synthese. - Stuttgart 2. Aufl. 1991)

2. Einführung in das wissenschaftliche Denken
2.1. Aufgabe der Wissenschaft

Jede(r) Studierende sollte sich darüber im Klaren sein, dass es ein Privilegium ist, studieren zu dürfen. Diese Ausbildung kostet der Gesellschaft viel Geld, wenngleich man einwenden könnte, dass sich diese Ausgabe dadurch rechtfertigt, dass sie sich auch bezahlt macht: Das Ansehen eines Staates, seine Wirtschaftskraft und seine kulturelle Präsenz sind umso größer, je ausgebauter seine wissenschaftliche Struktur ist. Dennoch muss die Tatsache, von den zeitlichen Zwängen und sozialen Hierarchien einer Berufstätigkeit befreit zu sein, als Privileg verstanden werden. Hieraus resultiert die Situation, die für viele Studierende überraschend kommt, sich plötzlich, etwa vor Alterskameraden, für das eigene Tun rechtfertigen zu müssen oder gar das zu definieren, was Universität und Wissenschaft ist. Was bringt das Studium, wozu überhaupt Wissenschaft, was ist denn eigentlich das Besondere am wissenschaftlichen Tun – derartige Fragen werden oft gestellt, und auf sie sollte man eine Antwort wissen, wenn man selbst – und sei es als Student – wissenschaftlich tätig ist.

Aus unserem Fallbeispiel „Der Geograph am Strand" kann man einige Charakteristika wissenschaftlichen Tuns ablesen. Wir haben versucht, Fragen zu stellen und zu beantworten, Erkenntnisse zu gewinnen und einen Gegenstand (den Strand) zu ordnen. Man kann dies wie folgt formulieren:

> **Es ist die Aufgabe der Wissenschaft, Fragen zu stellen, zu beantworten, Erkenntnisse zu gewinnen und eine geistige Ordnung in das Chaos der Welt zu bringen.**

Mit dieser Aufgabe steht die Wissenschaft aber nicht allein, so dass sie sich allein daraus auch nicht legitimieren kann. Wir alle stellen täglich Fragen, beantworten uns diese, versuchen etwas herauszufinden und ordnen unsere Erfahrungen in irgendeiner Weise ein, bringen also eine Art geistiger Ordnung in unsere Erfahrungswelt. Meist tun wir dies auf der Basis des **gesunden Menschenverstandes.** Auf dem Strand finden wir die Antwort sehr rasch; wo es für uns am schönsten ist, die Erkenntnis, dass es Quallen im Wasser gibt, führt vermutlich zu einer Ortsverlagerung; rasch ordnen wir die Mitwelt in laute, angenehme, hübsche, hässliche, junge, alte oder unerträgliche Zeitgenossen ein. Auf die Frage, warum wir einen Mitmenschen auf dem Strand unausstehlich oder hässlich finden, wird es schon schwierig, begründet zu antworten. Die eigene Meinung wurde ohne langes Nachdenken gefunden. Der „gesunde Menschenverstand" ist ein außerordentlich leistungsfähiges System, das die Orientierung in der Welt ermöglicht. Auch Wissenschaftler sind zuweilen nicht frei vom „gesunden Menschenverstand".

Ein zweites, ebenso leistungsfähiges Ordnungssystem ist das **theologisch-religiöse.** An unserem Beispiel lässt sich zeigen, dass die Wirksamkeit dieses Systems nicht unbegrenzt ist. Die Verteilung der Menschen auf dem Strand könnte allenfalls als

Gottes Wille erklärt werden. Diese Erklärung bleibt jedoch wahrscheinlich unbefriedigend. Auf manche Probleme der Lebensbewältigung in der modernen Zivilisation weiß die Religion keine oder nur eine unzureichende Antwort, auf anderen Gebieten dagegen hat sie seit Jahrtausenden ihre Kompetenz und Daseinsberechtigung unter Beweis gestellt. Ganz allgemein gilt, dass in diesem Ordnungssystem ebenfalls die Antworten wichtiger sind als die Fragen. Sie sind in hohem Grade dogmatisiert und daher formalisiert. Wie man zu einer spezifischen Antwort findet, ist jedoch in vielen Fällen nicht transparent, und es gibt gewisse Grenzen, jenseits derer ein Nachfragen nicht gestattet ist. Diesem Ordnungssystem ist das der **Ideologie** in manchen Punkten verwandt. Unsere Politiker hätten auf die Frage nach dem Leitbild für die Beispielsgemeinde sicher Antworten parat und würden Koalitionen eingehen: Ich überzeichne jetzt ein wenig, wenn ich postuliere, dass der konservative Politiker die Sicherung der Interessen der Landwirtschaft vornan stellen würde, der liberale Politiker die Interessen der Gewerbetreibenden und der sozialistische die Interessen der Arbeiter und Angestellten. Natürlich kann auch ein Politiker jenseits seines ideologischen Standpunktes einmal nach dem gesunden Menschenverstand urteilen oder sich einer wissenschaftlich begründeten Problemlösung öffnen. Dies zeigt, dass die hier postulierten Ordnungssysteme letztlich nicht streng isoliert nebeneinander existieren, sondern miteinander in Beziehung stehen können.

Wie unterscheidet sich nun der wissenschaftliche Ansatz von den bisher angesprochenen Ordnungssystemen? Wie die anderen, versucht auch die **Wissenschaft** Fragen zu beantworten und Probleme zu lösen. Ähnlich der Religion und der Ideologie, aber ganz anders als der sog. „gesunde Menschenverstand", ist die Wissenschaft in hohem Grade formalisiert und institutionalisiert. Die in diesem Punkt bestehende Ähnlichkeit mit der Religion hat schon manchen dazu bewogen, die Wissenschaft als „heilige Kuh" zu bezeichnen. Und dennoch gibt es gravierende Unterschiede zur Theologie und Ideologie. Die Wissenschaft verfügt über eine ganze Reihe von Subsystemen, mit deren Hilfe ihre Aussagen überprüft, verifiziert oder falsifiziert und dadurch ständig verändert werden können. Und wegen dieser Subsysteme ist es notwendig, die Logik eines Gedankenaufbaus ebenso wie die Stringenz einer Argumentation oder den Aufbau eines Experiments, das zu einer neuen Erkenntnis führt, transparent und nachvollziehbar zu machen. Keines der anderen Systeme, weder der „gesunde Menschenverstand" noch die Religion oder Ideologie, öffnet sich dem Nachvollzug des Gedankenganges und damit der Kritik in einer solchen Weise, wie es die Wissenschaft tut.

Nun wird die Wissenschaft in der Öffentlichkeit jedoch meist falsch verstanden, was nicht verwundert, weil außerhalb der Elfenbeintürme unserer Universitäten die anderen Ordnungssysteme regieren. So gelten wissenschaftliche Erkenntnisse völlig zu unrecht oft als sakrosankt, was sie nach ihrem eigenen Selbstverständnis niemals sind. Es gibt auch nichts, was auf immer als wissenschaftlich erwiesen gelten kann, weil selbst eine langgültige Theorie nicht davor sicher sein kann, eines Tages falsifiziert und durch eine bessere ersetzt zu werden. Dies ist keine Nestbeschmutzung, sondern ein Versuch, unseren Beitrag zur geistigen Ordnung der Welt und zur Lösung von Problemen ins rechte Licht zu rücken, man könnte auch sagen zu relativieren.

Eine Anekdote wirft ein bezeichnendes Licht auf den wissenschaftlichen Fortschritt und die Vorläufigkeit wissenschaftlicher Ergebnisse: Als ein Professor seinem neuen Assistenten, einem ehemaligen Schüler, die Fragen für das anstehende Examen zeigte, rief dieser verwundert aus: „Aber das sind ja die gleichen Fragen, die Sie auch mir gestellt haben!" „Gewiss", bestätigte der Professor. „Die Fragen sind die gleichen. Aber in jedem Jahr sind andere Antworten richtig!"

2.2. Innere Struktur der Wissenschaft

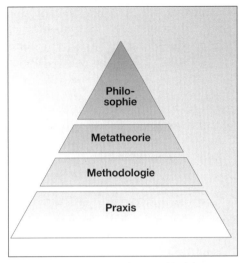

Abb. 7: Die Wissenschaftspyramide (eigener Entwurf nach ABLER/ADAMS/GOULD 1972)

Wir können uns das Wissenschaftsgebäude als ein hierarchisches System vorstellen. Die meisten von uns sind Praktiker. Sie haben in ihrem Studium ein breites Spektrum von Methoden kennengelernt, mit deren Hilfe praktische Probleme zu lösen sind. Der an der Universität ausgebildete Arzt versteht es meisterhaft, einen Blinddarm zu entfernen und der Geograph ist in der Lage, jede raumverändernde Maßnahme auf ihre Umweltverträglichkeit zu überprüfen. Beide beschäftigen sich in der Regel nicht damit, neue Methoden für die Operation des Appendix oder die Umweltverträglichkeitsprüfung zu entwerfen und auszuprobieren. Dies wäre u. U. sogar schädlich für den Patienten oder den Raum.

Dennoch wird über neue wissenschaftliche Methoden permanent nachgedacht. Diejenigen, die sich damit beschäftigen, bezeichnen wir als Methodologen. Das akademische Personal unserer Hochschulinstitute hat häufig einen großen Anteil von Methodologen. Je stärker ihr Übergewicht gegenüber den Praktikern in einem Institut ist, desto besser ist in der Regel die internationale Anerkennung des betreffenden Instituts. Sie sind vom Druck befreit, augenblicklich drängende Probleme sofort zu lösen und verwenden einen großen Teil ihrer Zeit darauf, neue Techniken zu entwickeln oder damit zu experimentieren oder darüber nachzudenken, was Praktiker tun und inwiefern man die Praxis verbessern könnte. Kartographen beispielsweise stellen die Karten her, die wir zur Speicherung räumlicher Informationen dringend benötigen. Kartographische Methodologen hingegen beschäftigen sich mit neuen, rationelleren oder besseren Methoden der Speicherung räumlicher Informationen. Derzeit erleben wir mit der Computerkartographie und den Geographischen Informationssystemen einen solchen methodischen Fortschritt und seine Geburtswehen hautnah mit.

Einige wenige Forscher geben sich damit jedoch noch nicht zufrieden und bewegen sich noch einen Schritt weiter von den aktuellen Problemen fort. Sie denken darüber nach, wie die logischen Systeme aufgebaut sind, in denen ihre Fachkollegen denken. Es gibt in jeder Fachdisziplin einige wenige, die derart theoretisch denken. Man bezeichnet sie oft als Metatheoretiker, weil sie über die Theorien nachdenken, die hinter den Theorien stehen. So erkennen sie beispielsweise, dass die Theorie VON THÜNENS, der einen stufenweisen Intensitätsabfall der landwirtschaftlichen Nutzung in Relation zur Entfernung vom Markt postuliert hat, auf deduktivem Weg gewonnen wurde, während die Theorie vom Golfstrom durch Beobachtung auf induktivem Wege gewonnen wurde. Oder sie stellen fest, daß marxistische Erkenntnisse auf einem anderen Gesellschaftsverständnis beruhen als die der bürgerlichen Wissenschaft, und sie haben schließlich beobachtet, daß die Interpretation von Gedichten oder historischen Ereignissen die Persönlichkeit des Forschers in ganz anderem Maße einbezieht als die experimentelle Forschung der Naturwissenschaft oder die von Hypothesen ausgehenden Untersuchungen der Sozialwissenschaftler. Auf diese Ebene der Hierarchie werden wir noch einmal zurückkommen, nachdem auch noch die letzte Stufe des Wissenschaftsgebäudes angesprochen worden ist.

Auf dieser letzten Stufe – und dies heißt in vielen Universitäten oft auch in den schlecht geheizten und unterausgestatteten Obergeschossen der ältesten Universitätsgebäude – finden wir die Philosophen. Sie verwenden ihre Zeit darauf, über abstrakte Probleme allgemeiner Natur für alle Wissenschaften nachzudenken – und letztendlich vielleicht sogar über die Sinnhaftigkeit des wissenschaftlichen Tuns überhaupt. Das macht sie in den Augen vieler Zeitgenossen schon sehr suspekt.

Problemlösungen aber werden auf allen Stufen der wissenschaftlichen Hierarchie entwickelt: Lösungen für praktische Probleme auf der unteren, für methodische Probleme auf der Ebene der Methodologen, theoretische Probleme für spezifische Disziplinen oder Wissenschaftsbereiche auf der Ebene der Metatheorie und schließlich generelle Probleme für die gesamte Wissenschaft bei den Philosophen.

2.3. Metatheoretische Ansätze

Aufgabe der Wissenschaft ist es, neue Erkenntnisse zu offenen Fragen zu finden. Dabei ist es nicht gleichgültig, wie der Forscher vorgeht. Im Laufe der Wissenschaftsentwicklung haben sich verschiedene Vorgehensweisen herausgestellt, die von der metatheoretischen Grundhaltung abhängig sind. Die Metatheorien können, müssen aber nicht dem einzelnen Forscher bekannt sein. Hier sollen nur drei Grundpositionen, reduziert auf einige merkbare Grundstrukturen, vorgestellt werden. Dies geschieht unter Verzicht auf die Darstellung vieler Einschränkungen, Nuancen, Widersprüche, die in einer Einführung eher verwirrend wirken können. Für eine tiefere Beschäftigung sei auf die weiterführende Literatur verwiesen.

Die drei Metatheorien von hoher Relevanz für die Geographie sind der **Altpositivismus,** eine vor allem noch in den Naturwissenschaften verankerte theoretische Konzeption, der **Neopositivismus** mit seiner profiliertesten Richtung, dem Kritischen Rationalismus, der sich in den Sozialwissenschaften weitgehend durchgesetzt hat und die **Hermeneutik,** die in den Geisteswissenschaften weit verbreitet ist.

Denken wir noch einmal an das Beispiel des Strandlebens. Ein stark naturwissenschaftlich geprägter Forscher würde am Strand wahrscheinlich mit einer Ist-

Analyse beginnen. Dabei würden die Sandqualität, der Tidenhub bei Nipp- und Springflut, der Algenbewuchs, die Quallenverteilung, die anthropogen verursachte Verschmutzung, die Oberflächenformen des Strandes, die Infrastruktur und die Zugangsmöglichkeiten, ferner die Strandpopulation zu unterschiedlichen Zeiten, die Distanzen zwischen den Personen und die Bevölkerungsdichte untersucht. Im Prinzip würde er ähnlich vorgehen, wie wir dies am Beispiel getan haben. Am Ende stünde dann das Ergebnis, eine Zusammenfassung, die für diesen Strand als Modell oder Theorie gelten könnte. Ginge es um übertragbare Ergebnisse, würde ein so vorgehender Forscher mehrere Strandabschnitte exemplarisch untersuchen und am Ende zu einer Theorie der Strandbelegung kommen. In diese würden alle jene Phänomene Eingang finden, die an allen Stränden beobachtet werden konnten.

Denken wir einen Moment darüber nach, von welcher metatheoretischen Position aus der Erkenntnisfortschritt dieses Forschers bestimmt worden wäre. Er ist Schritt für Schritt vorgegangen, hat Mosaiksteinchen für Mosaiksteinchen zusammengesetzt und ist schließlich zu einem Gesamtbild gelangt, aus dem er sein Ergebnis entwickelt hat. Aus einer großen Anzahl von Einzelerkenntnissen entwickelte er schließlich das Modell, wir könnten auch sagen: die Theorie. Ein solches Vorgehen bezeichnen wir als induktiv. Die **Induktion** ist im 19. Jahrhundert, ja noch im 20. Jahrhundert das vorherrschende Prinzip der Logik der Naturwissenschaften gewesen. Aus vielen Einzelversuchen im Labor, aus *trial and error*, ergab sich schließlich die große Theorie. Das logische Prinzip der Induktion kann vielleicht mit folgendem Satz umschrieben werden: Alle bisher beobachteten Schwäne haben weiße Hälse, also sind alle Schwäne weißhalsig. Noch heute arbeiten nicht nur viele Naturwissenschaftler, sondern auch Erfahrungswissenschaftler, wie die Psychologen, nach diesem Prinzip. Auch in der Geographie wird vielfach in einer solchen Weise vorgegangen. Regionalanalysen folgen z. B. oft dieser Logik: Es werden Gesichtspunkte der natürlichen Ausstattung und der Kulturlandschaftsgestaltung durch den Menschen mosaiksteinhaft zusammengetragen und schließlich in einer Synthese verarbeitet. Auf einer solchen Basis können auch regionale Entwicklungsstrategien erarbeitet werden: Eine Ist-Analyse erfasst die Stärken und Schwächen eines Raumes, abschließend werden daraus Entscheidungshilfen für die zukünftige Entwicklung abgeleitet.

Der Forscher steht dabei sozusagen als Neutrum seinem Untersuchungsgegenstand gegenüber. Die Objektivität

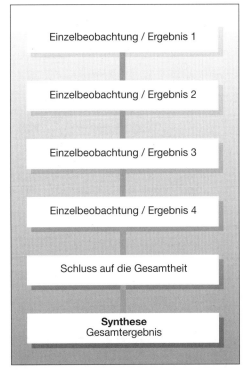

Abb. 8: Schema der Induktion (eigener Entwurf)

der Wissenschaft bestimmt sich aus dieser Neutralität des Wissenschaftlers heraus. Eine Verantwortung für das quasi objektive Ergebnis des Forschens kann er nicht übernehmen. Die Anwendung seiner Ergebnisse überlässt er folgerichtig anderen, etwa den Politikern, die sich dafür demokratisch legitimieren lassen müssen oder den Wirtschaftenden, die sich vor ihrem Unternehmen, den Aktionären oder den Arbeitnehmern verantworten müssen.

Da wir postuliert haben, dass es verschiedene metatheoretische Grundpositionen gibt, muss es auch noch andere Wege geben, um zu Erkenntnissen zu gelangen. Eines der in den letzten beiden Jahrzehnten erfolgreichsten Prinzipien der Logik ist das Prinzip der **Deduktion**. Es ist keineswegs neu, doch hat der von KARL POPPER vorgetragene sogenannte „Kritische Rationalismus", den der europäische Philosoph vehement und erfolgreich im sogenannten „Positivismusstreit" verteidigt und in vielen Schriften vertreten hat, einen beispiellosen Siegeszug in der gesamten Sozialwissenschaft angetreten und hat von dort aus auch die Naturwissenschaft beeinflusst. In der Geographie hat der Kritische Rationalismus nach dem Kieler Geographentag 1969 das induktive Vorgehen und die bis dahin vorherrschende Hermeneutik, über die noch zu sprechen sein wird, zeitweise fast ganz verdrängt, so dass zumindest die Humangeographie unter Aufgabe ihres bis dato kennzeichnenden Methodologienpluralismus um ein Haar gänzlich zur Sozialwissenschaft geworden wäre.

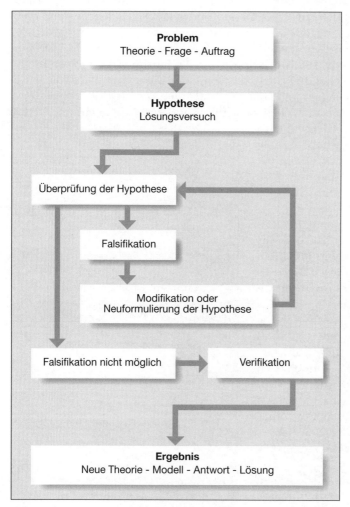

Abb. 9: Schema der Deduktion (eigener Entwurf)

Die Vertreter des Kritischen Rationalismus gehen davon aus, dass am Anfang einer jeden wissenschaftlichen Betätigung ein Problem, eine Frage steht. Der Forscher entwickelt Hypothesen zur Lösung des Problems oder formuliert vorläufige Antworten auf die Ausgangsfrage, die im Laufe der empirischen Untersuchung auf ihre Validität geprüft werden. Der ganze Ehrgeiz des Wissenschaftlers ist darauf gerichtet, diese Hypothesen nach Möglichkeit zu falsifizieren. Erst wenn sich eine Hypothese nicht mehr widerlegen lässt, kann sie vorläufig als valider Lösungsansatz oder als derzeit gültige Theorie gelten. Aus dieser permanenten Selbstkritik des Forschers gegenüber seinen eigenen gedanklichen Konstrukten rührt die Bezeichnung dieses metatheoretischen Ansatzes als „Kritischer Rationalismus". Forschung ist demzufolge das Ausprobieren von Lösungsversuchen – solange, bis eine Falsifikation nicht mehr gelingt. Auch der Kritische Rationalismus postuliert die Objektivität der Wissenschaft. Zwar kann sich der einzelne Forscher irren – dies ist immer dann der Fall, wenn er auf eine mögliche Falsifikation seiner Theorie nicht selbst kommt – nicht aber die große Forschergemeinde, die die Ergebnisse anderer immer auf ihre Plausibilität hin überprüft. Objektivität im neopositivistischen Sinn bedeutet letztlich die Intersubjektivität der akkumulierten szientistischen Kritik. Die Verteilung der Strandpopulation könnte auf der Grundlage von bekannten Theorien (interpersonaler Raum, aktionsräumliche Theorie, Entwicklungsphasen des Fremdenverkehrs etc.) untersucht werden, die am spezifischen Beispiel überprüft u. U. falsifiziert oder ggf. ergänzt und verbessert werden. Viele Theorien der Geographie sind auf diese Weise erstellt worden: Die Theorie der zentralen Orte oder die thünenschen Ringe beruhen auf Deduktion. Zunächst wurden die Faktoren ermittelt, die die Raumstruktur beeinflussen. Auf dieser Grundlage entstanden Theorien der Raumstruktur, die schließlich an konkreten Raumstrukturen überprüft werden können. Wer eine Entwicklungsstrategie für einen Wirtschaftsraum zu erarbeiten hat, kann auch deduktiv vorgehen: Er setzt eine spezifische Alternative als „Lösungsversuch" und überprüft deren Angemessenheit und Umsetzbarkeit.

Für den dritten Ansatz ist unser Beispiel schlecht gewählt. Dennoch könnte man sich vorstellen, daß es einen weiteren Zugang zum Phänomen Strand gibt. Jeder hat einmal Erfahrungen damit gemacht, jeder hat ein gewisses Grundwissen, wie es auf dem Strand zugeht. Von diesen Erfahrungen ausgehend könnte man versuchen, das Phänomen besser zu verstehen. Sicher ist es nötig, dazu den Naturraum zu betrachten, der in früheren Zeiten allenfalls zum Sammeln von Treibholz, zum Scharren nach Muscheln oder zum Gewinnen von Algen genutzt wurde. Eine flache Sandküste war sonst ziemlich uninteressant für die Bevölkerung, es sei denn, sie hätte in der Nähe auch einen Hafen gehabt. Auch als die Lust zum Reisen erwachte, sei es als Grand-Tour des Adels oder als Badeaufenthalt zu Kurzwecken, blieben flache Strandabschnitte uninteressant. Dies wandelte sich erst, als man entdeckt zu haben glaubte, dass das salzige Meerwasser auch heilende Kräfte besaß. Der wahre Durchbruch kam aber erst mit dem gestiegenen Rekreationsbedürfnis der nach der industriellen Revolution rapid gewachsenen Bevölkerung und dem langsam steigenden Wohlstand. Das Erholungsbedürfnis wird für viele Menschen durch Sonne, Wasser, Sand und Meer auf vollkommene Weise befriedigt. Dies sind schließlich die Erfahrungen, die, wie oben gesagt, jeder schon einmal gemacht hat.

Der hier vorgestellte Erklärungsansatz ist in diesem Fall ein genetischer. Er beginnt mit dem vorhandenen Wissensstand und vertieft diesen in verschiedenen, in

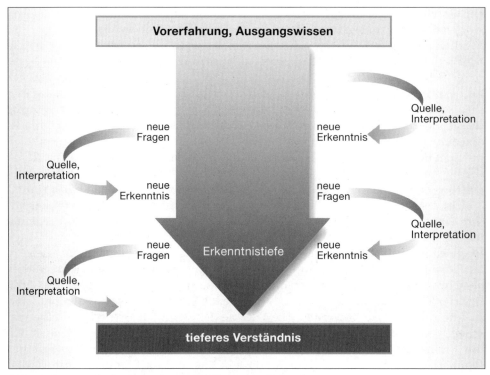

Abb. 10: Schema des hermeneutischen Zirkels (eigener Entwurf)

diesem Fall historischen Kreisläufen, um schließlich zu einer sehr verständlichen Interpretation des Phänomens zu gelangen. Ein solcher Ansatz ist uns aus den Geisteswissenschaften vertraut, wo in der historischen Untersuchung oder in der Interpretation von Texten sehr ähnlich vorgegangen wird. Im Idealfall kommt der Forscher zum Ausgangspunkt seiner Betrachtungen zurück (sog. hermeneutischer Zirkel), erreicht dabei aber einen tieferen Erkenntnisstand. Wir nennen diese metatheoretische Position **Hermeneutik**. Auch für die Erarbeitung eines Regionalentwicklungskonzeptes ist dieser Ansatz brauchbar: Er baut auf den Erfahrungen des Planers auf und bezieht u. U. die Erfahrungswelten der Betroffenen ein und kommt in einem zirkulären Ansatz sich vertiefender Erkenntniskreise zu einem verbesserten Verständnis der Strukturen und darauf aufbauend zu den Potentialen zukünftiger Entwicklung.

In einer Übersicht werden die hier behandelten metatheoretischen Ansätze gegenübergestellt. Zum Vergleich wird dazu auch die Kritische Theorie hinzugenommen, die in diesem Buch nicht weiter behandelt wurde. Wer sich dafür eingehender interessiert, findet im Literaturverzeichnis (ADORNO 1974, PEET 1978) Hinweise. Zur Begriffserläuterung: Ontologie ist die Lehre vom Wesen und den Eigenschaften der Dinge, Epistemologie ist die Erkenntnislehre, Teleologie ist die Lehre von der ideellen Zweck- und Zielgerichtetheit der Entwicklung.

Methatheoretische Ansätze

Abb. 11: Wissenschaftstheoretische Konzepte und ihre ontologischen, epistemologischen, methodologischen und gesellschaftspolitischen Implikationen
(eigener Entwurf in Anlehnung an BLOTEVOGEL 1998, stark verändert)

Ebene Ansatz	Ontologie	Epistemologie	Methodologie	Politische Haltung
Empirismus, Altpositivismus	Beobachtete Dinge sind Fakten	Wissen durch Erfahrung	Darstellung der Fakten, Induktion	Wertneutralität, Objektivität →Status quo
Neopositivismus, Kritischer Rationalismus	Aussagen über die Realität mit intersubjektiver Evidenz	Erfahrungswissen durch Hypothesenüberprüfung	Theoriegeleitetes Vorgehen, Deduktion	Kritizismus, Intersubjektivität →Liberale Reformer
(Traditionelle) Hermeneutik	Realität ist vom Menschen wahrgenommene und konstruierte Realität	Verstehen und Rekonstruieren des Sinns von Texten und Handlungen	Zirkuläres, vertiefendes Verstehen	Subjektivität erlaubt Passivität, aber auch Handeln im Sinne liberaler Reformen
Kritische Theorie/ (Kritische) Hermeneutik/ Strukturalismus	Wesentliche Strukturen der Realität sind nicht direkt aus Beobachtungen erschließbar	Erkenntnisse müssen der gesellschaftlichen Veränderung dienen, richtige Erkenntnisse nur auf Basis richtiger Gesellschaftstheorie	Wertende Faktenauswahl und -deutung, Teleologie	Radikale Veränderer

2.4. Die Geographie im Gefüge der Wissenschaften

Die Geographie war aufgrund ihrer großen Nähe zur Geschichte lange Zeit eine hermeneutische Wissenschaft, die die Landschaft und die Raumentwicklung in ähnlicher Weise interpretierte. Auch in Innsbruck wurde der erste Lehrstuhl für Geographie von einem ausgebildeten Historiker (FRANZ RITTER VON WIESER) eingenommen, der sich erst für seine Habilitation zum Geographen weitergebildet hatte, zeitlebens aber die Herkunft aus der historischen Wissenschaft nicht ableugnen konnte.

Dennoch hat die Geographie auch viele Wurzeln in der Naturwissenschaft. ALEXANDER VON HUMBOLDT, der als Begründer der modernen Geographie gilt, war primär Naturwissenschaftler, obwohl er als Humanist auch zu sehr aktuellen politischen und sozialen Fragen Stellung nahm. Der eigentliche Durchbruch der Geographie zu einer modernen Sozialwissenschaft erfolgte aber erst durch die Aufnahme wirtschaftswissenschaftlichen Denkens durch Männer wie WALTER CHRISTALLER und HANS BOBEK in den 30er Jahren des 20. Jh.

Damit hat die Geographie heute eine überaus komfortable Position innerhalb des Gefüges der Wissenschaften. Sie ist sowohl Geistes- als auch Natur- und Sozialwissenschaft. Dies hat weitreichende Folgen für die Methodologie und Methodik. Wie in keiner anderen Disziplin kann ein Geograph je nach persönlicher Disposition und nach Fragestellung aus dem weiten Methodenkanon aller Wissenschaften wählen. Daraus folgt der Methodenpluralismus, der für die Geographie kennzeichnend ist. Andererseits bedeutet dies auch, dass gerade Geographen für die unterschiedlichen metatheoretischen Ansätze sensibel sein und ein großes methodisches Reflexionsvermögen besitzen müssen. Im Folgenden wird diese Aussage an mehreren Beispielen belegt. Dabei wird auch deutlich, dass alle drei metatheoretischen Ansätze, die hier vorgestellt wurden, sich für die Angewandte Geographie in gleicher Weise bewähren. Wer dies nachlesen möchte, findet bei BORSDORF (1992), freilich an sehr entlegener Stelle, ein schönes Beispiel.

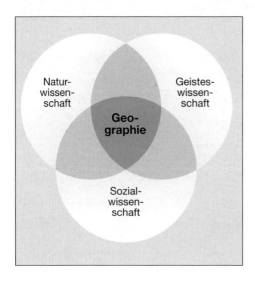

Abb. 12: Die Geographie im Gefüge der Wissenschaften (eigener Entwurf)

Tipps zum Weiterlesen:

Wissenschaftstheorie
ADORNO, T. W. et al.: Der Positivismusstreit in der deutschen Soziologie. – Darmstadt, Neuwied 1969.
SEIFFERT, H.: Einführung in die Wissenschaftstheorie, 3 Bände. – 4. Aufl. München 1982.

Methodik und Beispiel
ABLER, R., ADAMS, J. und P. GOULD: Spatial Organization. The Geographer's View of the World. – London 1972.
BORSDORF, A.: Nachdenken und Vordenken. Metatheoretische Reflexionen zur Tourismusforschung und Tourismusplanung. – In: aft-Akzente Innsbruck, Nr. 4, Innsbruck 1992, S. 7–11.
POHL, J.: Geographie als hermeneutische Wissenschaft. Ein Rekonstruktionsversuch. – In: Münchner Geogr. Hefte 52, 1986.

3. Grundlagen der Geographie

3.1. Vorläufige Definition der Geographie

Wissenschaften haben ein Erfahrungsobjekt und ein Erkenntnisobjekt. Das Erfahrungsobjekt ist vielen Disziplinen gemein, sie unterscheiden sich jedoch hinsichtlich des Erkenntnisinteresses, das sie an diesem Objekt haben. Das Erfahrungsobjekt der Geographie ist die Erde, der Raum, die Erdoberfläche. Diesen Gegenstand teilt sie mit der Geologie, der Meteorologie, der Biologie, der Volkswirtschaftslehre, der Soziologie, der Architektur etc. Geographen haben aber ein spezifisches Interesse am Raum, das wir schon in der Grundfrage der Geographie

Was ist wo, wie, wann und warum im Raum?

formuliert haben. Daher benötigen wir einen anderen Begriff für unser Objekt, um es hinsichtlich des Erkenntnisinteresses, das Geographen am Raum haben, von anderen Disziplinen zu unterscheiden. Wir nennen es daher

Geosphäre.

Die **Geosphäre** ist ein Saum im Bereich der Erdoberfläche zwischen der Außengrenze der Atmosphäre und der Untergrenze der Gesteinshülle. In ihr berühren und durchdringen sich teilweise Gestein (*Lithosphäre*), Luft (*Atmosphäre*), Wasser (*Hydrosphäre*) und Boden (*Pedosphäre*) und werden so zur Voraussetzung des Lebens der Pflanzen- und Tierwelt (*Biosphäre*) und der Menschen (*Anthropo- oder Soziosphäre*).

Am Beispiel „Der Geograph auf dem Strand" (→ Kap. 1.2.) haben wir bereits festgestellt, dass sich die Erkenntnisschritte der Untersuchung in drei Teile gliedern lassen: die Erfassung (visuell, per Luftbild oder Karte), die systematische Beschreibung und die Erklärung der erfassten und beschriebenen Struktur. Wir können daher zunächst definieren:

Die Geographie erfasst, beschreibt und erklärt die Geosphäre.

Den materiellen Inhalt der Geosphäre bezeichnen wir als **geographische Substanz**.

Die Geosphäre ist so groß und die geographische Substanz so vielfältig, dass sie als Ganzes nicht wissenschaftlich zu untersuchen sind. Da sich einzelne Elemente der geographischen Substanz kausal oder regelhaft einander zuordnen lassen, besteht eine innere Ordnung. Erst diese ermöglicht die wissenschaftliche Beschäftigung und hebt die Geographie in den Rang einer Wissenschaft, deren Ziel es ja ist, eine geistige Ordnung in das scheinbare Chaos der Welt zu bringen.

Einen durch Vertikalschnitte begrenzten Ausschnitt der Geosphäre bezeichnen wir als **Geomer**.

Vorläufige Definition der Geographie

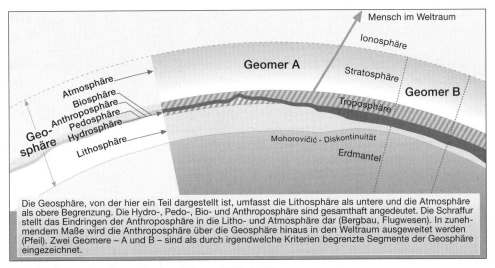

Abb. 13: Aufbau der Geosphäre (nach CAROL 1963, S. 23)

Daraus ergibt sich folgende Erweiterung der Definition:

Die Geographie erfasst, beschreibt und erklärt die Geosphäre im Ganzen und in ihren Teilen, sie systematisiert die geographische Substanz und gliedert sie regional.

Zur Verdeutlichung und Vertiefung dient uns ein Foto, das Kegel des Licancabur und eines benachbarten Berggipfels in den Anden zeigt. Zunächst interessiert die Lage des Gebietes. Wir werden zur Lagebestimmung später noch eine bessere Methode kennenlernen. Zunächst reicht es für unseren Gedankengang aus, festzustellen, dass wir uns am Rand der nordchilenischen Hochkordillere in der Atacamawüste befinden.

Abb. 14: Blick von Westen auf die chilenische Hochkordillere in der Atacama (Foto: BORSDORF 1995)

Der materielle Inhalt (**Stoff**) besteht aus Festgestein (vulkanisch) und Lockergestein (Asche und Geröll). Bei den anthropogenen Relikten handelt es sich offenbar um Holz.

Formen: Wir sehen Voll- und Flachformen, Geröll, Pflöcke und Balken, Schnee oder Eis und apere Flächen. Zwei unterschiedliche Vollformen sind auszumachen: ein regelmäßig kegelförmiger Berg und ein Bergstumpf, der zwar zunächst kegelförmig ansteigt, dessen Kegelspitze aber wie abgeschnitten erscheint. Auch die Flachformen lassen sich noch differenzieren: eine tischebene Fläche und eine schiefe Ebene.

Die Formen bilden folgende **Strukturen:** Den Hintergrund bilden die beiden Berggestalten, sie sind ab einer horizontalen Linie (Schneegrenze) verschneit bzw. vergletschert. Unter diesem Niveau ist das Gelände aper. Der Gebirgsfuß geht konkav in die schiefe Ebene des Mittelgrundes über und endet mit einem scharfen Knick an der tischebenen Fläche. Auf der Ebene zieht sich eine Linie von rechts nach links durch das Bild, an der sich Holz und andere anthropogene Gegenstände orientieren. Dort befindet sich auch ein Haufen aus zugerundeten Felsblöcken.

Als wirksame **Kräfte/Funktionen** erkennen wir die Gebirgsbildung mit Vulkanismus, Abtragung und Ablagerung, aber auch menschliche Bautätigkeit.

Und schließlich können wir Vermutungen über die **Genese** äußern: Im Verlauf der Gebirgsbildung kam es zu Vulkanausbrüchen, die sich mit wechselnden Asche- und Lavaausbrüchen vollzogen und ebenmäßige Schichtvulkane entstehen ließen. Dabei entleerte sich die Magmakammer des hinteren Vulkans, sein Krater stürzte ein und bildete eine Caldera. Abtragung im Trockenklima ließ die Gebirgsfußfläche entstehen, das dort abgetragene Material bildet die tischebene Fläche im Vordergrund. Diese bot dem Menschen beste Voraussetzungen, eine Bahnlinie anzulegen, die jedoch nicht mehr in Funktion ist. Da Holz in der Wüste Mangelware ist, werden die Holzschwellen nun herausgerissen, um als Bau- und Brennmaterial Verwendung zu finden.

Wir halten fest:
- Zum Wesen eines Teilraums der Geosphäre gehört *erstens* seine **Lage**.
- *Zweitens* gehört dazu der materielle Inhalt nach **Form** und stofflicher Beschaffenheit. Dieser Inhalt ist gegliedert und bildet die **Struktur**.
- *Drittens* gehört dazu ein Gefüge von Kräften und ihren Wirkungen, die oft nicht unmittelbar wahrnehmbar sind oder als Fernwirkungen von anderen Räumen ausgehen. Diese nennen wir **Funktionen**.
- *Viertens und* schließlich gehört dazu der Werdegang, der zu einem bestimmten Inhalt und zu einem bestimmten Wirkungsgefüge von Kräften geführt hat. Diesen nennen wir **Genese**.

Wir können daher unsere Definition erweitern:

> **Die Geographie erfasst, beschreibt und erklärt die Geosphäre im Ganzen und in ihren Teilen nach Lage, Stoff, Form und Struktur, nach dem Wirkungsgefüge von Kräften (Funktion), das in ihr wirksam ist, und nach der Entwicklung (Genese), die zu den gegenwärtigen Erscheinungsformen und -strukturen geführt hat.**

Diese Definition antwortet auf die eingangs formulierte Grundfrage der Geographie: Was ist wo, wie, wann und warum im Raum? Sie gibt eine erste Orientierung für eine Hauptarbeitsrichtung der Geographen, wobei in phänomenologischer Abfolge zunächst Gegenstände erfasst, sodann möglichst genau beschrieben und schließlich gedeutet (erklärt) werden. Sie zeigt überdies, dass alle Elemente der geographischen Substanz Lageeigenschaften sowie stoffliche, formale, strukturelle, funktionale und genetische Eigenschaften haben, die in ihrer Zusammenschau die spezifische Ausprägung dieses Elements erklären. Wir werden diese Definition später erweitern. Vorerst dient sie uns als Arbeitsdefinition für die folgenden Überlegungen.

3.2. Begriffe

Im Folgenden werden grundlegende Termini geklärt. Dies ist allein schon wichtig, aber darüber hinaus können die Begriffsklärungen bereits als Darstellungsmethoden der Geographie verstanden werden. Einen Raumausschnitt der Geosphäre kann man sehr gut beschreiben, indem man ihn in seine Einzelsphären zerlegt, diese einzeln anspricht, um anschließend ihr Zusammenwirken zu erklären. Ebenso kann die Lageansprache sehr viele Elemente der Regionalgeographie enthalten. Je besser also die folgenden Ausführungen im Gelände angewandt werden, desto größer wird der Gewinn daraus für den Studierenden sein.

3.2.1. Geosphäre

Zur Verdeutlichung der Geosphäre haben wir auf Seite 31 eine sehr schematische Darstellung nach CAROL (1963, S. 23) benutzt. Demnach scheint die Geosphäre aus Teilsphären in der Art von Zwiebelschalen aufgebaut zu sein. Diese Vorstellung führt jedoch nur zu einem näherungsweisen Verständnis. In Wahrheit durchdringen sich die Teilsphären. Dies wird anhand einer Betrachtung irgendeines Ackers innerhalb einer Flur deutlich. Die Bodenart (Pedosphäre) hängt vom Gesteinsuntergrund (Lithosphäre) ab, der Bodentyp vom Klima (Atmosphäre), vom Stand des Grundwassers (Hydrosphäre) und von der Vegetation (Biosphäre), die vor Jahren oder Jahrhunderten hier stand. Zur Biosphäre gehören auch die Vegetation auf dem Feld und die Mikroorganismen im Boden, die wiederum von den herrschenden klimatischen Faktoren (Atmosphäre) und der Art der Bodenbewirtschaftung (Anthroposphäre) abhängen. Das Feld in seiner spezifischen Form und Bodennutzung ist Teil der Anthroposphäre.

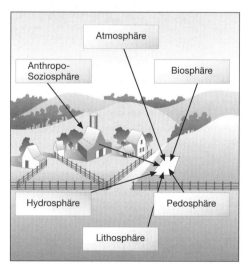

Abb. 15: Schematische Darstellung eines Ausschnitts der Geosphäre (eigener Entwurf)

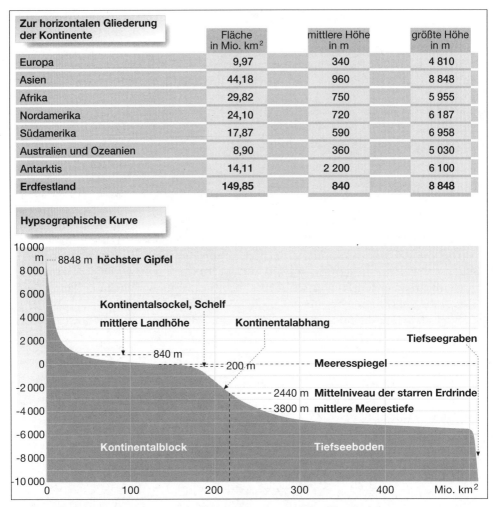

Abb. 16: Hypsographische Kurve der Erdoberfläche (nach WAGNER 1964, S. 134)

Die Vorstellung von einem zwiebelschaligen Aufbau der Geosphäre ist daher für ein erstes Verständnis nützlich. In Wahrheit aber sind die Einzelsphären auf vielfältige Weise miteinander vernetzt. Wir werden auch darauf noch zurückkommen.

Die Erdoberfläche ist ein Teil der Geosphäre, in der sich die Teilsphären besonders intensiv durchdringen. Zur Vervollständigung unseres Wissens über die Ordnung der Erdoberfläche dient Abb. 16.

3.2.2. Lage

Die geographische Methode der Lagetypisierung wird in Abb. 17 veranschaulicht. Sie wird im Folgenden an einem **Beispiel,** der Lagetypisierung von Innsbruck, der Tiroler Landeshauptstadt, erklärt.

Jede Lage eines Elements der geographischen Substanz in der Geosphäre ist eindeutig durch die Angabe seiner Lage im Gradnetz der Erde und seiner Höhe über

Begriffe

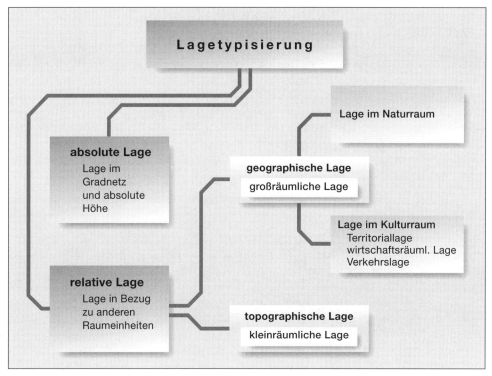

Abb. 17: Lagetypisierung (eigener Entwurf)

dem Meeresspiegel zu bestimmen. Wir bezeichnen diese Methode als **absolute Lagebestimmung**. Die Lage des Innsbrucker Doms ist durch folgende Koordinaten eindeutig gegeben: 11°23' ö.L., 47°16' n.Br. und 581 m ü.NN.

Für den Geographen ebenso wichtig ist aber die **relative Lage,** d.h. die Lage zu anderen Elementen der geographischen Substanz bzw. zu anderen räumlichen Bezügen. Hierbei ist zwischen zwei Maßstabsebenen zu unterscheiden, der großräumigen oder **geographischen Lage** und der kleinräumigen oder **topographischen Lage**. Die *topographische* Lage wird meist in Bezug zur naturräumlichen Einheit, auf dem sich das zu bestimmende Element der geographischen Substanz befindet, bestimmt. So liegt der Innsbrucker Dom beispielsweise auf dem Schwemmfächer der Sill nahe des Hochgestades des Inn.

Die *geographische* Lage ist dagegen noch einmal zu untergliedern. Hier geht es um die großen räumlichen Bezüge, die sich in die naturräumlichen und die kulturräumlichen Lagebeziehungen gliedern lassen. Wir unterscheiden demnach die **Lage im physisch-geographischen Bezugskreis** und die **Lage im kulturgeographischen Bezugskreis**. Die Lage Innsbrucks im physisch-geographischen Bezugskreis kann durch folgende Kennzeichen beschrieben werden: Lage in den Ostalpen an der tektonischen Grenze zwischen nördlichen Kalkalpen und kristallinen Zentralalpen, die eine gewisse Erdbebengefahr beinhaltet, an der Mündung des Wipptals in das von West nach Ost streichende mittlere Inntal auf einer mächtigen Schotter-Talfüllung, im alpin beeinflussten Cf-Klima und in einer Süd-Nord-gerichteten Föhngasse auf der montanen Vegetationsstufe. Die Lage im kulturgeographischen Bezugskreis müsste noch einmal nach der politischen Territoriallage, der wirtschaftsräumlichen Lage und der Verkehrslage unterschieden werden. Demnach liegt Innsbruck im Zentrum des österreichischen Bundeslandes Tirol, das im Westen Österreichs zwischen dem deutschen Bundesland Bayern und dem heute italienischen Südtirol liegt. Es bildet das wirtschaftliche Zentrum des Bundeslandes Tirol und liegt ebenfalls zentral in der Hauptwirtschaftsachse des Inntals. Es bildet einen Verkehrsknoten für Bahn und Straße zwischen dem West-Ost-Verkehr der Inntalachse und dem Nord-Süd-Verkehr, indem es die Nordlinien über Fernpass, Zirlerberg und Kufstein-München zum Brenner hin bündelt und ist mit einem Eurocity-Halt und einem internationalen Flugplatz ausgestattet. Dagegen findet auf dem Inn kein Schiffsverkehr statt.

3.2.3. Stoff, Form und Struktur

Wir haben bereits oben festgestellt, dass jedes Element der geographischen Substanz neben den Lageeigenschaften auch stoffliche, formale, strukturelle, funktionale und genetische Eigenschaften besitzt. Auch diese Eigenschaften stehen miteinander in Wechselbeziehung. Dennoch soll aus heuristischen Gründen versucht werden, sie zu isolieren. Der **Stoff** ist das Ausgangsmaterial, also das Gestein, der Boden, das Baumaterial eines Hauses, etc. Seine spezifische Skulptur, die von natürlichen Kräften oder vom Menschen geschaffen wurde, ist die **Form.** Die Form eines Gebäudes wird z. B. durch Dachform, Dachdeckung, die Anzahl der Stockwerke, das Vorhandensein eines Kniestocks oder Mezzanins, die Zahl, Größe und Länge-Breiten-Verhältnisse der Gebäudeöffnungen (Tore, Türen, Fenster, Dachgauben etc.), die Farbgebung, die Art von Gesimsen und Stürzen und vieles andere mehr charakterisiert. Die **Struktur** wird durch die Lage des Dachfirstes (giebelständig, traufständig), die Lage der Gebäudeteile zueinander (Hakenhof, Flügelbau), die innere Beziehung der Gebäudeteile (Einhaus, Gehöft), die Anordnung der Gebäudeöffnungen (symmetrisch, asymmetrisch) und die Lage zu anderen Gebäuden (Zeile, einzelstehend) und anderes bestimmt.

Auch diese Begriffe stehen in einem engen Zusammenhang mit der Ansprache geographischer Erscheinungen. Da jede räumliche Erscheinung stoffliche, formale, strukturelle, funktionale und genetische (zeitliche) Eigenschaften besitzt, können diese nacheinander angesprochen werden. Man sollte dies einmal am Beispiel von Kirchen, Bürgerhäusern oder des Straßennetzes einer Stadt ausprobieren. Dabei wird sich herausstellen, dass uns mit diesem Instrumentarium ein wertvolles heuristisches Werkzeug zur Verfügung steht.

3.2.4. Funktion

Der Funktionsbegriff wird in der Geographie in mehrfachem Sinn gebraucht, was den Zugang zu diesem Terminus erschwert.

Im mathematischen Sinn wird er als Kräftelehre verstanden, wie es die Formel $x=f(y)$ ausdrückt. So haben wir ihn bislang auch benutzt. Eine gegebene Form ist eine Funktion aus verschiedenen Parametern (*Einzelkräften*), die diese Form gebildet haben. So hat die eiszeitliche Überformung der südfinnischen Einebnungsfläche diese zu Rundhöckerlandschaften umgeformt, der eustatische Meeresspiegelanstieg hat daraus eine Schärenküste entstehen lassen.

Im geographischen Sinn können Funktionen auch *Nutzungen oder Tätigkeiten* sein. Dann ist die Funktion auf den spezifischen Raumbedarf bzw. die Raumbeanspruchung bezogen. Solche Nutzungen können Wohnen, Arbeiten, Versorgen, Mobilität, Bildung, Erholung, Kommunikation sein. Auf diese „Daseinsgrundfunktionen" werden wir später noch zu sprechen kommen.

Funktionen können aber auch *Leistungen* sein, die ein Element in einem größeren System erfüllt. So erfüllt ein Bauernhof nicht nur die Funktion (= Nutzung) Arbeiten und Wohnen, wie es die oben angeführte Blickweise nahelegt, er erfüllt auch eine Versorgungsfunktion im regionalen oder gar nationalen Raum. Dieser Funktionsbegriff ist auf großräumliche Bezüge, d.h. nicht auf Raumbedarf, sondern Raumüberwindung, ausgerichtet.

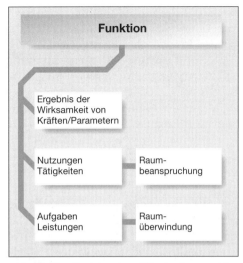

Abb. 18: Der Funktionsbegriff in der Geographie (eigener Entwurf)

Für uns bedeutet die Frage nach der Funktion eines Raumelements meist die Frage nach seiner Nutzung: Wozu dient es? Und die Anschlussfrage ist sofort: Wie drückt sich diese Funktion in Form und Struktur aus? Im Fall einer Diskordanz zwischen Form/Struktur und Funktion wird man sofort weiter fragen, ob inzwischen ein Funktionswandel stattgefunden hat. Dies leitet bereits über zur Frage nach der Genese.

3.2.5. Genese

Dem Begriff der Genese ist der der Geschichte verwandt. Bei geographischer Betrachtung geht es aber nie um die Gesamtheit historischer Fakten. Den Geographen interessiert also nicht, wie viele Kinder August der Starke gezeugt hat, wohl aber, welche Gesellschaft die absolute Herrschaft ermöglicht hat und wie sich diese sozioökonomische Struktur auf den Raum ausgewirkt hat. Es geht uns demnach nie um Raumhistorie, statt dessen um *Raumentwicklung,* Landschaftsgenese. Hierbei sind die prägenden Phasen der Raumgestaltung herauszuarbeiten und in eine kontinuierliche Folge zu bringen.

Hierzu ein **Beispiel:** In Wien ist die römische Wurzel wichtig. Römer gründeten die ersten Städte nördlich der Alpen. Welche Funktion hatten diese im Römerreich, wie drückt sich diese Funktion in der Struktur der ersten Stadtanlage aus, was ist daran heute noch prägend für das Stadtbild von Wien? – Dies wären Fragen, die in diesem Zusammenhang zu beantworten wären.

Aus dieser römischen Wurzel entwickelte sich im frühen Mittelalter die Stadt Wien weiter, zunächst als Marktort und Suburbium im Schutz der Babenbergerburg. Welche sozioökonomische Struktur war dies, welche Funktionen übernahm Wien in dieser Zeit, wie schlägt sich dies in der Stadtstruktur nieder? Wien erhält das Stadtrecht, die Rechtsgrenze zwischen freien Bürgern (Handwerker und Kaufleute) und unfreien Bauern entsteht. Auch dies hat seinen Niederschlag in der Stadtstruktur, die Mauer wird Rechtsgrenze und zwingt zur engen Verbauung *intra muros*.

Mit den Habsburgern entsteht ein neues politisches und sozioökonomisches System. Sie machen Wien zur Residenz, der Adel siedelt sich in neuen Vorstädten an und gründet seine Palais. Auch dies führt zu einer Erweiterung des Stadtbildes und der Stadtstruktur. Im Zeitalter des Absolutismus wird Wien zur Festung, eine Anlage im vaubanschen Stil schützt Bürger und Herrscher, sie spiegelt auch die Anpassung an die geänderte Waffentechnologie nach Erfindung des Schwarzpulvers.

Im ausgehenden 19. Jahrhundert sind die Waffen soweit entwickelt, dass ein derartiger Schutz obsolet geworden ist. Bauernbefreiungen, Gewerbefreiheit und andere Rechtsreformen haben die Funktion der Mauer als Rechtsgrenze ebenfalls überflüssig gemacht. Die Festung wird geschleift, neureiche bürgerliche Schichten haben den Adel als wirtschaftlich führende Kraft abgelöst. Sie besitzen die Geldmittel, die attraktiven Grundstücke am alten Festungsring zu kaufen und errichten ihre Paläste im Stil des alten Adels. Mit den dafür eingehenden Kapitalien können Stadt und Staat großartige öffentliche Gebäude und Anlagen errichten. Zu dieser Zeit ist Wien die Hauptstadt eines riesigen Imperiums. Beamte und kleinere Kaufleute lassen sich in dem Kranz von Vorstädten nieder, der die alte Stadt nun umgibt. Industrie ist aber so nah bei Hofe nicht unbedingt erwünscht, das Proletariat soll ferngehalten werden. Die Eisenbahnlinien spiegeln die Ausdehnung der Stadt um 1850, erst mit ihrer Anlage entstehen erste industrielle Betriebe in enger Verzahnung mit neu entstehenden Arbeitervierteln. Die Industrialisierung bleibt aber vergleichsweise bescheiden, es sind im Wesentlichen Betriebe, die auf den großen Markt der städtischen Bevölkerung Wiens ausgerichtet sind.

Der Bedeutungsverlust, den Wien als Hauptstadt Österreich-Ungarns mit der Reduzierung des Staatsterritoriums 1919 erleidet, spiegelt sich auch in der nun nachlassenden Stadterweiterung wider. Im Wesentlichen entstehen Gemeindebauten und Wohnhöfe innerhalb des alten Stadtgebietes, die zugleich von einer neuen, durch sozialistische Gedanken geprägten soziopolitischen Kultur in Österreich künden.

Ein Umdenken erfolgt erst um 1960, als die Gedanken der Charta von Athen auch in Wien Einzug halten und Großwohnanlagen nach den Prinzipien von Durchsonnung, Kreuzungsfreiheit und Feierabendorientierung entstehen. Dennoch bleibt Wien ein relativ geschlossener Ballungsraum. Raumordnerische Modelle wie die Regionalstadt, die in Deutschland und den Niederlanden die Verfingerung mit dem Umland bringen und dennoch eine Suburbanisierung des umgebenden ländlichen Raumes nicht verhindern können, setzen sich in Wien nicht durch. Der Wiener bleibt ein Städter, bleibt urban, für ihn ist es undenkbar, „auf dem Balkan", d.h. außerhalb des Stadtgebiets, zu wohnen.

3.3. Folgerungen für das Geographiestudium

3.3.1. Zusammenfassung der Kapitel 3.1 und 3.2

Die Definition der Geographie, wie wir sie bislang erarbeitet haben, ist nur eine vorläufige. Sie genügt unseren bisherigen pragmatischen Ansprüchen, muss aber in der Folge noch erweitert werden, um zu einem zeitgemäßen Verständnis der geographischen Wissenschaft zu gelangen. Auch nach der späteren Ergänzung kann sie nicht voll befriedigen. Es werden ihr daher andere Ansätze gegenübergestellt werden. Dennoch wird empfohlen, sie sich in dieser Form einzuprägen, weil sie eine wertvolle Hilfe zur Ordnung der Gedanken und bei ersten geographischen Untersuchungen und Betrachtungen darstellt.

Die *Geosphäre* ist nur sehr vereinfacht nach dem Zwiebelschalenprinzip angeordnet. In Wahrheit durchdringen sich ihre Teilsphären. Diese wechselseitige Verflechtung stellt eines der Hauptprobleme bzw. einen der Untersuchungsgegenstände der Geographie dar. Sie ist auf der Suche nach den Regelhaftigkeiten und Gesetzen dieser Wechselbeziehungen. Dabei gilt, dass das Ganze mehr ist als die Summe seiner Teile.

Die wesentlichen *Fragen des Geographen* an den Raum sind die nach Lage, Stoff, Struktur, Funktion und Genese.

Die *Beobachtung* ist eine wichtige Methode des Geographen, um zu Erkenntnissen über den Raum zu gelangen. Sie kann in einem Dreischritt Erfassung – Beschreibung – Erklärung erfolgen. Dennoch erschließen sich durch Beobachtung oft nur Teilaspekte des Untersuchungsgegenstandes. Es muss also noch andere Methoden geben, die wir später kennenlernen.

3.3.2. Konsequenzen für das Geographiestudium

Die folgenden Gedanken haben zwar mit dem Inhalt der ersten Hauptkapitel wenig zu tun, die Verknüpfung von theoretischem Stoff und der Schulung des praktischen Denkvermögens ist jedoch sehr wichtig, um den Lernerfolg zu sichern. Daher können folgende *Empfehlungen* gegeben werden, um das ganze Geographiestudium vertiefen zu helfen:

1. Wissenschaftliches Denken ist methodisches Denken. Prägen Sie sich die grundlegenden Methoden der Erkenntnisgewinnung ein!
2. Das Studium der Geographie findet nur hilfs- und ersatzweise im Hörsaal statt. Nehmen Sie alles, was Sie in Vorlesungen und Übungen hören, als Anregung für eigene Beobachtungen im Gelände!
3. Nehmen Sie an so vielen Exkursionen wie möglich teil! Dort lernen Sie geographisches Denken. Die dort gemachten Beobachtungen und Inhalte prägen sich besser ein als theoretischer Stoff aus dem Hörsaal.
4. Machen Sie die Heimfahrten, Wochenendausflüge, Bergtouren und den Urlaub zu Exkursionen! Bereiten Sie sich auf diese Fahrten vor, indem Sie eine Karte einsehen oder ein Buch lesen. Dies braucht keineswegs immer ein Fachbuch zu sein.
5. Gewinnen Sie für solche Unternehmungen Ihre (Studien-)Freunde. Lassen Sie diese teilhaben an Ihren geographischen Beobachtungen. Sie werden merken,

dass Sie dabei am meisten lernen! Nur am Anfang wird Ihnen ein fachlich orientiertes Gespräch ungewohnt oder peinlich sein. Sie werden bald merken, dass Sie ein besonders interessanter Unternehmungspartner werden!

6. In der Regel sind Ihre akademischen Lehrer überlastet. Dennoch können Sie fast immer davon ausgehen, dass diese sich gern die Zeit nehmen, Sie bei solchen Unternehmungen zu beraten, insbesondere dann, wenn für sie erkennbar ist, dass Sie selbst schon etwas Zeit in die Vorbereitung investiert haben.

7. Versuchen Sie, bei Ihren Aufenthalten im Gelände die Methoden und Erkenntnisse aus diesem Buch anzuwenden:
   a) Fragen Sie nach der Lage der Örtlichkeit, die Sie besuchen. Gehen Sie dabei immer nach der erlernten Methode vor!
   b) Erfassen, d.h. beobachten Sie zunächst die Örtlichkeit gründlich.
   c) Beschreiben Sie die geographische Substanz nach Stoff und Form, d.h. nach den formalen Eigenschaften eines jeden Elementes.
   d) Systematisieren Sie die Elemente der geographischen Substanz. Dies können Sie tun, indem sie die einzelnen Sphären einzeln beschreiben.
   e) Überlegen Sie nun, wie die Teilsphären zusammenhängen, welche Wechselbeziehungen sich ergeben.
   f) Damit sind sie schon bei der funktionalen Erklärung angekommen. Welche Funktionen der Sie umgebenden Kulturlandschaft können Sie erkennen? Welche Kräfte oder Bedürfnisse sind Ursachen dieser Funktionen?
   g) Fragen Sie, welche Genese der Naturraum und die Kulturlandschaft bislang durchgemacht haben. War die Entwicklung kontinuierlich oder hatte sie Unstetigkeiten?

8. Die geographische Problematik ist vielfältig, ebenso unterschiedlich sind die Denkmethoden, die den verschiedenen Lehrveranstaltungen zugrunde liegen oder die die entsprechenden Lehrpersonen bevorzugen. Versuchen Sie bei Verfolgen anderer Lehrveranstaltungen, die hier gelernte Methodik bzw. die hier kennengelernten Kategorien wiederzufinden. Das wird Ihnen gelegentlich schwerfallen, vor allem auch weil es - wie wir später noch sehen werden - sehr unterschiedliche Methoden gibt. Dennoch ist der Versuch eines Verständnisses nach den hier gelernten Kategorien ein brauchbares Instrumentarium für ein vertieftes Eindringen in den Stoff.

9. Dies gilt in besonderem Maße auch für die Lektüre von Fachbüchern. Das Studium besteht nur zu einem geringen Teil aus dem Besuch von Lehrveranstaltungen, viel wichtiger ist das Eigenstudium, in unserem Fall also die ständige Anwendung des Gelernten im Gelände und die Lektüre von Fachbüchern.

10. Lesen Sie dieses Buch auch später immer wieder durch und arbeiten Sie mit den Beispielen, übertragen Sie diese auf andere Raumbeispiele.

Folgerungen für das Geographiestudium 41

Tipps zum Weiterlesen:

BADER, F. J. W.: Einführung in die Geländebeobachtung. – Darmstadt 1975.

BARTELS, D.: Zur wissenschaftstheoretischen Grundlegung einer Geographie des Menschen. (= Erdkundliches Wissen 19) – Wiesbaden 1968.

BARTELS, D. u. G. HARD: Lotsenbuch für das Studium der Geographie als Lehrfach. – 2. Aufl. Bonn/Kiel 1975.

BENICKE, W. (Hrsg.): Geographie. (= Fischer Kolleg 9) – Frankfurt 1973.

BIRKENHAUER, J.: Erdkunde. – 2 Bände, Düsseldorf 1971.

CAROL, H.: Zur Theorie der Geographie. – In: Mitteilungen der Österreichischen Geographischen Gesellschaft 105, 1963, 1–2, S. 23–38.

LESER, H.: Geographie. (= Das Geographische Seminar) – Braunschweig 1980.

STORKEBAUM, W. (Hrsg.): Zum Gegenstand und zur Methode der Geographie. (= Wege der Forschung 58). – Darmstadt 1967.

WEICHHART, P.: Geographie im Umbruch. Ein methodologischer Beitrag zur Neukonzeption der komplexen Geographie. – Wien 1975.

WIRTH, E.: Theoretische Geographie. Grundzüge einer Theoretischen Kulturgeographie. (= Teubner Studienbücher der Geographie) – Stuttgart 1979.

4. System der Geographie

4.1. Betrachtungsweisen und Organisationsplan der Geographie

Wir haben oben gesehen, dass die Geosphäre so groß und die geographische Substanz in ihr so vielfältig ist, dass sie kaum im Ganzen untersucht werden kann. Vielmehr ist es nötig, sie in einzelne Untersuchungsobjekte zu unterteilen. Dem Verständnis förderlich kann es sein, sich die Geosphäre wie einen Kuchen vorzustellen. Auch dieser wird in der Regel in verdauliche Stücke aufgeteilt: entweder in Tortenstücke, die einen durch vertikale Schnitte geteilten Ausschnitt des Gesamtkuchens darstellen, in denen alle die Torte aufbauenden Schichten vorhanden sind, oder aber nach Art des Baumkuchens, wo von oben eine Schicht nach der anderen abgeschnitten wird.

Die erste Möglichkeit haben wir schon ansatzweise kennengelernt, indem wir den Begriff des **Geomers** einführten. Ein **Geomer** ist ein durch Vertikalschnitte begrenzter Ausschnitt der Geosphäre, in dem alle Teilsphären vertreten sind. Die Art des Schnittes hängt ab von der Definition der Kriterien, nach denen der herausgeschnittene Raum begrenzt wird (Region, Land, Landschaft, Stadt etc.). Diese Art der Betrachtungs-, der Forschungs- und Darstellungsweise nennen wir **Regionale Geographie**.

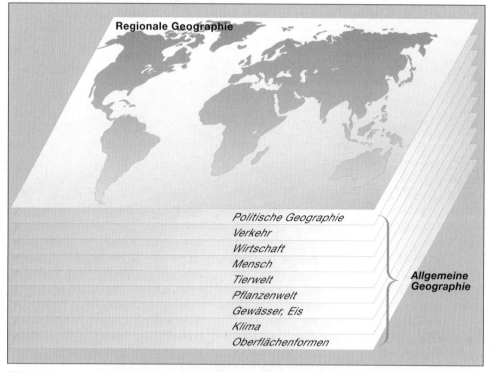

Abb. 19: Vereinfachte Darstellung der Geosphäre und ihrer Betrachtungsweisen

Die andere Möglichkeit wäre, die einzelnen Schichten oder Sphären zu betrachten, zu erforschen und die Ergebnisse darzustellen. Dabei löst man die Geosphäre zum Zweck der Untersuchung in die einzelnen Sphären auf, um diese einzeln auf die darin vorkommenden Formen und Strukturen, ihre Funktionen und die darin ablaufenden Prozesse zu untersuchen und den ihnen zugrundeliegenden Regelhaftigkeiten auf die Spur zu kommen. Dies ist der Weg der **Allgemeinen Geographie.**

Dazu muss ein neuer Begriff eingeführt werden. Richtet sich das Erkenntnisinteresse der Regionalen Geographie jeweils auf ein Geomer, so untersuchen die Einzeldisziplinen der Allgemeinen Geographie jeweils einen **Geofaktor**. Geofaktoren sind, wörtlich übersetzt, die Erdmacher, d.h. die zentralen raumgestaltenden Kräfte. Sie sind zugleich die zentralen Inhalte der Einzelsphären: Luft und Klima für die Atmosphäre, das Gestein und das Relief für die Lithosphäre, das Wasser für die Hydrosphäre, der Boden für die Pedosphäre, Vegetation und Tierwelt für die Biosphäre, der Mensch für die Anthroposphäre. Wir können die Allgemeine Geographie daher auch als **Geofaktorenlehre** bezeichnen.

> *Die Allgemeine Geographie oder Geofaktorenlehre untersucht die Geofaktoren auf ihre Erscheinungsformen, -strukturen, ihre Verbreitung, Wirkungsweise und die durch sie ablaufenden Prozesse hin weltweit, wobei es ihr vor allem auf die Gesetze oder Regeln ankommt, denen die Geofaktoren unterliegen. Die Regionale Geographie dagegen erforscht Teilräume der Erde und darin die Wechselbeziehung aller Geofaktoren. Für die Regionale Geographie sind die individuellen Züge spezifischer Geomere wichtig.*

Die Geofaktoren unterliegen unterschiedlichen Gesetzen. So wirken bei der Gesteinsbildung, der Reliefformung, der Herausbildung des Klimas, des Bodens und der Vegetation wie im Wasserhaushalt physikalische, chemische und biotische Gesetzlichkeiten, die in der Regel mit naturwissenschaftlichen Methoden untersucht werden. Dies ist Aufgabe der **Physiogeographie**. Dagegen unterliegt der Mensch als Geofaktor in seiner Raumgestaltung sozialen, ökonomischen, politischen, technischen und kulturellen Normen und Möglichkeiten. Seine Wirksamkeit im Raum wird daher mit geisteswissenschaftlichen und/oder mit sozialwissenschaftlichen Methoden untersucht. Dies ist Aufgabe der **Humangeographie**. Die Humangeographie wird z.T. auch als *Anthropogeographie* oder *Kulturgeographie* (im weiteren Sinn) bezeichnet. In jedem Fall aber geht es um die Gesetze, Normen, Regelhaftigkeiten, denen die Geofaktoren unterliegen. Die Vorgehensweise der Allgemeinen Geographie ist daher analytisch, ihre Ergebnisse sind nomothetisch oder normativ.

Die Einzelzweige der Physiogeographie sind:
- Geomorphologie
- Klimageographie
- Hydrogeographie
- Bodengeographie
- Biogeographie

Die Einzeldisziplinen innerhalb der Humangeographie heissen:
- Wirtschaftsgeographie
- Siedlungsgeographie
- Verkehrsgeographie
- Bevölkerungsgeographie
- Politische Geographie

Diese Untergliederung hat sich im Laufe der Entwicklung unserer Disziplin ergeben, obwohl sie eigentlich nicht ganz logisch ist. In der Physiogeographie werden die Einzeldisziplinen nach prägenden Kräften (Geofaktoren) benannt, in der Humangeographie richten sich die Einzeldisziplinen nach dem Ergebnis der menschlichen Tätigkeit auf den Raum aus. Der eigentliche Geofaktor Mensch wird dabei nach Art seiner Tätigkeit unterschieden in den wirtschaftenden Menschen, den siedelnden, den mobilen, den sich reproduzierenden und den politischen Menschen. Diese Inkonsequenz versucht die **Sozialgeographie** aufzuheben, die den Menschen selbst als Einzelwesen, als Gruppe oder Gesellschaft in seinem raumwirksamen Verhalten integrativ zu untersuchen versucht. Die Sozialgeographie ist daher eine synthetisch-integrative Betrachtungsweise innerhalb der Humangeographie. Aber auch die Physiogeographie besitzt eine solche Betrachtungsweise, die auf die wechselseitigen Beziehungen der Naturfaktoren abhebt und ihr Zusammenwirken im Naturhaushalt zu erklären versucht. Diesen integrativen Ansatz verfolgt die **Geoökologie**. Auch diesen synthetischen Disziplinen geht es um nomothetische Erkenntnisse, allerdings werden sie auf integrativem Wege gewonnen.

Auch die Regionale Geographie hat zwei große Richtungen, die durch ein unterschiedliches Erkenntnisinteresse gekennzeichnet sind. Der **Länderkunde** geht es jeweils um einen spezifischen Erdraum oder Landschaftsraum. Dies kann ein Stadtteil, ein politischer Bezirk, ein Bundesland, eine individuelle Landschaft („Schwarzwald"), ein Staat oder gar ein Kulturerdteil sein. Dieser Untersuchungsraum wird auf seine Individualität in der Synthese aller Geofaktoren hin untersucht. Wir bezeichnen diese Betrachtungsweise als *idiographisch*.

Abb. 20: Betrachtungsweisen der Geographie (Merkmalsmatrix) (eigener Entwurf)

	ALLGEMEINE GEOGRAPHIE	**REGIONALE GEOGRAPHIE**	
	= Geofaktorenlehre = Aitiontik	= Länderkunde = Choretik	= Landschaftskunde = Synergetik
Ausschnitt aus der Geosphäre	horizontal	vertikal	vertikal
Betrachtungsdimension	global/weltweit	regional	regional
Untersuchungsobjekt	Geofaktor = Aition	Raumindividuum = Land = Idiochor	Raumtyp = Landschaft = Typochor = Synergon
Bezug	Faktor	Raum	Modell/System
Methodik	analytisch	synthetisch-integrativ	vergleichend-generalisierend
Ergebnis	nomothetisch	idiographisch	typologisch

Demgegenüber geht es der **Landschaftskunde** nicht um Raumindividuen, sondern um Raumtypen. Sie spricht daher nicht vom Landschaftsraum, sondern vom Landschaftstyp. In vergleichend-abstrahierender Methode versucht sie, zu einer Systematik, Klassifikation oder Typologie von Landschaften zu kommen. Derartige Landschaftstypen können das Hochgebirge, das Mittelgebirge, die Küsten, die tropischen Tiefländer, die gemäßigten Breiten, die Permafrostregionen oder Schwarzafrika sein.

Die Allgemeine Geographie und die Regionale Geographie (mit Länder- und Landschaftskunde) bilden die großen Hauptdisziplinen innerhalb der Geographie. Sie tauchen in allen Versuchen auf, das System der Geographie tabellarisch oder graphisch darzustellen. Teilweise werden die Landschaftskunde und die Länderkunde als zwei Disziplinen neben der Allgemeinen Geographie dargestellt, teilweise sind sie unter dem Überbegriff Regionale Geographie zusammengefasst. Die Regionale Geographie wird teilweise – in Gegenüberstellung zur Allgemeinen Geographie – auch **Spezielle Geographie** genannt.

Eine Merkmalsmatrix (Abb. 20) kann den unterschiedlichen Zugang zum Erkenntnisobjekt Geosphäre durch die großen Teildisziplinen der Geographie verdeutlichen. In ihr tauchen Begriffe auf, die weiter unten noch erklärt werden:
Aus dem bisherigen Gedankengang lässt sich nun ein erstes Überblicksschema (Abb. 21, S. 46) über die innere Struktur der geographischen Wissenschaft ableiten. Ein solches Schema dient zwar der ersten Orientierung, es ist aber nicht ganz befriedigend, weil es
• sehr starr erscheint,
• den Unterschied der Betrachtungsweisen nicht verdeutlicht,
• die Nachbar- und Hilfsdisziplinen nicht einbezieht,
• eher Fachgrenzen als Fachbeziehungen darstellt.

Aus diesem Grund haben verschiedene Geographen immer wieder versucht, verbesserte Modelle eines „Systems der Geographie" zu entwerfen. Einige davon sollen hier vorgestellt und diskutiert werden.
Eine Weiterentwicklung des „klassischen" Disziplinschemas der Geographie stellt der Organisationsplan von UHLIG (1970) dar. Die einfache Grundstruktur des oben entwickelten Schemas findet sich auch in diesem System (Abb. 22, S. 47) wieder, freilich in anderer (vertikaler) Anordnung. Es werden aber auch die Nachbarwissenschaften und Hilfswissenschaften einbezogen, weitere „Betrachtungsweisen" genannt und schließlich auch neue Begriffe eingeführt. Nahe den analytischen Grunddisziplinen, den sog. „Nachbarwissenschaften einschließlich ihrer Geo-Fachzweige", stehen die ebenfalls analytisch ausgerichteten Geofaktorenlehren der Allgemeinen, d.h. der Physischen und der Anthropogeographie, bei denen im Unterschied zu den Grunddisziplinen die räumliche Verknüpfung zu anderen Geofaktoren („Geofaktor und ..." ➔ Kap. 4.2) mitgedacht werden muss. Auf der physischen Seite werden sie im Wirkungsgefüge der Geoökologie (hier auch Landschaftsökologie genannt) verbunden, auf der anthropogeographischen Seite in der Kräftelehre der Sozialgeographie.

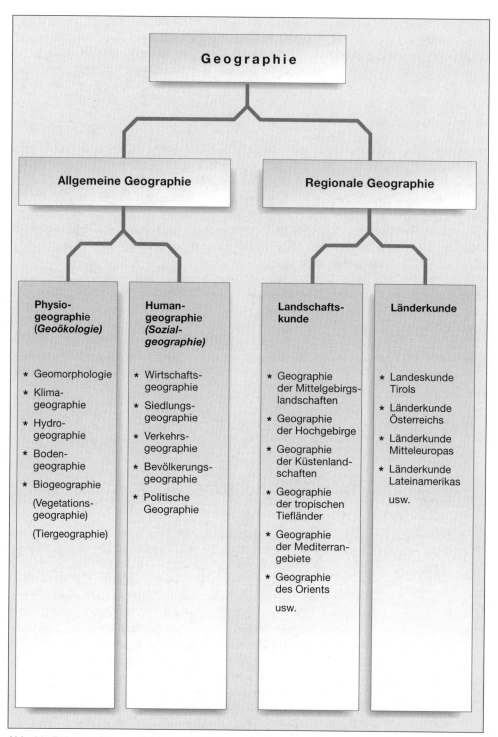

Abb. 21: Einfaches Schema der inneren Gliederung der Geographie (eigener Entwurf)

Betrachtungsweisen und Organisationsplan der Geographie

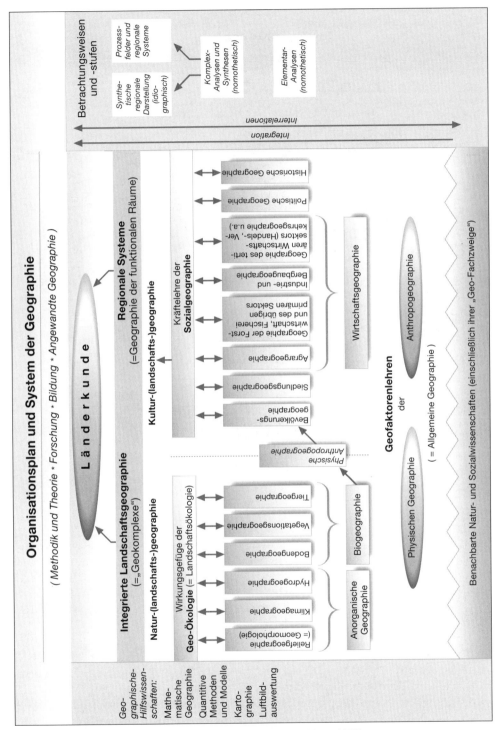

Abb. 22: Organisationsplan und System der Geographie (nach UHLIG 1970)

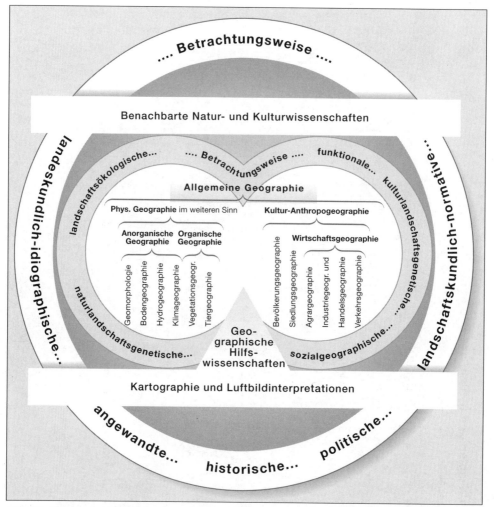

Abb. 23: System der Geographie (nach KARGER 1970)

UHLIG bezeichnet die Landschaftskunde als „Integrierte Landschaftsgeographie" oder Lehre von den Geokomplexen, in deren Nähe, seiner Auffassung zufolge, auch die regionale Systemforschung angeordnet ist. Sie untersucht Prozessfelder (Funktionsräume) und regionale Systeme (Geokomplexe oder Landschaften). Auf der höchsten Stufe der Integration (vgl. rechts stehender Pfeil) rangiert die Länderkunde als idiographisch angelegte, synthetische regionale Darstellung.

Der Doppelkreis, den ADOLF KARGER für einen Artikel von HARALD UHLIG in Westermanns Lexikon der Geographie entwarf (Abb. 23), stellt die graphische Umsetzung des uhligschen Systems der Geographie dar. Er setzt einen anderen Akzent, indem er die Allgemeine Geographie in das Zentrum des Faches stellt und die Länderkunde (hier: landeskundlich-idiographische Betrachtungsweise) und die Landschaftskunde (hier: landschaftskundlich-normative Betrachtungsweise) gleichrangig anordnet wie angewandte, historische (eigentlich genetische) und politische

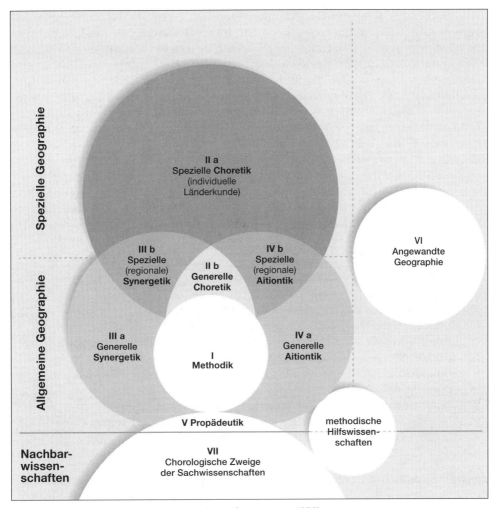

Abb. 24: Aufgabenkreise der Geographie (nach SCHMITHÜSEN 1970)

Darstellungen. Dies ist missverständlich, denn Karger meint damit nicht etwa angewandte, historische oder politische Geofaktorenlehren (Angewandte Verkehrsgeographie im Sinn von Verkehrsplanung, Historische Siedlungsgeographie, Politische Geographie), sondern regional-integrative Ansätze im Sinne Angewandter Regionalforschung (z. B. Regionalentwicklungsplan), Historische Regionalforschung (z. B. Kolonialismusforschung) oder Politische Regionalforschung (z. B. Dritte-Welt-Forschung).

Ein weiteres Schema, das von SCHMITHÜSEN (1970) entwickelt wurde, soll näher betrachtet werden, da die Begriffe bereits in die Merkmalsmatrix zu Beginn dieses Kapitels eingeflossen sind und sie in der Fachmethodik auch heute noch eine gewisse Rolle spielen (Abb. 24). Ein weiterer Grund ist die neuartige Darstellung, in der die Teildisziplinen der Geographie als Teilmengen gezeichnet sind, die sich mit benachbarten Teildisziplinen überschneiden. Eine solche Darstellung wird der tatsächlichen Struktur der Geographie wesentlich gerechter. Wenn ein Stadtgeograph Städte in Lateinamerika untersucht, tut er dies zunächst, um Erkenntnisse zur Allgemeinen Stadtgeographie zu gewinnen, er arbeitet also auf dem Gebiet der Allgemeinen Geographie. Zugleich gewinnt er aber Erkenntnisse zur Regionalen Geographie Lateinamerikas, damit befindet er sich auf dem Gebiet der Länderkunde Lateinamerikas. Darüber hinaus wird er aber Merkmale feststellen, die in allen lateinamerikanischen Städten immer wieder auftauchen, er wird möglicherweise ein Modell der lateinamerikanischen Stadt entwerfen, das für die gesamte lateinamerikanische Kulturlandschaft Gültigkeit hat. Damit geht er typologisch-landschaftskundlich vor und bewegt sich auf dem Gebiet der Landschaftskunde. Diese möglichen Überschneidungen werden in der Graphik von J. Schmithüsen dargestellt. Zum Verständnis dieses Modells müssen die folgenden Begriffe, die aus dem Griechischen stammen und die dazu dienen, die (eindeutig definierte) Wissenschaftssprache von der (oft diffusen) Umgangssprache zu trennen, übersetzt werden:

I.	Methodik:	Allgemeine Theorie und Methodologie
IIa.	Spezielle Choretik:	Individuelle Länderkunde
IIb.	Generelle Choretik:	Vergleichende Länderkunde
IIIa.	Generelle Synergetik:	Allgemeine Landschaftskunde
IIIb.	Spezielle Synergetik:	Regionale Landschaftskunde
IVa.	Generelle Aitiontik:	sachsystematisch gegliederte Allgemeine Geographie
IVb.	Spezielle Aitiontik:	sachsystematische Länderkunde
V.	Propädeutik	Voraussetzungen für die geographische Erkenntnisgewinnung
VI.	Angewandte Geographie	
VII.	Chorologische Zweige der Sachwissenschaften: z.B. Geobotanik	
VIII.	Methodische Hilfswissenschaften: z.B. Kartographie, Remote Sensing, GIS, Statistik	
IX.	Nachbarwissenschaften: z.B. Geologie, Soziologie	

Auch Schmithüsen stellt die Binnensicht der Geographie dar. Sein Interesse ist, wie bei allen Autoren der zuvor vorgestellten Schemata, darauf gerichtet, die Geographie als eigenständige Disziplin zu definieren und mit einer dementsprechenden inneren Gliederung zu versehen. Eine solche Sichtweise ist noch stark dem Denken in den Kategorien des Erfahrungsobjektes verhaftet. Im Laufe des 20. Jahrhunderts setzte sich, wie wir schon oben gesehen haben, aber immer mehr die Gewissheit durch, dass Disziplinen eher nach ihren zentralen Fragestellungen definiert werden müssen. Es hat sich gezeigt, dass neue Erkenntnisse kaum noch in den Kernbereichen der Fächer, sondern vielmehr an ihrem Rand, und zwar in enger Zusammenarbeit mit Nachbardisziplinen, also interdisziplinär, gewonnen werden. Diesem Gedanken folgt die in diesem Zusammenhang letzte Darstellung des Systems der Geographie, die demzufolge die Nachbarwissenschaften und ihre interdisziplinäre Vernetzung mit der Geographie noch stärker einbezieht (verändert nach Haggett 1979 und Leser 1980). Geographische Teildisziplinen stehen dabei in engem erkenntnistheoretischen Zusammenhang mit den Geozweigen der Nachbardisziplinen bzw. den analytischen Fächern überhaupt und fügen sich mit diesen zu disziplinären Gruppen zusammen, die ähnlichen Problemstellungen nachgehen.

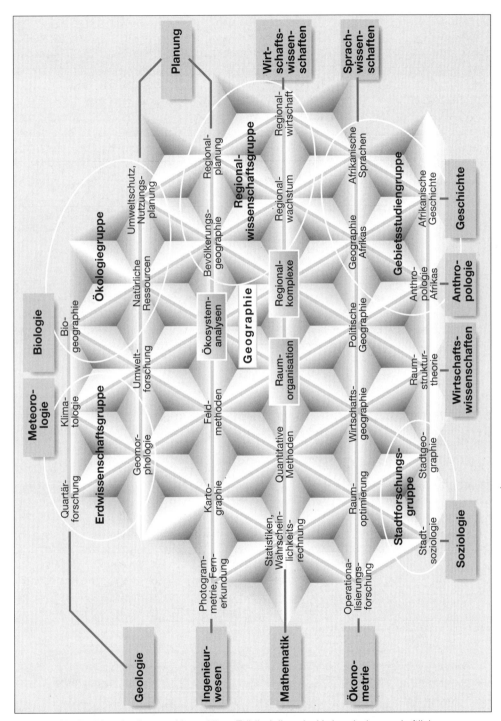

Abb. 25: Die Position der Geographie und ihrer Teildisziplinen im Verbund wissenschaftlicher Fragestellungen (nach Haggett 1979 und Leser 1980)

Dieser Entwurf kommt der tatsächlichen inneren Struktur der Geographie am nächsten. Tatsächlich ist sie jedoch noch komplexer als die Darstellung es zeigen kann. Im Schema dargestellt werden jeweils exemplarisch einige Teildisziplinen und ihre Nachbarfächer. In der erdwissenschaftlichen Gruppe fehlt die Hydrologie/Hydrogeographie, zwischen Erdwissenschaft und Ökologie die Bodenkunde/Bodengeographie, stellvertretend für die Siedlungsforschung wird nur die Stadtforschung genannt, die Wirtschaftsgeographie müsste einer Wirtschaftsforschungsgruppe zugeordnet oder die Regionalwissenschaftsgruppe zu einer solchen erweitert werden. Der exemplarische Charakter dieses Darstellungsversuchs tritt besonders am Beispiel der Gebietsstudiengruppe hervor, wo stellvertretend für alle möglichen Raumindividuen und -typen Afrika genannt wird. Dies ist durchaus beabsichtigt. Es wird deutlich, dass ein solches Schema sowohl der Wissenschaftsstruktur eines Landes als auch der spezifischen Zeitsituation bzw. der Konjunktur gerade relevanter Fragestellungen verhaftet sein muss. Auch dieser Gesichtspunkt zeigt, wie komplex und dynamisch sich die Raumforschung heute darstellt.

> **Nur der besseren Orientierung im Fach wegen kann das „System der Geographie" heute noch aus der Binnensicht dieser Disziplin wiedergegeben werden. In der modernen Forschung sind die Teildisziplinen der Geographie erkenntnistheoretisch eng mit Nachbardisziplinen verwoben. Daraus bilden sich interdisziplinäre Aufgaben- oder Fragenkreise, in denen die Geographie die räumliche Dimension einbringt.**

4.2. Die Allgemeine Geographie und ihre Stellung zu benachbarten Wissenschaften

Die Geographie teilt ihr Erfahrungsobjekt mit verschiedenen anderen Disziplinen. Das Studium der letzten Abbildung (Abb. 25, S. 51) hat uns noch einmal bewusst werden lassen, wie stark vernetzt heute jede Disziplin mit anderen ist. Aus Sicht unseres Faches bezeichnen wir diese als Nachbarwissenschaften. Einige dieser Fächer haben sich im Laufe ihrer disziplinären Entwicklung aus der Geographie oder den Nachbarwissenschaften herausgelöst und sind zu eigenen Disziplinen geworden, für die an vielen Universitäten eigene Institute geschaffen wurden. Die dort gelehrten Methoden und Inhalte sind jedoch nach wie vor für die Geographie konstitutiv. Ihre Ergebnisse und Methoden werden von Geographen immer wieder zu Rate gezogen und benutzt. Wir können solche Disziplinen aus geographischer Sicht als Hilfswissenschaften bezeichnen.
Die Nachbardisziplinen sind u.a.:

- Geologie
- Soziologie
- Meteorologie
- Wirtschaftswissenschaften
- Hydrologie

- Politikwissenschaften
- Bodenkunde
- Geschichte, insbesondere Wirtschafts- u. Sozialgeschichte

- Biologie
- Jura, insbesondere Öffentliches Recht
- Psychologie
und andere mehr.

Die Allgemeine Geographie und ihre Stellung

Als Hilfswissenschaften können u. a. folgende Disziplinen genannt werden:

- Kartographie
- Luft- und Satellitenbildauswertung, Remote Sensing
- Statistik
- Geoinformatik

Die Nachbarwissenschaften unterscheiden sich von der Geographie nicht durch ihr Erfahrungsobjekt, wohl aber durch ihr Erkenntnisobjekt, d. h. durch die Art der Erkenntnisse, die sie gewinnen wollen, bzw. durch ihre spezifische Fragestellung. Der Botanik geht es u. a. um eine Systematik der Pflanzen und um die Erkenntnis der Wirkungsweise von Biozönosen. Die Geographie dagegen sieht die Pflanzen und Biozönosen als Bestandteile des Raumsystems und möchte Erkenntnisse über ihre Verbreitung, ihre Veränderung unter wechselnden Einflüssen anderer Geofaktoren und ihre Wirkungsweise im komplexen Wirkungsgefüge aller Geofaktoren gewinnen.

Nun haben die Nachbarwissenschaften in ihrer eigenen innerdisziplinären Gliederung durchaus Geozweige entwickelt. In der Meteorologie entstand die Klimatologie, in der Biologie die Geobiologie, in der Soziologie die Geosoziologie, in der Psychologie die Ökopsychologie. Die meisten der Geozweige besitzen das Präfix „Geo-" oder „Öko-".

Diese Geozweige sind nicht kongruent zu den ihnen verwandten geographischen Teildisziplinen, weil sich das Erkenntnisinteresse grundsätzlich unterscheidet. So erfasst die Geobotanik den Standort als Beitrag zum Verständnis der Zusammensetzung einer spezifischen Biozönose. Der Vegetationsgeographie geht es aber primär um den Standort selbst, in seiner komplexen Vernetzung physio- und humangeographischer Geofaktoren. Ein weiteres Beispiel: Die Ökopsychologie versucht, ein besseres Verständnis des menschlichen Verhaltens durch die Einbeziehung von Raumgegebenheiten zu erhalten. Die ihr benachbarte Perzeptionsgeographie dagegen erklärt räumliche Strukturen, in diesem Fall Aktionsräume, aus menschlichen Verhaltensnormen.

Eine Übersicht (Abb. 26, S. 54) veranschaulicht den Zusammenhang einiger Nachbardisziplinen und ihrer Geozweige mit den Teildisziplinen der Geographie.

In diesem Zusammenhang muss eine spezifische Eigenart der geographischen Geofaktoren, d. h. der Teildisziplinen der Allgemeinen Geographie, herausgestellt werden, die diese grundsätzlich von den Geozweigen der Nachbardisziplinen unterscheidet.

Natürlich ist zunächst die Fragestellung einer jeden Teildisziplin autonom. Das bedeutet, dass wirtschaftsgeographische Forschung wirtschaftsgeographischer Erkenntnis dient. Dies gilt auch für die Lehrveranstaltungen: In der Vorlesung „Geomorphologie" wird Geomorphologie gelehrt und gelernt. Aber: Jeder Geofaktor ist nur aus heuristischen Gründen aus dem Gesamtzusammenhang der Geosphäre bzw. der geographischen Substanz herausgelöst. Seine Lagebeziehungen, seine formalen und strukturellen Eigenarten, seine Wirkungsweise und seine Entstehung erklären sich aber tatsächlich nur aus der Verflechtung mit anderen Geofaktoren. Dies wird auch innerhalb der Teildisziplinen bereits teilweise deutlich: So hat sich

Abb. 26: Zusammenhänge einzelner Nachbardisziplinen mit den Teildisziplinen der Geographie (eigener Entwurf)

Erfahrungsobjekt	Grunddisziplin	Geozweig der Grunddisziplin	Geographische Teildisziplin
Lithosphäre	Geologie	Exogene Dynamik	Geomorphologie
Atmosphäre	Meteorologie	Klimatologie	Klimageographie
Hydrosphäre	Hydrologie	Geohydrologie	Hydrogeographie
Pedosphäre	Bodenkunde	Geopedologie	Bodengeographie
Biosphäre	Zoologie Botanik	Geozoologie Geobotanik	Zoogeographie Vegetationsgeographie
Soziosphäre	Wirtschaftswissenschaften	Regionalwirtschaft	Wirtschaftsgeographie
	Soziologie	Geosoziologie	Sozialgeographie
	Psychologie	Ökopsychologie	Perzeptionsgeographie
	Architektur	Städtebau	Siedlungsgeographie

angesichts der engen Verzahnung geomorphologischer Vorgänge mit klimatischen Prozessen die Klimageomorphologie als wichtige (wenn nicht wichtigste) Betrachtungsweise innerhalb der Geomorphologie herausgebildet. Wir merken uns als Ergebnis dieser Reflexion, dass es die Eigenart der allgemein-geographischen Teildisziplinen ist, die Geofaktoren nur teilweise, und dann aus heuristischen Gründen, isoliert zu betrachten, sie nach Möglichkeit aber immer mit anderen Faktoren zu verknüpfen. Die Merkformel hierfür lautet:

Geofaktor und ...,

also zum Beispiel: Geomorphologie und Klima, Hydrogeographie und Relief, Siedlungsgeographie und Wirtschaft.

Es muss aber eingeräumt werden, dass es Institute gibt, in denen die Unterscheidung der jeweiligen geographischen Geofaktorenlehre und ihrer spezifischen Nachbardisziplin terminologisch unscharf ist. Dies kann damit zusammenhängen, dass im Zuge der Hochschulreform der 70er Jahre größere geographische, geowissenschaftliche oder gar umweltwissenschaftliche Fachbereiche geschaffen worden sind, so dass es z. B. in Trier einen Lehrstuhl für Geobotanik am Geographischen Institut gibt, der dann aber konsequenterweise auch von einer Botanikerin eingenommen wird. Solche Universitäten setzen mehr als andere auf Interdisziplinarität. Wenn aber an kleineren Instituten ein Geograph sich als Geobotaniker, als Klimatologe oder als Hydrologe bezeichnet, ist nicht ausgeschlossen, dass hier ein methodologisches Unwissen, ein mangelndes Selbstwertgefühl oder ein Kompetenzanmaßungsphänomen vorliegen könnte. In der Humangeographie sind derartige Erscheinungen seltener. Kein Sozialgeograph würde sich als Soziologe, kein Agrargeograph als Agrarwissenschaftler bezeichnen. Es kommt allerdings vor, dass man sich als Stadtgeograph der Stadtforschung zuordnet. Und vor allem im Ausland ist eine gewisse Tendenz festzustellen, dass Vertreter der Politischen Geographie die Schwelle zur Geopolitik überschreiten, ohne sich über die ideologischen Konsequenzen im Klaren zu sein, die die unreflektierte Aneignung dieses Terminus mitbringt.

> **Methodisch halten wir die Merkformel *Geofaktor und ...* fest. Wenn bei einer Geländeansprache etc. ein dominanter Geofaktor angesprochen wird, sollte man sich an diese Formel erinnern und ihn nach und nach mit anderen Geofaktoren verknüpfen.**

4.3. Regionale Geographie

4.3.1. Länderkunde

Die Länderkunde galt lange Zeit – inoffiziell – als „Krone" der geographischen Wissenschaften. Es war das Lebensziel vieler Fachvertreter, am Ende der Universitätslaufbahn eine „große Länderkunde" vorzulegen. Mit einer solchen Arbeit konnte die Kompetenz in allen allgemeingeographischen Disziplinen, die Fähigkeit zur integrativen Gesamtschau, zur synthetischen Erklärung und zur verdichteten Darstellung unter Beweis gestellt werden. Diese Fähigkeiten - so nahm man uneingestandenermaßen an - konnte man nur in einem langen Forscherleben erwerben.

Diese Darstellung ist natürlich überzeichnet, um die Ereignisse auf dem Deutschen Geographentag 1969 in Kiel, dem sog. *Kieler Geographentag*, verständlich zu machen. Tatsächlich wirkten die Thesen, die dort von den Studenten und von einigen jüngeren Hochschulgeographen vertreten wurden, wie ein Schock auf viele arrivierte Ordinarien.

Was war passiert? Hierzu ein Zitat aus einer zu seiner Zeit sehr verbreiteten Darstellung unseres Faches von den österreichischen Geographen W. RITTER und W. STRZYGOWSKI (1970, S. 29):

„*Neben der Allgemeinen Geographie, die sich mit den Erscheinungen an sich beschäftigt, steht die Individuelle Geographie, die diese im konkreten räumlichen Zusammenhang untersucht, die „Länderkunde". Landschaft ist ein Begriff, der den geographischen Zustand eines Gebietes bezeichnet und unter gleichen Voraussetzungen in den verschiedensten Teilen der Erde mehrfach wiederkehrt, Land ist ein Individualbegriff. Man versteht darunter ein beliebig abgegrenztes, aber zusammengehöriges Gebiet, sei es Insel, Tal, Staat, Kontinent oder Stadt, das zusätzlich durch seine Lage auf der Erde eindeutig bestimmt ist. Die Länderkunde ist eine integrierte Darstellung unseres Wissens darüber.*"

Wir stellen einstweilen die Erläuterung zum Begriff der Landschaft hintan und werden darauf zurückkommen. Zunächst interessiert die Kennzeichnung des Begriffs Land und der daraus abgeleiteten Funktion der Länderkunde.

Eine bloße Sammlung von Wissen über einen Gegenstand ist noch keine wissenschaftliche Leistung, das haben die studentischen Kritiker richtig gesehen, indem sie ein solches Vorgehen als „enzyklopädisch" abtaten. Sie formulierten: „Länder- und Landschaftskunde sind unwissenschaftlich, problemlos und verschleiern Konflikte; sie haben keinen aktuellen Bezug. Länder- und Landschaftskunde werden deshalb abgeschafft" (Bestandsaufnahme ..., in: MECKELEIN/BORCHERDT 1970, S. 201). Die Studenten wendeten sich nicht nur gegen die fehlende gesellschaftliche Relevanz der Länderkunde, sondern warfen ihr auch Unwissenschaftlichkeit und Theorielosigkeit vor. Eine weitere Forderung der Studenten, auf die in diesem Zusammenhang nicht weiter eingegangen wird, die uns in Kapitel 7.2. noch beschäftigen wird, lautete: *„Die Trennung von Physischer Geographie und Anthropogeographie muss vollzogen werden. Die Gemeinsamkeit der Probleme ist nur künstlich aufrechtzuerhalten."*

Ein Beispiel, an dem sich die Vorwürfe der Kieler Studenten gegenüber der Länderkunde verifizieren lassen, bildet z. B. die Länderkunde Mexikos von H. G. GIERLOFF-EMDEN, die über weite Strecken aus einer Aneinanderreihung von unkommentierten Zitaten aus der geographischen Fachliteratur besteht.

Viele der damaligen Reflexionen und Argumente sind in dem Band von G. HARD (1973) aufgenommen worden; P. SEDLACEK hat zehn Jahre nach Kiel ein Nachdenken über die Wirkung dieses historischen Geographentages in Gang gesetzt (SEDLACEK 1979). Dennoch ist die Regionale Geographie im Verlauf der sehr regen Diskussion nicht abgeschafft worden. Im Gegenteil. Fernab der theoretischen Diskussion um die Länderkunde haben regionalgeographische Ansätze aufgrund der veränderten gesellschaftlichen und politischen Situation in Deutschland nach dem Übergang von der Großen Koalition zur sog. sozialliberalen Koalition im Jahr 1969, aber auch eines gewandelten wissenschaftlichen Selbstverständnisses einen neuen Stellenwert erhalten. Die Ehrenrettung für die Regionale Geographie erfolgte also nicht so sehr seitens der etablierten Länderkundler, als vielmehr durch die Praxis und ihre Ansprüche. Dies formulierte A. KILCHENMANN in einem unveröffentlichten Manuskript wie folgt:

„Entgegen anderslautender Meinung einiger meiner jungen und sonst gleichgesinnten Kollegen bin ich (noch?) nicht überzeugt, daß das Thema „Regionale Geographie" nur noch wissenschaftstheoretisch interessant ist. Ich habe vielmehr den Eindruck, daß zur Zeit des berühmt-berüchtigten Kieler Geographentags im Zuge einer ungestümen Ablehnung des „Landschaftsbegriffs" das Kind (die „Regionale Geographie") mit dem Wasser ausgeschüttet worden ist. Ich kann heute oft feststellen, daß eine „Regionale Geographie" von der Gesellschaft, von der Öffentlichkeit zunehmend gefordert wird: in der Planung! Wenn z.B. der Schweizerische Bundesrat nach den Entwicklungsmöglichkeiten des alpinen Berggebietes fragt, wenn für irgendeine Region ein Entwicklungskonzept, für ein Katastrophengebiet (z.B. die Sahel-Region) ein Sanierungsplan gesucht wird, dann meine ich, ertönt, versteckt, der Ruf nach einer „Regionalen Geographie" als Entscheidungsgrundlage, als Entscheidungshilfe!"
(KILCHENMANN 1973, S. 4–5)

Regionale Geographie

Allerdings antwortet eine solche Begründung der Regionalen Geographie nicht auf die Vorwürfe, die von den Kritikern eingebracht wurden. Es ist auch zu fragen, ob die Kritik gegenüber der gesamten Regionalen Geographie oder doch eben nur am Beispiel einiger qualitativ unzureichender Länderkunden gerechtfertigt war. Denn im Laufe ihrer Entwicklung hatte die Regionalgeographie bis Kiel bereits ein beachtenswertes methodisches Inventar und durchaus auch eine theoretische Begründung erfahren, zumal sie sich während ihrer Geschichte bereits mehrfach der fachtheoretischen Diskussion zu stellen hatte. Die neuerliche theoretisch-methodische Diskussion konnte daher zurückgreifen auf

- die alte Diskussion um das länderkundliche Schema und die dynamische Länderkunde; (Aus ihr abgeleitet ist das Bemühen um eine zeitgenössische problemorientierte Länderkunde.)
- die methodischen und theoretischen Fortschritte, die durch N. KREBS (*Vergleichende Länderkunde*), H. LAUTENSACH (*Formenwandellehre*), H. BOBEK und J. SCHMITHÜSEN (*Integrationslehre*) sowie E. NEEF (*Landschaftslehre*) ausgelöst wurden.

Diese traditionellen Ansätze wurden ergänzt durch

- die Diskussionen im Verlauf des *Kieler Geographentages* (s. o.),
- die *quantitative Revolution* in der Geographie, (Mithilfe multivariater Verfahren konnten größere Datenmengen verarbeitet, Wechselbeziehungen schneller erkannt, Regionalisierungen transparent gemacht, Ergebnisse überprüfbar und Darstellungen objektiviert werden.),
- die *Geographischen Informationssysteme. (*Als die Quantifizierung bereits wieder im Rückzug war, kam die neue Technologie auf, mit deren Hilfe Daten räumlich fixiert und verarbeitet werden konnten. Auch dies hat der Regionalen Geographie einen großen Auftrieb vermittelt.)

Im Folgenden sollen kurz die Methoden und Ansätze der Länderkunde vorgestellt werden. In unserem Zusammenhang sind diese nicht nur als wissenschaftshistorisch interessante Denkstrukturen zur Kenntnis zu nehmen. Sie sind bis heute zur Strukturierung regionalgeographischer Sachverhalte geeignet und können als methodisches Grundgerüst für die Behandlung jeder regionalgeographischen Fragestellung benutzt werden.

4.3.1.1. Das „länderkundliche Schema"

Das sogenannte länderkundliche Schema bildet das Grundgerüst vieler Länderkunden. Es wurde theoretisch vor allem von A. HETTNER vertreten und wird daher – nicht ganz richtig – auch als *Hettnersches Schema* bezeichnet. Vor HETTNER hat es schon KIRCHHOFF (1884) als „allein naturgemäße Einteilung" der geographischen Beschreibung bezeichnet. *Das länderkundliche*

1. Lage, Gestalt und Größe
2. Geologie und Oberflächenformen
3. Klima
4. Gewässer
5. Pflanzenkleid
6. Tierwelt
7. Mensch
8. Siedlungen
9. Wirtschaft
10. Verkehr
11. Sprachliche, religiöse und staatliche Verhältnisse

Abb. 27: Das länderkundliche Schema

Schema verlangt die Einhaltung einer festen Reihenfolge bei der Darstellung regionalgeographischer Sachverhalte. Sie ist in Abb. 27 festgehalten.

Das Schema vermittelt Übersichtlichkeit, gestattet bzw. erleichtert die Vergleichbarkeit zwischen unterschiedlichen Ländern und deren Darstellungen in Länderkunden, zwingt zu einer relativ vollständigen Darstellung und verhindert Stofflücken; es spiegelt ein gewisses Bemühen, Voreingenommenheiten zu vermeiden. Das Vorgehen ist letztlich als induktiv zu bezeichnen. Die Vertreter des *länderkundlichen Schemas* wurden jedoch in aller Härte von den Vorwürfen auf dem Kieler Geographentag getroffen, weil im sturen Schematismus mancher Länderkunden der Anspruch einer wissenschaftlichen Durchdringung des Stoffes und einer integrativ-synthetischen Behandlung nicht zu erkennen war.

Das länderkundliche Schema wird heute noch von vielen Studierenden zur Gliederung von regionalgeographischen Diplomarbeiten, von Exkursionsvorbereitungsreferaten, von Karteninterpretationen etc. verwendet. Es dient immer noch vielen länderkundlichen Darstellungen, Lexikonartikeln oder den allgemeinen Teilen von Reisehandbüchern als Grundgerüst.

> **Das länderkundliche Schema ist eine einfache, leicht merkbare Form regionalgeographischer Darstellung, die den Vorteil hat, nichts zu vergessen und die Abhandlungen unterschiedlicher Räume leicht vergleichbar zu machen. Es ist aber eine induktiv angelegte, analytische Darstellung und verlangt daher am Ende des Durchgangs nach einer Synthese, in der die isoliert dargestellten Geofaktoren aufeinander bezogen werden und die räumliche Eigenart der behandelten Region integrativ herausgearbeitet wird.**

4.3.1.2. Die „Dynamische Länderkunde"

Den Vorwurf enzyklopädischen Schematismus und (un)wissenschaftlicher Erstarrung hat lange vor den Studenten in Kiel bereits der deutsche Geograph HANS SPETHMANN erhoben, der diese schematische Methode als *statisch* geißelte und ihr eine *dynamische Länderkunde* entgegensetzte. Beim länderkundlichen Schema blieb es vielfach dem Leser überlassen, die aneinandergereihten Darstellungen der räumlichen Erscheinungsformen der Geofaktoren am Ende des Buches zu einem Gesamtbild zusammenzufassen. Demgegenüber will die dynamische Länderkunde dem Leser das Wesen eines Landes schon auf den ersten Seiten nahebringen. H. SPETHMANN, der Begründer dieser Methode, ging in seinen Darstellungen von jeweils einer landschaftsbestimmenden Dominanten aus, d. h. von jeweils einem dominanten Geofaktor. Hier eine kleine Leseprobe aus seinem Entwurf für eine dynamische Länderkunde der Antarktis. Zitiert werden der Anfang und die jeweilig ersten Sätze der Kapitel, sowie der Schlusssatz.

„Die Kälte beherrscht alles. Sie erzeugt zusammen mit dem Niederschlag den Eispanzer, der dem Kontinent in Umriß, Größe und Skulptur das Gepräge verleiht ... Nirgends auf der Erde fühlt der Mensch so eindringlich, wie sehr sein Leben im

Regionale Geographie

Banne der Sonne steht. Ihre wärmende Kraft bleibt hier beträchtlich hinter dem Durchschnitt auf der irdischen Oberfläche zurück ...
Die Steigerung der Kälte (...) hat (...) zur Folge, daß aller Niederschlag ausschließlich in fester Form fällt. ...
Das Eis beherrscht die Landschaft fast souverän.
Nicht nur innerhalb der Landmasse meistert das Eis die großen Skulpturzüge des Erdbodens, sondern auch darüber hinaus bestimmt es den Verlauf der Küsten und damit auch Umriß und Größe des Kontinents. ...
Jedoch ist das Eis nicht gänzlich Herr des Reliefs. Restlos vermag es sich ihm gegenwärtig nicht zu entziehen (...). Wir können die Skulptur des festen Landes noch aus Bergketten erkennen. ...
Die Macht des Eises geht so weit, daß auch sein Einfluß auf das Klima stark ist, obwohl es selbst ein Kind des Klimas ist. ...
Die Winde tragen wie auf jede Feste (...) organisches Leben, aber unter seltsamen (...) Kontrasten ...
Viel Forscherarbeit bleibt noch zu leisten, um die ersten Schritte der Erkenntnis fortzusetzen, die mit Wilkes und Roß um 1840 begannen ...
So liegt noch die größte Einöde der Erde weithin unberührt da. (...) Rast aber ein Sturm mit orkanartiger Stärke, so peitscht er mit ohrenbetäubendem Getön den harten Schneesand dahin und wehrt jedweden Schritt, sich ihm entgegenzustellen. ... Es herrscht das Große Schweigen von Pol zu Pol, nur der Wind geigt noch sein Todeslied."
(SPETHMANN 1928, S. 131–137).

Es ist leicht zu erkennen, dass dieser Ansatz einer hermeneutischen Logik folgt. Der wichtigste Wesenszug (in unserem Beispiel die Kälte und das Eis) werden am Anfang herausgearbeitet, später folgen Erweiterungen dieser Erkenntnis, indem in zirkulärer Vertiefung immer neue Faktoren darauf bezogen werden. Das Ergebnis ist eine sehr individuelle, aber auch sehr integrativ-synthetische Interpretation des zu behandelnden Erdraums. Die besonderen Vorzüge dieser Methode liegen in ihrer mitreißenden Darstellung. Der Leser wird in die Perspektive des Länderkundlers genommen, er kommt, wenn er sich dieser Sichtweise öffnet, zu einem sehr tiefen Verständnis des zu behandelten Erdraums.

Aber die Dynamische Länderkunde hat auch ihre Tücken. Warum gerade ein spezifischer Geofaktor als der dominierende herausgestellt wird, kann oft nicht transparent gemacht werden, auch besitzt nicht jeder Erdraum eine solche Dominanz eines einzelnen Faktors. Die Vergleichbarkeit von Ländern auf der Basis solcher Länderkunden ist sehr schwer. Ferner schwebt die dynamische Methode immer in der Gefahr des *Determinismus,* wenn – was allerdings nicht beabsichtigt ist – doch monokausal sämtliche räumliche Erscheinungsformen, d.h. die gesamte geographische Substanz, auf einen einzigen dominanten Geofaktor zurückgeführt werden. Die hermeneutische Methode schließlich gestattet sehr unterschiedliche Interpretationen, so dass die Darstellung stark *subjektiv* gefärbt sein kann. Schließlich erstarrt die Betonung des vorherrschenden Wesenszuges eines Landes oft zum Klischee und wird zur Plattitüde.

> Die Anwendung der „Dynamischen Länderkunde" für länderkundliche Darstellungen ist nicht anspruchslos. Sie verlangt Sicherheit bei der Auswahl des dominanten Geofaktors und einen stringenten Bezug der anderen Faktoren auf diesen. Dabei darf keineswegs die Vollständigkeit vernachlässigt werden, die das regionalgeographische Arbeiten verlangt. Gelingt eine solche Darstellung, ist sie jedoch meist sehr viel eingehender und spezifischer als eine Länderkunde nach dem Hettnerschen Schema.

4.3.1.3. Die problemorientierte Länderkunde

In der Folge der Kieler Diskussion haben einzelne Autoren in Weiterentwicklung der dynamischen Methode sog. *problemorientierte Länderkunden* entworfen. Ein gelungenes Beispiel stellt die Länderkunde Lateinamerikas von G. SANDNER und H.-A. STEGER dar (SANDNER/STEGER 1973). Der Verlag Klett-Perthes hat gar eine ganze Reihe mit dem Titel „Perthes Länderprofile" ins Leben gerufen. Hier werden einzelne Probleme oder Problemkreise in den Mittelpunkt der regionalgeographischen Darstellung gestellt, wobei in der Regel der im Hettnerschen Schema immer zu Beginn behandelte Naturraum wegen seiner teilweise geringeren Problembehaftung erst später im Text dargestellt wird. In der SANDNER/STEGER-Länderkunde bildet er erst das Kapitel 6 der Gliederung.

Problemorientierte Länderkunden haben einen großen Wert zum Verständnis der regionalgeographischen Zusammenhänge und der aktuellen Probleme eines Erdraums. Sie bilden wichtige Erklärungshilfen und provozieren Folgeuntersuchungen angewandt-geographischen Charakters. Statt des „dominanten Geofaktors" in der Dynamischen Länderkunde bildet hier das zentrale Problem den roten Faden der Darstellung. Da solche Probleme in allen Erdräumen sehr unterschiedlicher Natur sind, erschweren sich derartige Regionalgeographien ebenso wie die Dynamische Länderkunde den Vergleich zu anderen Räumen. Sie sind darüber hinaus oft sehr an den Augenblick gebunden, d.h. dass sie im Kontext der Entstehungszeit gesehen werden müssen und aktualistisch ausgerichtet sind. Auch in diesem Fall wird die Darstellung häufig subjektiv gefärbt sein, allerdings ist die Herausstellung des Zentralproblems transparent gemacht. Damit sind solche Länderkunden oft vor dem metatheoretischen Hintergrund des Kritischen Rationalismus geschrieben und deduktiv aufgebaut. Ihre Intersubjektivität ergibt sich aus der kritischen Beschäftigung anderer Forscher mit dem Gegenstand.

> Heute haben problemorientierte Länderkunden offenbar Konjunktur. Sie sind insbesondere bei Seminararbeiten sehr beliebt. Großen Wert sollte dabei auf die Herausarbeitung und Begründung des oder der zentralen Probleme gelegt werden. Ferner muss deutlich werden, in welcher Beziehung die räumlichen Strukturen zu diesem Problem stehen.

Regionale Geographie

4.3.2. Landschaftskunde

Während der Gegenstand der Länderkunde spezifische Erdräume, Raumindividuen sind, ihr Interesse auf die Besonderheiten dieses Landes ausgerichtet ist und sie daher idiographisch vorgeht, ist das Interesse der Landschaftskunde auf das Typische gerichtet. Sie geht daher – wie die Allgemeine Geographie – nomothetisch bzw. normativ vor. H. Bobek und J. Schmithüsen haben dies so formuliert:
„Die Länderkunde betrachtet und würdigt das geographische Objekt idiographisch, d.h. als Einmaliges in Raum und Zeit. Das in solcher Art individuell, als einzelne Gestalt begriffene geographische Objekt bezeichnen wir als ‚Land'".

Und sie grenzen davon die Landschaftskunde wie folgt ab:
„Als Landschaftsforschung bezeichnen wir demgegenüber die normative Betrachtung, die auf der Grundlage des Vergleiches die Teile der Erdoberfläche in Gattungen bzw. Typen ordnet" (Bobek/Schmithüsen 1949, S. 113/114).

4.3.2.1. Die Vergleichende Länderkunde

Den Vergleich als wesentliches methodisches Hilfsmittel der geographischen Erkenntnis betonte im Anschluss an S. Passarge vor allem N. Krebs, der zum Begründer der Vergleichenden Länderkunde wurde. Diese Vergleichende Länderkunde steht zwischen der Länder- und der Landschaftskunde. Indem sie zu einem Teil die typischen Züge von Landschaftstypen herausarbeitet, kann sie als Vorläufer bzw. Übergang zu einer systematischen Landschaftskunde verstanden werden.

Die Methode der Vergleichenden Länderkunde eignet sich für vielfältige Themen. Sie können regionalgeographischer Natur sein (Kalifornisches und Chilenisches Längstal, die tropischen Tieflandregionen, die Hochgebirge der Welt etc.), die Methode des Vergleichs lässt sich aber auch abwandeln auf Kulturräume oder Städte (Agrarlandschaften des Mittelmeerklimas; Wien und Prag, etc.).

4.3.2.2. Die geographische Formenwandellehre

Bobek/Schmithüsen stellten die nomothetische regionalgeographische Systematik als wichtigsten Wesenszug der Landschaftskunde heraus. Diesem Anspruch wird die von H. Lautensach begründete Formenwandellehre in besonderem Maße gerecht. Ziel dieses Ansatzes ist eine erdumspannende Landschaftssystematik, die in ihrer Stringenz dem periodischen System der Elemente in der Chemie zur Seite gestellt werden sollte. Demnach wird die gesamte Geosphäre nach bestimmten Lagekategorien in Landschaften (d.h. Landschaftstypen) gegliedert. Lautensachs Hypothese lautet: Die geo-

Richtungen	Lagetypen
Nord-Süd	Planetarische Lage
West-Ost	West-östliche Lage
Peripher-zentral	Peripher/zentrale Lage
Vertikal	Höhenlage

Abb. 28: Richtungen und Lagetypen des Formenwandels

graphische Substanz unterliegt in der Geosphäre einem kontinuierlichen räumlichen Wandel. Daher lassen die Landschaften einen regelhaften Wandel unter dem Gesichtspunkt von vier Kategorien erkennen. Diese Kategorien werden aus vier Lagetypen gewonnen, mit denen die Strukturveränderungen in bestimmten Richtungen einhergehen.

LAUTENSACH unterscheidet dabei vier Richtungstypen, aus denen vier Lagetypen abgeleitet werden (siehe Abb. 28, S. 61). Aus diesen Lage- und Richtungstypen ergeben sich die vier folgenden Kategorien des geographischen Formenwandels:

> **1. Planetarischer Formenwandel**
> **2. West-östlicher Formenwandel**
> **3. Peripher-zentraler Formenwandel**
> **4. Hypsometrischer Formenwandel**

Abb. 29: Richtungstypen des geographischen Formenwandels

LAUTENSACH gibt selbst die folgende (hier gekürzte) Zusammenfassung seines methodischen Ansatzes:
„**1.** Unter geographischem Formenwandel wird die regelhafte Veränderung der als Kontinuum ausgebildeten geographischen Substanz auf der Erdoberfläche verstanden.
2. Der Formenwandel wird unter dem Gesichtspunkt von vier Richtungstypen, den sog. Kategorien, verfolgt. Diese ergeben den planetarischen, west-östlichen, peripher-zentralen und hypsometrischen Formenwandel. (3. ...)
4. Das Gesamtbild der geographischen Substanz eines Raumes enthält das Interferenzbild der vier Kategorien. Aber nicht alle Züge der geographischen Substanz eines Raumes sind unter dem Gesichtspunkt der Kategorien faßbar. Das Interferenzbild ist also inhaltsärmer als das Gesamtbild.
5. Diejenigen Züge, die in dem Interferenzbild nicht enthalten sind, stellen die individuellen Züge des betreffenden Raumes dar. Ihre Untersuchung ist Sache der Länderkunde.
6. Der Formenwandel jeder Kategorie kann in seinen räumlichen, sich aneinander reihenden Abschnitten, den Phasen, verfolgt werden, die je nach der geographischen Lage des betreffenden Raumes verschieden sind. Je nach der Größenordnung der Untersuchung wird der Wandel jeder Kategorie in einer kleineren oder größeren Zahl von Phasen fixiert. (...) Gleiche Phasenzustände des planetarischen Wandels bilden Gürtel, des west-östlichen Wandels Streifen, des peripher-zentralen Wandels Ringe, des hypsometrischen Wandels Stufen" (LAUTENSACH 1953).

Es wird deutlich, dass LAUTENSACH, der seine Systematik freilich nur in Marokko, Korea und auf der Iberischen Halbinsel anwandte, eine erdumspannende systematische Landschaftskunde anstrebte, die die Landschaftsgürtel, -streifen, -ringe und -stufen identifizieren sollte. Die einzelnen Landschaftstypen wurden von LAUTENSACH mit einer Folge von Kenn-Buchstaben und -Ziffern versehen, aus denen ihre jeweilige Position in den vier Formenwandelkategorien deutlich wurde.

Regionale Geographie 63

	A_1	A_2		L_2	L_1	L_0	
If_1	$If_1\ A_1\ P\ H_1/H_2$ Nordgalizien	$If_1\ A_2\ P\ H_1/H_3$ Asturien	$If_1\ A_2\ P\ H_1/H_3$ Kantabrien u. W.-Pyrenäen	$If_1\ L_2\ P\ H_2/H_4$ Zentral- pyrenäen	$If_1\ L_1\ P\ H_1/H_4$ Ostpyrenäen, NW-Katalonien		If_1
St_1	$St_1\ A_1\ P\ H_1/H_3$ Hoch-Portugal, SW-Galizien	$St_1\ A_2\ Z\ H_2$ Nordmeseta	$St_1\ A_2\ Z\ H_2/H_3$ NW-Hälfte des Iber. Randgeb.	$St_1\ L_2\ Z\ H_1/H_2$ Ebrobecken	$St_1\ L_1\ P\ H_1/H_2$	$St_1\ L_1\ P\ H_1$ Roussillon	St_1
	$St_1\ A_1\ P\ H_1$ Portug. Niederland	$St_1\ A_2\ Z\ H_1/H_3$ Span. Hauptscheidegebirge		$St_1\ L_2\ Z\ H_2/H_3$ SO-Hälfte des iber. Randgeb.	Katalonien		
		$St_2\ A_2\ Z\ H_1$ Mittleres Tejogebiet	$St_2\ A_2\ Z\ H_2$ Oberes Tejogebiet				
St_2	$St_2\ A_1\ P\ H_1/H_2$ Unteres Tejogebiet	$St_2\ A_2\ Z\ H_2/H_3$ Bergland von Toledo		$St_2\ L_2\ Z\ H_2$ La Mancha	$St_2\ L_1\ P\ H_1/H_2$ Valencia	$St_2\ L_0\ P\ H_1$ Menorca	St_2
	$St_2\ A_1\ P\ H_1$ Alentejo	$St_2\ A_2\ Z\ H_1/H_2$ Südestremadura und Sierra Morena				$St_2\ L_0\ P\ H_1/H_2$ Mallorca	
St_3	$St_3\ A_1\ P\ H_1$ Algarve	$St_3\ A_2\ P\ H_1$ Nieder- Andalusien	$St_3\ A_2\ P\ H_1/H_4$ Hoch- Andalusien	$St_3(Wf)\ L_2\ P\ H_1/H_3$ Almeria und Murcia		$St_3(Wf)\ L_0\ P\ H_1$ Pityusen	St_3
	A_1	A_2		L_2	L_1	L_0	

Grenze A / L   A: Atlantisch   St: Sommertrocken   If: Immerfeucht   Z: Zentral   *Die Indexzahlen bezeichnen die Intensität der Interferenzen*
Grenze St / If   L: Levantinisch   Wf: Winterfeucht   H: Höhenstufe   P: Peripher
Grenze P / Z

Abb. 30: Der geographische Formenwandel auf der Iberischen Halbinsel (aus LAUTENSACH 1953)

> **Die Anwendung der Formenwandellehre für regionalgeographische Arbeiten kann faszinierend und äußerst erfolgreich sein. In Abwandlung kann man für einzelne Erdräume (etwa das Hochgebirge, z.B. bei der Karteninterpretation von Alpenblättern) auch nur eine dominante Kategorie, z.B. den hypsometrischen Formenwandel im Alpenraum, herausgreifen und die einzelnen Stufen (bzw. Ringe, Streifen etc.) mit ihrer spezifischen geographischen Substanz herausstellen.**

4.3.2.3. Die Integrationslehre

In dem bereits früher zitierten Aufsatz von BOBEK und SCHMITHÜSEN geht es den beiden Autoren um die Begründung eines weiteren methodischen Zugriffs auf die Landschaftskunde. Wir bezeichnen diesen Ansatz nach dem zentralen dort verwendeten Begriff als *Integrationslehre*. Wir erinnern uns in diesem Zusammenhang an den inneren Aufbau der Geosphäre. Die Teilsphären, die diese aufbauen, gehören drei unterschiedlichen Seinsbereichen an. Der *anorganische Seinsbereich* umfasst die Atmosphäre, die Lithosphäre und die Hydrosphäre, der *organische, aber nicht geistbestimmte Seinsbereich* beinhaltet die Biosphäre, der *geistbestimmte, menschliche Seinsbereich* die Anthropo- oder Sozialsphäre. Dieser Dreigliederung liegt übrigens die in manchen Organisationsplänen der Geographie auftauchende

Dreigliederung der Allgemeinen Geographie in Anorganische, Organische und Anthropogeographie zugrunde.

Wir haben bereits festgestellt, dass der Geosphäre eine gewisse innere Ordnung eigen sein muss, sonst wäre sie wissenschaftlich nicht erforschbar. Eine solche Ordnung muss auf Gesetze, Normen oder zumindest Regelhaftigkeiten zurückgehen. Solche Gesetze oder Regeln sind, dies ist eine Erkenntnis der Integrationslehre, von unterschiedlicher Art und Stringenz.

Anorganischer Seinsbereich	Naturgesetzlichkeit
Organischer Seinsbereich	Lebensgesetzlichkeit
Menschlich-sozialer Seinsbereich	Sozialgesetzlichkeit

Abb. 31: Seinsbereiche und Gesetzlichkeiten in der landschaftlichen Integration

Im anorganischen Seinsbereich herrscht die *physikalisch-chemische Kausalität* von Ursache und Wirkung, im organisch-nicht geistbestimmten Seinsbereich eine weniger zwingende *vitale Kausalität,* im menschlich-sozialen Seinsbereich eine gewisse soziale Eigengesetzlichkeit, zumindest aber ein *sozial regelhaftes Verhalten*. E. NEEF hat diese in seinen „Theoretischen Grundlagen der Landschaftslehre", die auf den Erkenntnissen der Integrationslehre fußt, als *psychische Kausalität* bezeichnet und darauf sein Modell der *psychischen Treppe* begründet (→ Kap. 5.1.).

In einem Ausschnitt der Geosphäre sind die Geofaktoren nicht additiv, sondern in Form einer **Integration** zusammengefügt. Die unterschiedliche Stringenz, der die in den drei Seinsbereichen herrschenden Gesetzlichkeiten folgen, führt zu einer **stufenweisen Integration.**

Dieser stufenweise Integration sind auf der untersten Stufe die Phänomene des anorganischen Seinsbereichs integriert. Dazu ein Beispiel: Ein Kar im Hochgebirge entstand in einem bestimmten Gestein unter der Einwirkung eines kalten Klimas durch die physikalische Verwitterung im Bereich eines Gletschernährgebiets. Erscheinungen des Frostwechsels an der Grenze zwischen weißer Schnee-/Eisoberfläche und dunklem Fels und die spezifischen Bewegungsformen des Gletschereises haben zusammengewirkt, um die heute sichtbare Karform herauszubilden. Bestimmte Ursachen führten zu spezifischen Wirkungen. Es ergab sich daraus insofern eine Integration niederer Ordnung, weil nur wenige Geofaktoren an ihr beteiligt waren (in diesem Fall Gestein, Klima, Wasser/Eis). Aber eine solche Form ist sehr stabil, sie ändert sich nur im Verlauf von Jahrtausenden, so wie sich auch das Gestein selbst, das Klima und die Hydrosphäre nur in sehr langen Zeiträumen verändern.

Darüber fügt sich ein zweites Integrationsstockwerk an, das des biotischen Seinsbereichs. Im Kar beobachten wir die schüttere Vegetation alpiner Matten, die auf dem Kargrund üppiger, an den Karwänden immer aperer wird. Diese Vegetation kann, sie muss hier aber nicht stehen. Welche Pflanzen die spezifische Biozönose am Standort bilden, ist eine Frage von Zufälligkeiten, aber auch eine Folge einer vitalen Gesetzlichkeit, die man vielleicht mit dem Schlagwort „Kampf um's Dasein" kennzeichnen könnte. Pflanzen stehen an jedem Standort in einer Konkurrenz zu anderen Arten, auf Zeit werden sich diejenigen Pflanzen durchsetzen können, die

Regionale Geographie

den Standortbedingungen am besten angepasst sind. Abiotischer und biotischer Seinsbereich verbinden sich zur **Landesnatur** in einer höherrangigen Integrationsstufe als der des nur anorganischen Seinsbereichs. Sie ist komplexer als die untere, sie ist aber auch weniger stabil im Sinne ihrer Determiniertheit. Veränderungen der Biozönosen an einem Standort sind oft innerhalb von Jahrhunderten, ja von Jahrzehnten zu beobachten.

Die dritte Stufe, gekennzeichnet durch das Eingreifen des Menschen – als Einzelwesen, Gruppe oder Gesellschaft –, wird als höchste und komplexeste Integrationsstufe bezeichnet. Es kann die Alm- oder Alpenvereinshütte am Karsee sein, die den gegenwärtigen Nutzungen (Almwirtschaft) oder Freizeitgewohnheiten (Alpinismus) entsprechen mag. Diese aber unterliegen vielfältigen Wandlungen im sozioökonomischen System. Es wird zwar eine höherrangige, noch komplexere Integrationsstufe erreicht, zugleich aber auch die labilste. Ihre Struktur kann sich innerhalb von Jahren verändern.

> **Die Integrationslehre lässt sich immer dann gut einsetzen, wenn es um den Nachweis der Interrelation zwischen einzelnen Schichten/Sphären der Geosphäre geht. Sie kann sowohl im Gelände als auch in regionalgeographischen Arbeiten oder Karteninterpretationen sehr gut angewendet werden. Natürlich eignet sie sich am besten für ökologische Fragestellungen.**

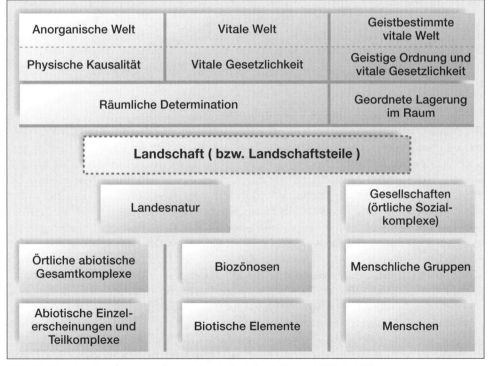

Abb. 32: Hauptstufen der Integration zur Landschaft (nach BOBEK 1957, S. 129)

4.4. Folgerungen für das Geographiestudium

4.4.1. Zusammenfassung des Kapitels 4

Das „System der Geographie" oder ihr „Organisationsplan" kann aus der Binnensicht der Disziplin selbst oder in der Einbettung ihrer Teildisziplinen in ein interdisziplinäres Netzwerk dargestellt werden. Alle Entwürfe aus der Binnenperspektive haben den Vorteil der leichten Orientierung im Fach, etwa wenn es darum geht, spezifische Lehrveranstaltungen oder Lehr- und Handbücher dem Stoff der Prüfungsgebiete zuzuordnen. Sie haben zugleich aber den Nachteil, dass sie stark an (Erfahrungs-)Objekten orientiert sind und die tatsächlichen Aufgaben und die daraus folgende interne Struktur der Wissenschaft nur mangelhaft wiedergeben. Diese orientieren sich nämlich an Fragestellungen und Erkenntnisinteressen, die in modifizierter Form auch von anderen Disziplinen an die gleichen Erfahrungsobjekte herangetragen werden.

Die Erkenntnisinteressen der Geozweige der Nachbarwissenschaften und der Teilgebiete der Geographie unterscheiden sich in der Perspektive: Geht es den analytischen Disziplinen um den Einfluss des Raumes auf ihren Gegenstand, so fragt die Geographie nach dem Raum und den Kräften, die ihn beeinflussen.

Die Teildisziplinen der Allgemeinen Geographie sind zwar überwiegend analytisch auf den je spezifischen Geofaktor ausgerichtet, sie fragen dennoch immer nach den Einflüssen, denen er durch andere Geofaktoren unterliegt. Die entsprechende Kurzformel lautet: „Geofaktor und ...".

In der Regionalen Geographie unterscheiden wir die Länderkunde, die einzelne Raumindividuen auf ihre Besonderheiten hin, also idiographisch, in integrativ-synthetischer Form darstellt. Die Landschaftskunde dagegen untersucht Raumtypen, die sie auf die in verschiedenen Erdräumen gleichen Typs wiederkehrenden Merkmale hin abgrenzt. Sie systematisiert Räume und kommt manchmal zur räumlichen Modellbildung.

4.4.2. Konsequenzen für das Geographiestudium

Die Ausführungen zum System der Geographie und den geographischen Teildisziplinen haben nur vordergründig zum Ziel, sich innerhalb dieser Wissenschaft besser orientieren zu können. Noch wichtiger erscheint es, die einzelnen Betrachtungsweisen nachzuvollziehen und sie für folgende eigene Studien nutzbar zu machen. Sie bilden geographische Grundmethoden, die auf jeder Exkursion, in jeder anderen Lehrveranstaltung, bei eigenen Seminararbeiten und in der Prüfung abrufbar sein sollten. Wer sich die Kenntnis und Anwendung dieser Methoden zu eigen gemacht hat, der wird die Antwort auf jede Frage gut strukturieren können. Er wird zudem über ein erstes tragfähiges Methodengerüst verfügen, das den Erfolg in vielen Situationen garantiert. Deswegen sind die folgenden Ratschläge ernst zu nehmen:

1. In jeder Teildisziplin der Geographie kann induktiv, deduktiv und hermeneutisch gearbeitet werden, obwohl häufig eine „Logik" vorzuherrschen scheint. Nähern Sie sich den Gegenständen auf der Grundlage unterschiedlicher Grundansätze des Denkens, dies erweitert ihre Methodenkompetenz.
2. Fragen Sie in der Allgemeinen Geographie immer nach den Verknüpfungen eines Geofaktors mit anderen („Geofaktor und..."). Sie werden feststellen, dass

Folgerungen für das Geographiestudium 67

Fragen der Klimageomorphologie ihren strukturgeomorphologischen oder morphodynamischen Horizont erheblich erweitern. Das gleiche ist der Fall, wenn Sie die Siedlung unter dem Gesichtspunkt der wirtschaftlichen Faktoren, aber auch die Wirtschaft auf der Basis der Siedlungsnetze untersuchen.

3. Die Allgemeine Geographie bleibt beschreibend, wenn nicht nach den Regelhaftigkeiten und Gesetzmäßigkeiten gefragt wird, denen die Geofaktoren unterliegen. Machen Sie es sich zur Regel, nicht vorwiegend die Einzelinhalte aus den Geofaktorenlehren zu lernen, sondern die daraus abgeleiteten Normen, Theorien und Modelle. Denken Sie immer daran, dass die Allgemeine Geographie nomothetisch ausgerichtet ist.
4. Üben Sie die verschiedenen Grundmethoden der Regionalen Geographie nach Möglichkeit bei jeder Exkursion, bei jedem privaten Ausflug oder jeder Urlaubsreise ein. Stellen Sie den Raumausschnitt, den Sie sehen, oder aber den Raum, den Sie bereisen, übungshalber nach dem länderkundlichen Schema, der dynamischen Länderkunde und der problemorientierten Länderkunde dar.
5. Im Laufe der Zeit eignen Sie sich Kenntnisse vieler Räume an. Versuchen Sie nun, Raumtypen zu bilden und diese zu vergleichen, etwa indem Sie eine Vergleichende Geographie der Küstensäume, eine Vergleichende Geographie der Hochgebirge oder gar eine Vergleichende Geographie der Fremdenverkehrsregionen erstellen. Sie werden sehen, wie viele neue Erkenntnisse Ihnen der räumliche Vergleich bringen wird.
6. Versuchen Sie auch immer wieder, den Heimat- oder Urlaubsraum nach der Formenwandellehre zu systematisieren. Sie brauchen dazu keine Landschaftsformeln zu entwickeln, schon die systematische Darstellung des geographischen Kontinuums nach Richtungstypen wird Ihnen erstaunliche Erkenntnisse bringen. Melden Sie sich dazu auch auf Exkursionen zu Wort.
7. Stellen Sie zur Abwechslung auch ihre räumlichen Beobachtungen in die Systematik der Integrationslehre. Wichtig sind dabei die wirkenden Kräfte bzw. Gesetze in den einzelnen Seinsbereichen, die jeweils integrativ darzustellen sind. Zeigen Sie, wie die Integration vom anorganischen zum sozialen Seinsbereich zunimmt, andererseits aber die Stabilität abnimmt. Sie werden auch bei dieser Übung sehen, wie ihr Verständnis für faktorelle und räumliche Zusammenhänge zunimmt.
8. Analysieren Sie Fach- und Lehrbücher, indem sie die hier gelernten Methoden darin suchen.

Tipps zum Weiterlesen:
HARD, G. : Die Geographie. Eine wissenschaftstheoretische Einführung (= Sammlung Göschen 9001) – Berlin 1973.
KREBS, N.: Vergleichende Länderkunde. (= Geographische Handbücher) – 2. Aufl. Stuttgart 1952.
LAUTENSACH, H.: Der geographische Formenwandel. Studien zur Landschaftssystematik. (= Colloquium Geographicum 3) – Bonn 1953.

SCHMITHÜSEN, J.: Die Aufgabenkreise der Geographischen Wissenschaft. – In: Geographische Rundschau 22, 1970, 11, S. 431–437.
SEDLACEK, P. (Hrsg.): Zur Situation der deutschen Geographie zehn Jahre nach Kiel. (= Osnabrücker Studien zur Geographie 2) – Osnabrück 1979.
SPETHMANN, H.: Dynamische Länderkunde. – Breslau 1928.
WEICHHART, P.: Geographie im Umbruch. Ein methodologischer Beitrag zur Neukonzeption der komplexen Geographie. – Wien 1975.

5. Weitere Grundmethoden der Geographie

Folgende Grundmethoden haben wir bereits kennengelernt:
- die geographische Lagebestimmung,
- die phänomenologische Analyse nach Lage, Form, Struktur, Funktion, Genese,
- die Angewandte Geographie nach Prognose, Evaluation, Planung,
- die Geofaktorenlehre,
- das länderkundliche Schema,
- die dynamische Länderkunde,
- die problemorientierte Länderkunde,
- die Integrationslehre,
- die vergleichende Länderkunde,
- den geographischen Formenwandel.

Sie sollen im Folgenden durch weitere grundlegende und leicht anwendbare Methoden ergänzt werden. Selbstverständlich ist der Methodenkanon damit bei weitem nicht erschöpft. Sämtliche hier vorgestellten Methoden wurden unter dem Gesichtspunkt ausgewählt, dass sie Hilfestellungen für Studienanfänger der Geographie bieten können. Insofern ist ihre Auswahl nicht ganz zufällig. Es handelt sich überwiegend um solche Methoden, die bis zu den 70er Jahren entwickelt wurden. Sie haben nach wie vor den Vorteil, leicht verständlich und merkbar zu sein. Nicht eingegangen wird auf ganz konkrete Arbeitsweisen der Datengewinnung, also Labortechniken oder sozialwissenschaftlich quantitative und qualitative Erhebungstechniken, ebensowenig werden kartographische, geoinformatische, statistische Methoden, die Luftbild- und Satellitenauswertung oder die Karteninterpretation besprochen. Alle diese genannten Methoden haben einen hohen praktischen Stellenwert, sie werden jedoch oft den praktischen Arbeitsweisen zugerechnet, einer Lesart, der auch hier gefolgt wird, um den Stoff nicht überborden zu lassen.

5.1. Kulturlandschaftsgenese

Kulturlandschaft ist das Ergebnis menschlicher Tätigkeit im Raum auf der Grundlage der vorgegebenen Landesnatur. Die Untersuchung der Kulturlandschaft, ihres Inventars, ihrer Struktur, ihrer funktionalen Differenzierung und funktionalen Verflechtung und ihrer Entstehung und Weiterentwicklung ist ein wichtiger Forschungszweig der Geographie, der sowohl als ein Teilgebiet der Regionalgeographie als auch als wirtschafts- und sozialgeographischer Ansatz in einem integrativen Sinn zu verstehen ist.

W. WÖHLKE hat 1969 methodische Überlegungen für Studien zur Kulturlandschaftsgenese vorgelegt, die er unter dem Titel „Kulturlandschaft als Funktion von Veränderlichen" publizierte. Diese Überlegungen beruhen auf einer stringenten methodischen Grundlage, die leicht reproduzierbar ist und im Folgenden näher betrachtet werden soll. Bereits der Titel des Aufsatzes zeigt, dass hier ein prozessuales Verständnis von Kulturlandschaft vorliegt. Die Kulturlandschaft wird als dynami-

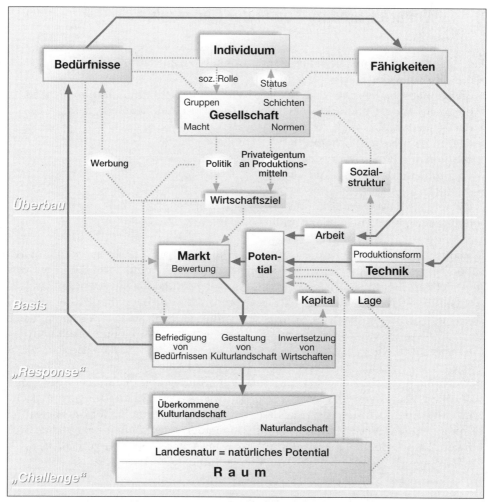

Abb. 33: Kulturlandschaft als Funktion von Veränderlichen (nach WÖHLKE 1969)

sche Substanz angesehen und ihre Struktur als von veränderlichen Determinanten bestimmt definiert. Die Überlegungen von WÖHLKE münden in Schemata, die die Einflussfaktoren auf die Gestaltung der Kulturlandschaften in ihrer Wirkungsweise erläutern. Sein Ansatz kann als eine Grundmethode neuerer kulturlandschaftlicher Arbeiten bezeichnet werden. Daher lohnt es sich, sich mit seinem Gedankengang näher vertraut zu machen.

WÖHLKE bezeichnet die Landesnatur (der Begriff ist uns aus der Integrationslehre vertraut!) als primäres, die Kultur als sekundäres Milieu und verwendet dabei eine Begrifflichkeit, die dem Werk des britischen Philosophen TOYNBEE entlehnt ist. Natur- und Kulturlandschaften werden durch Prozesse geschaffen, erhalten und verändert. Sie sind daher jeweils eine Funktion von Veränderlichen (Parameter, Kräfte). Landschaften sind daher nur augenblickliche Zustände, d.h. zeitliche Ausschnitte aus Prozessen, sozusagen Momentaufnahmen in einem schon lange anhaltenden und sich noch fortsetzenden Veränderungsprozess. Unterschiede in den Raumstrukturen setzen daher unterschiedliche Kräfte, aber auch unterschiedliche Prozesse voraus.

Den Prozess der Kulturlandschaftsgestaltung kann man wie folgt charakterisieren: Grundlage ist die Landesnatur, das primäre Milieu. Es bildet den Rahmen, innerhalb dessen der Mensch einen großen Gestaltungsspielraum hat. Gegen die Landesnatur kann er nur bis zu einem gewissen Grade arbeiten, dennoch ist die Landesnatur keine strenge Determinante, sie lässt einen sehr großen Spielraum. Der Mensch bewertet diese Landesnatur als Potential für die Verwirklichung seiner Ansprüche. Wir bezeichnen dies als physisch-geographisches Potential. Seine Ansprüche können wir auch als Bedürfnisse ansprechen. Sie können sehr individuell definiert sein, aber auch gruppenspezifisch oder gesellschaftsspezifisch ausgeprägt sein. Inwieweit der Mensch in der Lage ist, diese Bedürfnisse zu befriedigen, hängt von seinen Fähigkeiten ab. Diese Fähigkeiten können den Faktoren Wirtschaft, Technik und Arbeit zugeordnet werden. Der jeweilige Stand der Technik bestimmt die Fähigkeit, das physisch-geographische Potential nutzbar zu machen. Die Ölvorkommen in Sibirien waren lange bekannt. Erst als die Transporttechnik soweit entwickelt war, dass die Fundamente der Pipelines tiefgekühlt werden konnten, damit sie nicht im Permafrostboden versanken, konnte mithilfe der Technik dieses Potential nutzbar gemacht werden.

Ein zweiter wichtiger Parameter ist das Kapital. Nur wenn dieses vorhanden ist, kann Technik zur Bedürfnisbefriedigung und damit zur Raumgestaltung eingesetzt werden. Das Wissen um die Möglichkeit der Kühlung der Fundamente allein hätte nicht ausgereicht; erst als die damalige Sowjetunion bereit und in der Lage war, die erheblichen Finanzmittel für ihre Installation aufzuwenden, konnte man an die Potentialnutzung denken.

Der dritte bedeutende Parameter ist die Arbeit. Erst wenn ausreichend Arbeitskräfte, in vielen Fällen auch die ausreichende Qualifikation der Arbeitskräfte gegeben sind, können kulturlandschaftliche Prozesse zur Nutzung des Potentials in Gang kommen.

Die Möglichkeit und Bereitschaft, Technik, Kapital und Arbeit einzusetzen, hängt natürlich von der Wirtschaft ab. Diese wird bestimmt durch das Wirtschaftssystem (Markt- oder Planwirtschaft) und durch das Wirtschaftsziel des Einzelnen oder der Gesellschaft. Wirtschaftssystem und Wirtschaftsziel wiederum sind bis zu einem gewissen Grad abhängig von der politischen Organisationsform. Der gewaltige Kraftakt zur Nutzung der sibirischen Öl- und Gaslagerstätten wurde durch die Zentralverwaltungswirtschaft erleichtert, die z.T. auch gegen wirtschaftliche Vernunft den Entschluss zum Ausbau fasste, um neue Devisenquellen zu erschließen. Ein privatwirtschaftlich organisierter Konzern wäre dazu kaum in der Lage gewesen. Der Einsatz der nötigen Arbeitskräfte wurde ebenfalls durch die politische Organisationsform der ehemaligen Sowjetunion ermöglicht, die diese auf einfachem Wege dazu abkommandieren konnte.

WÖHLKE bezeichnete diese Kräfte als Parameter der Funktion Kulturlandschaft. Zur Wiederholung seien sie noch einmal genannt: die Landesnatur, die Fähigkeiten in Bezug auf Technik, Kapital und Arbeit, das Wirtschaftsziel und das Wirtschaftssystem und damit auch die politische Organisationsform. Diese Parameter gehen in seine graphische Darstellung der Funktionsweise dieser kulturlandschaftsgestaltenden Prozesse ein.

> **Der Dreischritt Landesnatur-Potential-Kulturlandschaft eignet sich besonders für hermeneutisch angelegte, kulturlandschaftsgenetische Untersuchungen.** Wenn es gelingt, den Wechsel der Parameter, die die Kulturlandschaft hervorbringen, in einzelnen Zeitepochen herauszuarbeiten, können die Entwicklungen sehr deutlich werden. Aber auch für den Systemvergleich, den WÖHLKE ursprünglich im Auge hatte (vgl. seine Originalarbeit) **eignet sich die Methode vorzüglich.**

Das WÖHLKEsche Schema ist nicht das einzig denkbare. Eine Weiterentwicklung stellt der Versuch von BORSDORF (1976) dar. Demnach wird das physisch-geographische Potential durch die Landesnatur, aber auch die Lagebeziehungen innerhalb des physisch-geographischen Bezugskreises (vgl. unsere Ausführungen zur geographischen Lagebestimmung!) bestimmt. Da der Mensch nur in der Frühphase kulturlandschaftsgestaltender Tätigkeiten eine Naturlandschaft vorfand, muss er bei seiner Bedürfnisbefriedigung auch die Struktur der überkommenen Kulturlandschaft berücksichtigen.

Selten wird er die bestehende Raumstruktur als seinen Ansprüchen genügend betrachten. Aus diesem Grund wird er danach streben, sie zukünftig seinen Bedürfnissen entsprechend zu verändern, dies allerdings im Rahmen seiner Fähigkeiten.

Hierzu ein Beispiel: *Unzufrieden mit der Grünfläche, die einem Mietshausbewohner zur Verfügung steht, überlegt dieser, wie er es zu einem Stück eigenen Gartens bringen kann.*

Nun ist der Mensch in seinen Entscheidungen nur teilweise frei (als Individuum), zu einem nicht unbeträchtlichen Teil ist er eingebunden in gesellschaftliche Zwänge und gruppenspezifische Verhaltensweisen, die ihm durch die politische, soziale und wirtschaftliche Organisationsform vorgegeben sind.

Der Mietshausbewohner unseres Beispiels wird sein Bedürfnis, etwa nach einem Schrebergarten, nur dann wirklich erfüllen können, wenn der Besitz einer solchen Parzelle nicht in seiner Gesellschaftsschicht tabuisiert ist. Er kann auch dann nur nach einem eigenen Grundstück streben, wenn in seinem Staat die Möglichkeit des Erwerbs von Privateigentum an Boden besteht.

Die Möglichkeiten des Menschen, die Umwelt seinen Ansprüchen entsprechend zu gestalten, sind, so zeigt es der Gedankengang bisher, begrenzt durch das von der Landesnatur bereitgestellte und vom Menschen wahrgenommene (bewertete) Potential (Boden, Klima und Bodenwasser müssen die Anlage eines Schrebergartens erlauben), aber auch durch die Konstitution der im Raum lebenden Gesellschaft. Darüber hinaus wird die raumwirksame Tätigkeit durch die Fähigkeiten des Men-

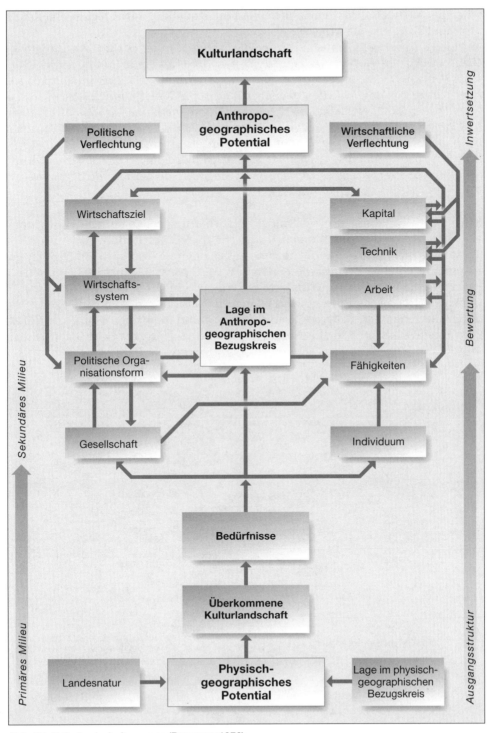

Abb. 34: Kulturlandschaftsgenese (BORSDORF 1976)

schen begrenzt, also durch ausreichende Finanzquellen, durch technische Kenntnisse und ausreichende Arbeitskraft.

Nur wenn unser Mietshausbewohner das nötige Kapital besitzt, ein geeignetes Grundstück zu erwerben und zu betreiben, kann er an die Erfüllung seines Wunsches denken. Besitzt er den Garten erst einmal, wird er wiederum im Rahmen seiner finanziellen Möglichkeiten überlegen, ob er den Boden mit einer Maschine bearbeitet, den Rasen elektrisch mäht oder die Hecke maschinell schneidet. Ob diese Maschinen zur Verfügung stehen und der neue Schrebergärtner damit umgehen kann, hängt vom Stand der Technik des Landes und von den praktischen Fertigkeiten des betreffenden Menschen ab. Schließlich wird die Art der Bewirtschaftung (pflegeleicht oder intensiv) von der Arbeitsleistung bestimmt, die der Schrebergärtner für seinen Garten einsetzen kann.

Sowohl die Kapitalmenge eines Landes als auch seine technologische Entwicklung werden auch von der internationalen wirtschaftlichen Verflechtung beeinflusst.

Auf alle menschliche raumwirksame Tätigkeit aber wirkt auch die Lage im humangeographischen Bezugskreis ein. In Citynähe lässt sich kein Schrebergarten anlegen, in einem bevölkerungsarmen Passivraum kein Großkaufhaus. Die Lage im humangeographischen Bezugskreis ist definiert als Lage in Funktionsfeldern, die durch alle genannten Kriterien beeinflusst wird und diese auch selbst beeinflusst. Zusammengefasst stellen alle Parameter das humangeographische Potential dar.

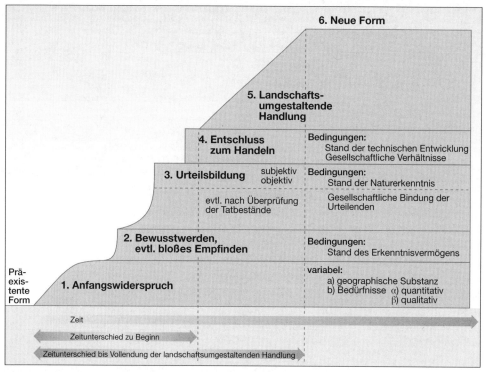

Abb. 35: Die psychische Treppe (nach NEEF, 1967)

Kulturlandschaftsgenese

Jeder Parameter ist in ständiger Veränderung begriffen, alle stehen miteinander in Beziehung. Über diese Kräfte vollzieht sich die Bewertung der vorhandenen Raumstruktur, also der Landesnatur und der überkommenen Kulturlandschaft. Wird der Widerspruch von vorhandener und gewünschter Struktur zu groß, kommt es im Laufe eines zeitlichen Prozesses („psychische Treppe" nach Neef 1967) zur landschaftsumgestaltenden Handlung, d.h. zu einer neuen Inwertsetzung des Potentials. Für ein zukünftiges Kräftespiel stellt die nun entstandene neue Raumstruktur wiederum die „überkommene Kulturlandschaft" dar.

Dieser Gedankengang erlaubt einen einfachen methodischen Zugang zu dem zumeist phasenweise verlaufenden Prozess der Kulturlandschaftsgenese. Dazu noch einmal ein Beispiel, das anhand eines einfachen Schemas zur Entwicklung der südwestdeutschen Kulturlandschaft veranschaulicht wird (Abb. 36, Seite 74).

Die psychische Treppe ergänzt den Ansatz der „Kulturlandschaft als Funktion von Veränderlichen". Sie ist aber auch als Einzelmethode anwendbar, wenn kulturlandschaftliche Innovationen und ihr Ausbreitungsprozess oder auch nur der Kulturlandschaftswandel beschrieben und erklärt werden sollen.

Tipps zum Weiterlesen:

Borsdorf, A.: Chile, eine sozialgeographische Skizze. – In: Geographische Rundschau 16, 1974, 6, S. 224–232.

Karger, A.: Die Sowjetunion, Land und Wirtschaft. (= Informationen zur politischen Bildung 139) – Bonn 1970.

Neef, E.: Die theoretischen Grundlagen der Landschaftslehre. – Gotha, Leipzig 1967.

Wöhlke, W.: Das Potential des polnischen Wirtschaftsraumes und die Probleme seiner Inwertsetzung. – In: Geographische Rundschau 19, 1967, 5, S. 170–185.

Wöhlke, W.: Die Kulturlandschaft als Funktion von Veränderlichen. Überlegungen zu einer dynamischen Betrachtung in der Kulturgeographie. – In: Geographische Rundschau 21, 1969, 6, S. 298–308.

Epoche	Landnahmezeit 260–800	Mittelalter 800–1500	Frühe Neuzeit 1500–1850	Industrialisierung 1850–1950	Nachkriegsdeutschland 1950–heute
Flur und Wirtschaftsweise	Sippeneigentum jährliche Zuteilung der Nutzfläche Blockflur Egartwirtschaft (düngerlose Feldgraswirtschaft)	Lehen und Allmende Zelgordnung, Flurzwang Gewanne Dreifelderwirtschaft Anerbenrecht	Besitzzersplitterung Zelgordnung kreuzl. Gewannflur verbesserte Dreifelderwirtschaft Realteilung	Aufgabe des Flurzwangs Verdrängung von Dinkel, Emer, Flachs Industrialisierung	Flurbereinigung Aussiedlung Fruchtwechselwirtschaft Betriebskonzentration: "Wachse oder weiche"
Dorfform	Weiler	Haufendorf Wegedorf	verdichtetes Haufendorf Haufenwegedorf	Haufendorf mit linearen Erweiterungen	Haufendorf mit flächigen Neubauvierteln Gemeindezusammenlegung, teilweise Stadterhebung
Hausform	Alemannisches Streugehöft (Langhaus, Grubenhaus, Hochspeicher)	Fränkisches Dreiseitgehöft mit Toreinfahrt	Gestelztes Quereinhaus	Quereinhäuser erste Arbeiterhäuser	Bungalow, Appartementhaus Funktionsentmischung weit vorangeschritten
bäuerliche Gesellschaft	Geschlechtsgemeinde (alemann. "Große") Sippenhaupt Sippenangehörige (Seldner)	Markgenossenschaft Adel Königsgüter Grundherrschaften Maier (Fronhöfe) Bauern (Hubner) Seldner Tagelöhner	volkreiches Kleinbauerndorf Kleinbauern Seldner Tagelöhner Landhandwerker	Arbeiter-Bauern-Gemeinde Abnahme des Dorfhandwerks	Arbeiterwohngemeinde Sozialbrache Wachsende Anonymität ökonomische und soziale Interaktionen
Herrschaftsverhältnis	Hundertschaften (huntari) im Kriegsfall freie Bauern	(fränk.) Grafschaftsverfassung, Lehensdienst Landesherr → Dienstadel, Leibeigentum Zehntpflicht	Landesherr → Beamtentum Leibeigentum Zehntpflicht	Kaiserreich → Weimarer Republik → Drittes Reich, freie Bauern, Steuerpflicht	Bundesrepublik Deutschland, freiheitlich-demokratische Grundordnung, EU-Marktordnung, Steuerpflicht
Landesausbau	Landnahme 260–500 früher Ausbau und Militärkolonisation 500–800	Später Ausbau → Rodung, Binnen- und Ostkolonisation 800–1350, Beginn der Wüstungsperiode 1350	Ende der Wüstungen 17. Jh., Bevölkerungswachstum 17.–19. Jh. Auswanderung ab Ende 18. Jh.	Auswanderung Landflucht Binnenmigration, Verstädterung	Stadtflucht

Abb. 36: Schema der Kulturlandschaftsgenese im südwestdeutschen Altsiedelland (nach Borsdorf 1989, S. 34)

5.2. Der „Münchener" sozialgeographische Ansatz

Es gibt sehr viele Ansätze zur Sozialgeographie, d.h. der Lehre von den räumlichen Organisationsformen und raumbildenden Prozessen menschlicher Gruppen und Gesellschaften. Ein Ansatz, der seit Ende der 60er vor allem von damals in München lehrenden Geographen (RUPPERT, MAIER, SCHAFFER) entwickelt wurde, beschreitet einen methodisch eigenständigen Weg und ist daher für unseren thematischen Zusammenhang besonders wichtig. Dies auch deshalb, weil er in der Geographie und insbesondere der Schulgeographie der 70er Jahre eine hohe Resonanz gefunden hat und daher auch disziplingeschichtlich von Interesse ist. In dem Lehrbuch der Autoren MAIER/PAESLER/RUPPERT/SCHAFFER wird dieser Ansatz eingehend vorgestellt.

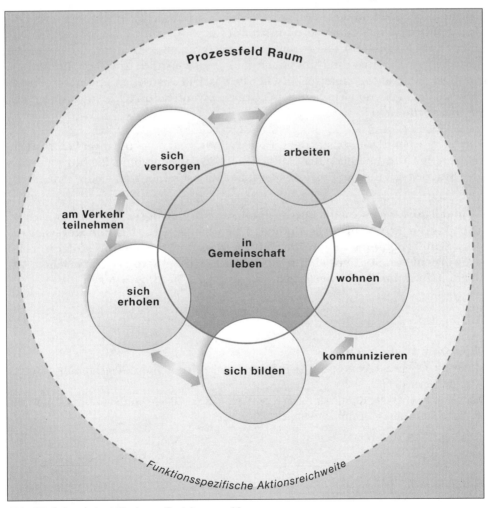

Abb. 37: Schema der Münchener Sozialgeographie

Die Autoren gehen von menschlichen Grundbedürfnissen aus, deren Befriedigung nur im Raum möglich ist und die daher spezifische Raumansprüche haben. Diese Bedürfnisse werden als Daseinsgrundfunktionen (auch Grunddaseinsfunktionen) bezeichnet. Es sind dies:
- In Gemeinschaft leben,
- Wohnen,
- Arbeiten,
- Versorgen und Konsumieren,
- Sich bilden,
- Sich erholen,
- Verkehrsteilnahme und Kommunikation.

Ihnen sind Flächen und verortete Einrichtungen zugeordnet, deren regional differenzierte Muster die Geographie zu erfassen, zu beschreiben und zu erklären hat. Träger dieser Funktionen – und damit Schöpfer räumlicher Strukturen – sind die **sozialen Gruppen**. Sie sind auch Initiatoren von räumlichen Prozessen. Raum wird daher zum Prozessfeld. Die sozialen Gruppen haben sehr unterschiedliche Ansprüche, ihre Daseinsgrundfunktionen sind unterschiedlich gewichtet. Ihr Aktionsraum ist daher als gruppenspezifisches Prozessfeld anzusehen und unterscheidet sich von dem anderer Gruppen. Seine Grenzen werden durch *funktionsspezifische Aktionsreichweiten* bestimmt (Abb. 37).

Die Analyse der Grundmuster der Daseinsgrundfunktionen und ihrer Verortung ist daher eine Grundmethode der „Münchener" Sozialgeographie. Sie führt zur Analyse gruppenspezifischer Prozessfelder und aktionsräumlicher Reichweiten.

Überall dort, wo es um die Beschreibung und Erklärung sozialgeographischer Strukturen geht, kann diese Methode fruchtbar sein. Nach ihrem Siegeszug in der Schulgeographie in den 70er Jahren ist es dort heute etwas stiller um sie geworden. Von Studierenden wird sie vor allem bei stadtgeographischen Arbeiten (funktionale Kartierungen etc.) noch gern herangezogen.

Tipps zum Weiterlesen:
FLIEDNER, D.: Sozialgeographie. (= Lehrbuch der Allgemeinen Geographie). – Berlin-New York 1993.
MAIER, J., R. PAESLER, K. RUPPERT UND F. SCHAFFER: Sozialgeographie. (= Das Geographische Seminar) – Braunschweig 1977.

5.3. Der perzeptionsgeographische Ansatz

Alle bislang besprochenen methodischen Ansätze gehen grundsätzlich von einem *objektiven Raumverständnis* aus. Der Raum, d.h. die Geosphäre und ihre Ausschnitte, werden als Ganzheit aller räumlichen Erscheinungsformen angesehen. Sofern der Mensch darin handelt, wird immanent angenommen, dass er den Raum in seiner komplexen Totalität kennt und auf der Basis dieses Wissens handelt. Einen solchen *homo geographicus* gibt es jedoch nicht. In Wirklichkeit nehmen Menschen nur einen Teil der räumlichen Wirklichkeit wahr. Was wahrgenommen wird, hängt von der momentanen Aufmerksamkeit, vom Interesse, vom momentanen räumlichen Geschehen, von sozialen Faktoren und von vielem anderen mehr ab. Wir bezeichnen diesen Vorgang als Selektion. Vielen auf diese Weise wahrgenommenen Erscheinungen steht der Mensch nicht teilnahmslos gegenüber, er bewertet diese, manche positiv, manche negativ, manche Erscheinungen versucht er zu verdrängen. Wir bezeichnen diesen Vorgang als Bewertung. Auf der Basis der nach dem Selektionsprozess noch wahrgenommenen räumlichen Gegebenheiten und nach der Bewertung dieser Erscheinungen trifft der Mensch die Entscheidungen über sein räumliches Verhalten. Er entscheidet sich beispielsweise an einer Weggabelung, die rechte statt der linken Abzweigung zu nehmen.

Räumliches Verhalten hängt daher nicht von der objektiven Raumstruktur, sondern von der sehr subjektiven Wahrnehmung ab. Der Mensch reagiert nicht auf die Wirklichkeit, wie sie ist, sondern auf die Wirklichkeit, wie sie ihm zu sein scheint und wie er sie bewertet. Mit der Untersuchung dieser menschlichen Verhaltensweisen im Raum auf der Basis subjektiver Raumwahrnehmungen beschäftigt sich die Perzeptionsgeographie, die auch als Geographie der Wahrnehmung bezeichnet wird.

Vorgang und Art der Selektion und der Bewertung wechseln nicht nur beim einzelnen Menschen je nach seiner momentanen Befindlichkeit, sie sind darüber hinaus bei jedem Menschen verschieden. Die Perzeptionsgeographie steht daher nicht so sehr der Soziologie als Nachbardisziplin nahe, sondern der Psychologie. Der „Raumzweig" dieser Nachbardisziplin, mit der die Perzeptionsgeographie viele Berührungsfelder besitzt, ist die Ökopsychologie, die ihrerseits die Einflüsse des Raumes auf die menschliche Psyche untersucht.

Die wichtigsten Methoden der Perzeptionsgeographie sind daher auch der psychologischen Methodik entlehnt oder ihr verwandt. Es sind dies die teilnehmende Beobachtung, das Interview und die Protokollierung von Empfindung und Verhalten. In der Perzeptionsgeographie hat sich darüber hinaus das Arbeiten mit **Mental Maps** als wichtige Methode der Erkenntnisgewinnung herausgestellt. *Mental Maps* sind Karten, die die Testpersonen aus ihrer Kenntnis über räumliche Strukturen anfertigen. Aus diesen Skizzen lässt sich die selektive Raumwahrnehmung sehr gut erschließen: Die Gebiete, Stadtviertel, Erholungsräume, Einkaufsmöglichkeiten, die jemand gut kennt, werden genauer eingezeichnet, andere vergessen oder nur ungenau wiedergegeben. Die *Mental Maps* von Städten unterscheiden sich daher von Mensch zu Mensch, und dennoch kann man feststellen, dass es gewisse Ähnlichkeiten der Mental Maps von Angehörigen bestimmter sozialer oder ethnischer Gruppen oder von Bewohnern gleicher Stadtviertel gibt (vgl. Abb. 38).

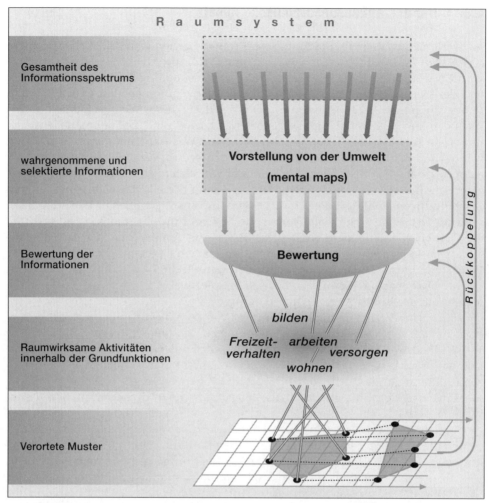

Abb. 38: Perzeptionsgesteuertes menschliches Verhalten im Raum
(nach MAIER et al. 1977, S. 26)

Eine zweite wichtige Methode ist die Analyse mithilfe des semantischen Differentials. Mit dieser Methode, bie der die Testpersonen ihre persönlichen Einschätzungen auf einer Rangskala festlegen, lässt sich vor allem der Bewertungsprozess gut nachvollziehen. Dies leisten auch die Methoden der Ranglistenerstellung. Abb. 39 gibt ein Beispiel eines semantischen Differentials.

Am Beispiel einer Untersuchung zur Lebensqualität in Alpenstädten (BORSDORF 1996) zeigt sich, dass der perzeptionsgeographische Ansatz auch für Fragen des Regionalbewusstseins und der sozialspezifischen Raumwahrnehmung geeignet ist. Die Konzeption dieser Untersuchung folgte der Erkenntnis, dass Menschen den Raum nicht aufgrund seiner objektiven Ausstattung, sondern gefiltert durch Wahrnehmung und Bewertung wahrnehmen. Darauf aufbauend wurde die in Abb. 40 dargestellte

Der perzeptionsgeographische Ansatz

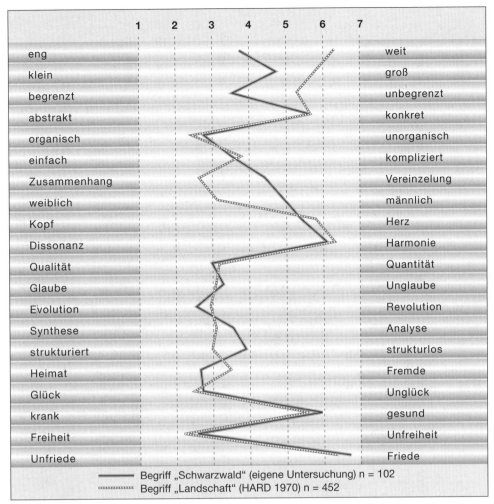

Abb. 39: Semantische Differentiale der Begriffe Schwarzwald und Landschaft bei Schwarzwaldtouristen (ECK 1985, S. 62)

Methode entwickelt, die sich in der Folge als tragfähig erwies und aufschlussreiche Ergebnisse im Vergleich der Alpenstädte Innsbruck und Bregenz erbrachte.

> **Die „Geographie der Wahrnehmung" oder Perzeptionsgeographie geht von einem ungewöhnlichen, aber wichtigen Ansatz aus. Sie bietet ein gutes Methodeninstrumentarium und wird an Relevanz für die Erklärung räumlichen Verhaltens und räumlicher Präferenzen zunehmen.**

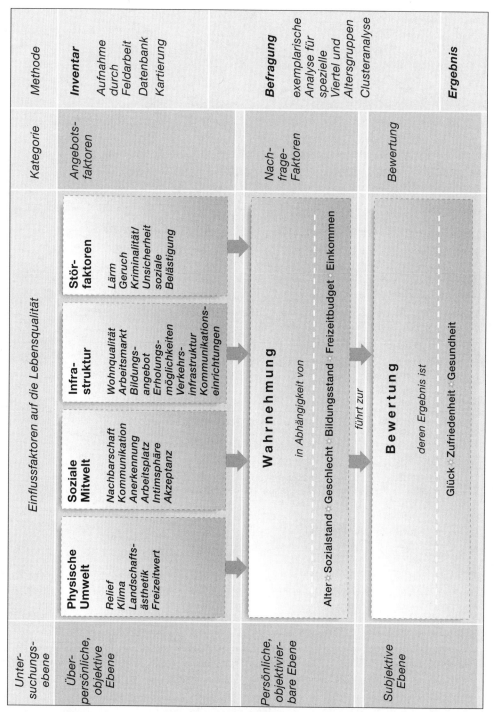

Abb. 40: Lebensqualität in Alpenstädten. Konzeption einer Untersuchung nach perzeptionsgeographischen Gesichtspunkten (nach BORSDORF 1996)

Tipps zum Weiterlesen:

BORSDORF, A.: Lebensqualität in Alpenstädten. – In: Contro, R. (Hrsg.): Lebensqualität in Alpenstädten. Situation und Perspektiven der städtischen Lebensqualität unter besonderer Berücksichtigung des Zentralalpenraumes. Trient 1996, S. 709-829.

DOWNS, R. und D. STEA (Hrsg.): Kognitive Karten. Die Welt in unseren Köpfen. – New York 1982.

SCHRETTENBRUNNER, M. u. R. FICHTINGER: Methoden und Konzepte einer verhaltenswissenschaftlich orientierten Geographie. (= Der Erdkundeunterricht, H. 19) – Stuttgart 1974.

STEUER, M.: Wahrnehmung und Bewertung von Naturrisiken. (= Münchener Geographische Hefte 43) – Regensburg 1979.

WEICHHART, P.: Individuum und Raum, ein vernachlässigter Erkenntnisbereich der Sozialgeographie. – In: Mitteilungen der Geographischen Gesellschaft München 65, 1980, S. 63–92.

5.4. Der systemanalytische Ansatz

Ein Land (Geomer) oder eine Landschaft (Synergon) ist ein sehr komplexes Raumsystem, wobei der Satz gilt, dass die jeweilige Gesamtheit (Land, Landschaft) mehr ist als die Summe der Einzelelemente (Geofaktoren, Einzelsphären, geographische Substanz). Dieses „Mehr" resultiert aus den Beziehungen, die zwischen den Einzelelementen bestehen. Ein solches Geflecht von Elementen und den zwischen ihnen bestehenden Beziehungen und Abhängigkeiten kann man auch als **System** bezeichnen, einige Autoren verwenden auch den Begriff Geokomplex. Eine neue Methode, derartige Systeme zu analysieren, ist die **Systemanalyse.** Auf unser Erkenntnisinteresse angewendet bedeutet dies, dass die räumliche Systemanalyse einen hohen Stellenwert in der Geographie besitzt.

Die Einzelelemente eines Supersystems stehen nicht alle in gleichwertiger direkter Verflechtung mit diesem, sondern gruppieren sich in Subsystemkomplexen. Im Raumsystem sind derartige Subsysteme etwa das Ökosystem oder das Sozialsystem. Bei einem wichtigen Zweig der räumlichen Systemanalyse, der eine lange Tradition in der Geographie hat, geht es daher um die Wechselbeziehungen zwischen den Systemen Mensch und Umwelt. Durch den Aufschwung ökologischer Fragestellungen hat diese Forschungsrichtung eine enorme Belebung erfahren, wobei auszumachen ist, dass es der Geoökologie/Landschaftsökologie mit ihren systemanalytischen Methoden um die genauere Untersuchung der Wirkungsweisen des Ökosystems, der Humanökologie/Sozialökologie um die Wirkungsweisen und innere Struktur des Sozialsystems, der Zivilisationsökologie um die zwischen Mensch und Umwelt bestehenden Wechselwirkungen geht. Aber auch in den Einzeldisziplinen können systemanalytische Methoden erfolgreich angewandt werden, etwa in der Verkehrsgeographie, wo Transportsysteme untersucht werden. Aber auch das christallersche System der zentralen Orte ist ein systemanalytischer Ansatz. Aus diesen Beispielen wird schon deutlich, dass in der Systemanalyse die Entwicklung von Modellen eine große Rolle spielt. Ein solches einfaches Modell eines Systems ist jedem Stadtbewohner geläufig: In der Regel werden die Netze der einzelnen Träger des städtischen ÖPNV in Form von Netzmodellen wiedergegeben, deren Urform das Modell des Londoner Untergrundbahnnetzes ist (Abb. 41).

Darüber hinaus können systemanalytische Methoden auch Erkenntnisse zum Supersystem Raum selbst liefern. Je kleiner der Maßstab dabei wird, je mehr Einzelelemente in die Analyse einbezogen werden, desto komplexer wird die Untersuchung. Dies spiegelt sich in den vielen Darstellungen der systemaren Verflechtungen räumlicher Elemente. Der Systemanalyse geht es dabei aber nicht nur um die qualitative Darstellung von Wechselbeziehungen, ihr geht es vor allem auch um eine quantitative Gewichtung. Dies geht weniger aus den graphischen Darstellungen, meist Fließdiagrammen, hervor, als vielmehr aus den darauf aufbauenden quantitativen Analysen.

Das Modell der Territorialstruktur und der in ihr ablaufenden Prozesse stellt den systemaren Zusammenhang zwischen physiogenen und anthropogenen Elementen des Raumes dar (Abb. 42, S. 86). Es kann als Beispiel für eine systemanalytische Konzeption gelten.

Tipps zum Weiterlesen:
CHURCHMAN, C.: Einführung in die Systemanalyse. – München 1971.
HUBRICH, H.: Landschaftsökologie. (= Kurswissen Geographie) – Stuttgart 1992.
KERN, K.G.: Systemanalyse des Rhein-Neckar-Raumes: Ein Simulationsmodell zur Ermittlung der sozioökonomischen und ökologischen Grenzen einer weiteren Industrialisierung. – Frankfurt 1977.
KOTTKAMP, R.: Systemzusammenhänge regionaler Energieleitbilder. (= Gießener Geographische Schriften 64) – Gießen 1988.
LESER, H.: Landschaftsökologie (= UTB 521). – 2. Aufl. Stuttgart 1978.

Der systemanalytische Ansatz 85

Abb. 41: Das Londoner Untergrundbahn-System

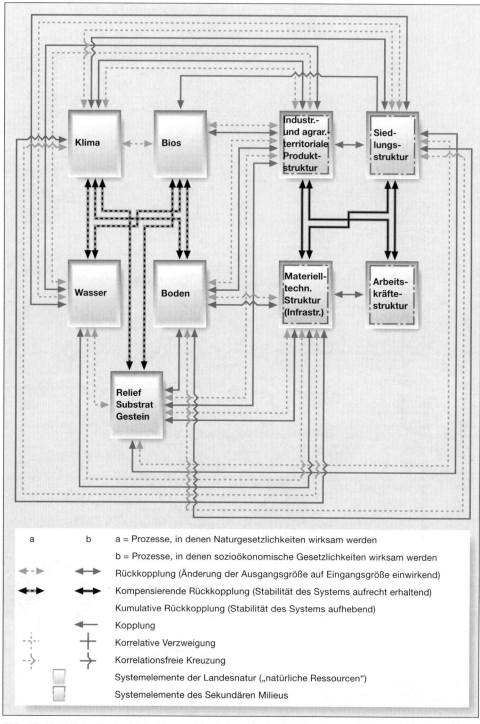

Abb. 42: Modell der Territorialstruktur und der in ihr ablaufenden Prozesse (nach LESER 1980, S. 47)

6. Erweiterung der Definition der Geographie: Die Angewandte Geographie

6.1. Angewandte Geographie

Unsere bisherige Definition der Geographie lautete:
„Die Geographie erfasst, beschreibt und erklärt die Geosphäre im Ganzen und in ihren Teilen nach Lage, Stoff, Form und Struktur, nach dem Wirkungsgefüge von Kräften (Funktion), das in ihr wirksam ist, und nach der Entwicklung (Genese), die zu den gegenwärtigen Erscheinungsformen und -strukturen geführt hat."

Diese Definition ist aus zwei Gründen noch unzureichend:
Erstens wissen wir nun, dass es problematisch ist, Wissenschaften nach ihrem Gegenstand zu definieren, weil dies Grenzen zwischen den Disziplinen errichtet, die die Erreichung des eigentlichen Ziels der Wissenschaft, Erkenntnisse zu gewinnen, eher behindern als fördern, es also eigentlich sinnvoller wäre, die Fächer nach ihrem Erkenntnisinteresse, d.h. ihren Fragestellungen, zu definieren. Andererseits haben wir gesehen, dass eine solche Definition ungemein praktisch sein kann. Sie ist leicht abzuwandeln und kann in ihrem Grundschema dazu dienen, jede Teildisziplin der Geographie zu definieren. Ferner gibt sie bereits eine Grundmethode geographischer Erkenntnisgewinnung an (Lage, Form, Struktur, Funktion, Genese) und hilft daher, jedweden geographischen Gedankengang zu strukturieren. Aus diesem Grund ist es sinnvoll, sich eine solche Definition einzuprägen.

Zweitens aber ist sie auch inhaltlich noch unzureichend. Die Geographie kann sich heute nicht mehr darauf beschränken, die geographische Substanz lediglich zu erfassen, zu beschreiben und zu erklären. Dies würde sie zu einer rein dokumentarischen Wissenschaft machen. Einer derartigen Beschränkung hat sich die Geographie nie gebeugt, auch wenn zur Zeit der Entdeckungen und der Entschleierung der Erde die meisten Geographen darin ihre Hauptaufgabe sahen. Schon ALEXANDER VON HUMBOLDT ist aber in seinen Arbeiten weit darüber hinaus gegangen und hat sich nicht gescheut, auch politische und planerische Empfehlungen zu geben. Viele Universitäten im deutschsprachigen Raum bilden heute überwiegend bereits zukünftige Berufsgeographen aus, deren Berufsfeld vor allem in der räumlichen Planung liegt. Für diese Aufgaben reicht unsere bisherige Definition der Geographie nicht aus.

Der genetische Gesichtspunkt in der zitierten Definition gestattet uns eine tiefere Reflexion. Wenn wir die heutige Raumstruktur als das Ergebnis eines räumlichen Prozesses begreifen, müssen wir zugleich erkennen, dass die heutige Struktur keineswegs statisch sein kann, auch sie ist also nur ein Durchgangsstadium. Es wäre nun wichtig zu wissen, wie sich die Raumstruktur in der Zukunft weiterentwickelt. Dazu muss man die raumgestaltenden Kräfte und ihre Dynamik kennen und Szenarien für die Zukunft entwickeln können. Dies bezeichnen wir als **Prognose.** Die Prognose ist daher ein weiterer wichtiger Arbeitsschritt geographischer Forschung und muss in unsere Definition aufgenommen werden.

Aber auch bei der Prognose kann der Geograph nicht stehenbleiben. Räumliche Entwicklungen können positiv, aber auch negativ sein. Um dies beurteilen zu können, müssen Bewertungen (Evaluationen) durchgeführt werden. Natürlich sind diese immer abhängig vom Wertmaßstab des Beurteilenden und haben daher einen subjektiven Charakter. Diese Subjektivität ist dann nicht unwissenschaftlich, wenn die Parameter, auf deren Basis die Bewertung erfolgt, transparent und damit überprüfbar und kritisierbar gemacht werden. Wir bezeichnen dies als Intersubjektivität. Die **Evaluation** tatsächlicher oder prognostizierter räumlicher Entwicklungen ist ein weiterer wichtiger Aufgabenbereich der Geographie.

Auf der Basis derartiger Prognosen und Evaluationen können nun raumgestaltende Maßnahmen entwickelt, eingeleitet und durchgeführt werden. Hierbei ist die Wissenschaft aber Beschränkungen unterworfen, weil in einer Demokratie nicht der Forscher über Planungen entscheiden kann, sondern allein der politische Entscheidungsträger, der dafür demokratisch legitimiert sein muss und sich vor dem Bürger zu verantworten hat. Die Wissenschaft kann Entscheidungshilfen in Form von Planungsvorschlägen bieten, während Politik und Wirtschaft die Verantwortung für ihre Umsetzung übernehmen müssen. **Raumplanung** – oder besser: die Entwicklung von Planungsvorschlägen – ist ein letzter wichtiger Aufgabenbereich der Geographie.

Die zuletzt genannten drei Arbeitsschritte, die Prognose, Evaluation und Planung räumlicher Entwicklungen und Strukturen, entfernen sich schon recht weit von der geographischen Grundlagenforschung, wie wir sie bisher in unserer ersten Begriffsbestimmung definiert hatten. Wissenschaftliche Grundlagen, Methoden und Erkenntnisse der ersten drei Arbeitsschritte (Erfassung, Beschreibung, Erklärung) bilden hier zwar die Basis, sie werden jedoch auf bestimmte konkrete, meist von der Gesellschaft vorgegebene Aufgaben hin angewendet. Wir können daher die folgenden Arbeitsschritte (Prognose, Evaluation, Planung) auch als Angewandte Geographie bezeichnen.

Daraus folgt nun die Erweiterung unserer Definition zu folgendem Merksatz:
„Die Geographie erfasst, beschreibt und erklärt die Geosphäre im Ganzen und in ihren Teilen nach Lage, Stoff, Form und Struktur, nach dem Wirkungsgefüge von Kräften (Funktion), das in ihr wirksam ist, und nach der Entwicklung (Genese), die zu den gegenwärtigen Erscheinungsformen und -strukturen geführt hat. Als Angewandte Geographie schreibt sie die Entwicklungen in die Zukunft fort (Prognose), bewertet diese (Evaluation) und versucht, Hilfen für die Gestaltung des Raumes in der Zukunft zu geben (Planung)."

6.2. Folgerungen aus der Diskussion um die Definition der Geographie

Wir können die wichtigsten Ergebnisse um unseren Definitionsversuch wie folgt zusammenfassen:
1. Eine an Gegenstand und Vorgehensweise der Geographie orientierte Definition ist hilfreich und problematisch zugleich.

2. Sie ist hilfreich, weil sie in knapper Form das Ziel der geographischen Wissenschaft und der auf ihr aufbauenden Angewandten Geographie formuliert.
3. Sie ist ferner hilfreich, weil sie die wichtigen Arbeitsschritte von Geographen bei ihren Untersuchungen angibt.
4. Sie ist problematisch, weil es unterschiedliche Arbeitsmethoden gibt und diese Vielfalt in der vorliegenden Definition nicht angesprochen wird. Ein unbefangener Dritter könnte glauben, dass der doppelte Dreischritt Erfassung-Beschreibung-Erklärung und Prognose-Evaluation-Planung die ausschließliche Form der Erkenntnisgewinnung von Geographen sein könnte. Dies ist aber nicht der Fall.
5. Sie ist ferner problematisch, weil es ganz allgemein problematisch ist, Wissenschaftsdisziplinen nach ihrem Gegenstand zu definieren. Die Erfahrungsobjekte sind vielen Fächern eigen. Die Unterschiede liegen eher in ihrem spezifischen Erkenntnisinteresse (= Erkenntnisobjekt), dieses ist aber nur als Fragestellung zu definieren.
6. Jeder Geograph sollte sich daher zwei Dinge einprägen: 1. Die Grundfragestellung der Geographie „Was ist wo, wie, wann und warum im Raum?" und 2. die Definition der Geographie in ihrer erweiterten Form.

Tipps zum Weiterlesen:

BORSDORF, A., K. FRANTZOK, W. KORBY u. U. ROSTOCK: Raumplanung und Stadtentwicklung in Deutschland. (= Stundenblätter Geographie). – Stuttgart 1993.

BORSDORF, A., K. FRANTZOK, W. KORBY u. U. ROSTOCK: Raumplanung und Stadtentwicklung in Deutschland (= SII Arbeitshefte Geographie). – Stuttgart 1993.

HANTSCHEL, R. u. E. THARUN: Anthropogeographische Arbeitsweisen. (= Das Geographische Seminar) – Braunschweig 1975.

ROHR, H.H.-G.v.: Angewandte Geographie. (= Das Geographische Seminar) – 2. Aufl. Braunschweig 1994.

SEIFERT, V: Regionalplanung (= Das Geographische Seminar). – Braunschweig 1986.

STIENS, G.: Prognostik in der Geographie (= Das Geographische Seminar). – Braunschweig 1995.

VOGT, J.: Raumstruktur und Raumplanung. (= Kurswissen Geographie) – Stuttgart, Dresden 1994.

7. Die Entwicklung der geographischen Wissenschaft und ihrer Richtungen

7.1. Kurzgefasste Disziplingeschichte

Die Kenntnis der Disziplingeschichte – zumindest in Umrissen – ist notwendig, um die aktuellen Diskussionen um neue Forschungsperspektiven oder gar neue Paradigmen der Wissenschaft einordnen und ihre Bedeutung abschätzen zu können. Die Geographie hat in ihrer langen Geschichte eine ganze Reihe von Paradigmenwechsel erlebt, sie hat dabei auch laufend ihre Fragestellungen detaillieren und erweitern können. Der Wechsel der Blickweisen und die Erweiterung der Perspektive fanden auch ihren Niederschlag in der Entwicklung neuer Methoden, so dass eine kurzgefasste Disziplingeschichte auch in diesem Buch ihren Platz haben muss.

Auf unteren Kulturstufen passt sich der Mensch intuitiv an den ihn umgebenden Naturraum an. Dabei erwirbt er ein umfassendes Wissen um die natürlichen Zusammenhänge und die regionalen Strukturen seiner Umgebung. Es besteht jedoch kein Anlass, dieses Wissen zu systematisieren. Es wird an die nächste Generation durch Erfahrung und mündliche Überlieferung weitergegeben. Auch diese Erfahrungen sind „Geographie" – sie entbehren jedoch der inneren Struktur, der Methodik und der Transparenz, wichtiger Charakteristika also, die wissenschaftliches Denken und Forschen ausmachen.

Auf höheren Entwicklungsstufen sind in allen Hochkulturen Geographen aufgetreten. Geographische und astronomische Erkenntnisse stehen oft sogar am Beginn einer Hochkultur und bedingen geradezu deren Entstehung. Zum Teil war die Geographie dabei theologisch orientiert und diente der Erklärung und Verbreitung religiöser Grundinhalte. In diesen Fällen gehört die Geographie noch nicht in das wissenschaftliche Ordnungssystem, sondern in das theologische (vgl. Kap. 1.3.). Mit wachsender geographischer Neugier und vorurteilsfreier Forschung emanzipiert sich die Geographie von der Theologie, damit beginnt die wissenschaftliche Geographie.

In Europa erreichte Griechenland als erstes dieses kulturelle Niveau. ANAXIMANDER (6. Jh. v. Chr.), ERASTOSTHENES (3. Jh. v. Chr.) und PTOLEMÄUS (3. Jh. v. Chr.) betrachteten die Erde unter mathematisch-naturwissenschaftlichen Gesichtspunkten und versuchten, Abbildungen von der Erde zu entwerfen, ganz im Sinne der Wortbedeutung von Geographie (Erdbeschreibung), einem Terminus, der im 4. Jahrhundert v. Chr. im Kreise der alexandrinischen Mathematiker auftauchte. HERODOT (5. Jh. v. Chr.) und STRABO (1. Jh. v. Chr.) erweiterten dieses Erkenntnisinteresse schon im Hinblick auf den Menschen. STRABO z.B. versuchte, den Kulturstand der Bewohner von Erdgegenden mit der Natur in Verbindung zu bringen. Auf ihn geht daher der Geodeterminismus zurück.

Die Einführung des Christentums in Europa behinderte in der Folge die Entwicklung unseres Faches, da neuere Erkenntnisse im Widerspruch zu den religiösen Dogmen gestanden hätten. Die Geographie verlor damit ihren Standort im System der Wissenschaften und wurde wiederum zu einem Bestandteil des theologischen Ordnungssystems. Erst die Anstrengungen des APIAN, Ortsbestimmungen, Entfernungen und Listen von Orten und Inseln nach geographischer Länge und Breite zu erstellen, leiten wieder zu einer wissenschaftlicheren Betrachtungsweise über. APIAN und SEBASTIAN MÜNSTER werden zu Begründern einer enzyklopädisch ausgerichteten Erdbeschreibung, die jedoch noch wenig systematisch und ausschließlich deskriptiv ausgerichtet ist.

Auf VARENIUS (1650) geht die systematische Geographie der Neuzeit zurück. Er teilt erstmalig unsere Wissenschaft in einen allgemeinen und einen speziellen (regionalen) Teil, indem er Einzelformen und -phänomene in ihrer Verbreitung über die ganze Erde verfolgt (Allgemeine Geographie) und andererseits die Gesamtheit aller Phänomene an einem Ort untersucht (Spezielle Geographie, Regionale Geographie). Er geht noch darüber hinaus, indem er die Allgemeine Geographie in einen astronomisch-mathematischen Zweig (*affectiones coelestes*) und einen historischen oder menschlichen Zweig (*affectiones humanae*) teilt und somit auch die Teilung der Allgemeinen Geographie in die Physio- und die Humangeographie begründet. Aber auch VARENIUS ist wie IMMANUEL KANT, der zweite Begründer der neuzeitlichen wissenschaftlichen Geographie, noch stark der mathematischen Methode und der Verteilungslehre, d.h. einer reinen Erdbeschreibung, verhaftet.

Mit ALEXANDER VON HUMBOLDT und CARL RITTER gelingt ein weiterer Fortschritt unserer Disziplin. Sie gelten als Begründer der modernen Geographie, indem sie den Bereich unseres Erkenntnisinteresses deutlich abstecken und auf die „irdisch erfüllten Räume der Erdoberfläche" (RITTER) begrenzen. Sie lösen sich von der rein chorographischen Beschreibung und finden zu einer chorologischen, explikativen Ausrichtung der Geographie. HUMBOLDT fordert in diesem Sinne die „Einsicht in das harmonische Zusammenwirken der Kräfte" (in: Ansichten der Natur, 1808). Er geht sogar noch weiter, indem er aus seinen Einsichten Folgerungen für das politische System ableitet und somit auch zum Begründer der Angewandten Geographie wird. Die Dualität der Interessen von HUMBOLDT, die trotz seines umfassenden Interesses doch mehr auf die Physiogeographie gerichtet waren, und RITTERS, der stärker humangeographisch und länderkundlich ausgerichtet ist, hat die Geographie, die sich nun im 19. Jh. machtvoll entwickelt, ungemein befruchtet und zu gleichzeitigen Fortschritten in der Physio-, der Human- und der Regionalgeographie geführt. In dieser Zeit gewinnt unser Fach ein großes öffentliches Interesse, das sich in der Gründung Geographischer Gesellschaften in London, Paris, Berlin, St. Petersburg und Wien äußert.

FERDINAND VON RICHTHOFEN definiert in seiner akademischen Antrittsrede 1883 in Leipzig die Geographie als „Wissenschaft von der Erdoberfläche und den Erscheinungen, die mit ihr in kausalen Wechselbeziehungen stehen". Die Wechselwirkungen zwischen Mensch und Umwelt werden von FRIEDRICH RATZEL, der als eigentlicher Begründer der Anthropogeographie (Humangeographie) gilt, noch stark deterministisch gesehen. Auf dieser Grundlage entwickelt der Franzose VIDAL DE LA BLANCHE seinen behavioristischen Ansatz einer *Géographie Humaine* mit den Kernanliegen der Erforschung der menschlichen Lebensweise, des *genre vie*.

Unter ALFRED HETTNER, SIEGFRIED PASSARGE und CARL TROLL konnte dieser Determinismus weitgehend überwunden werden. Im 20. Jahrhundert trugen HERBERT WILHELMY, HERMANN LAUTENSACH, NORBERT KREBS und viele andere dazu bei, dass die Geographie ihren Rang im System der Wissenschaften behaupten und festigen konnte. Durch W. CHRISTALLER, T. HÄGERSTRAND, W. ISARD, H. FLOHN und andere konnte die Geographie ihren ursprünglich hermeneutischen oder/und induktiven Ansatz um den theoretisch-deduktiven erweitern und die heutige Position der Geographie im Schnittpunkt wichtiger metatheoretischer Grundansätze der drei großen Wissenschaftsbereiche Natur-, Geistes- und Sozialwissenschaft verankern.

Der Kieler Geographentag 1969 bedeutet einen gewissen Einschnitt in der Fachentwicklung. Damals wurde vor allem der integrativ-synthetische Ansatz geographischer Forschung in Frage gestellt. Unter Einfluss der amerikanischen Regionalwissenschaft, der quantitativen Geographie und dem Entstehen neuer Richtungen in der Allgemeinen Geographie bestand zeitweise die Gefahr der zu weitgehenden Spezialisierung oder gar des „Neuerfindens" der Nachbardisziplinen. Die wachsende Bedeutung des ökologischen Denkens und die zunehmende Bedeutung „vernetzten Denkens" führten zwar zu einer Rückbesinnung auf die integrative Sicht der Geographie, dennoch ist nicht zu verkennen, dass die Gefahr einer Spaltung von naturwissenschaftlicher und sozialwissenschaftlicher Geographie nach wie vor besteht. Eine „Geographie ohne Raum" käme aber nicht nur einer Selbstaufgabe gleich, sie würde angesichts der heutigen regionalen Herausforderungen im „global-local interchange" ein Vakuum in der Wissenschaft hinterlassen.

7.2. Das Dualismus-„Problem"

Damit ist ein Problem angesprochen, das Geographen seit der Institutionalisierung ihres Faches an den Universitäten immer wieder beschäftigt hat: das **Dualismus-Problem**. Dualismen oder Dichotomien scheinen tatsächlich auf unterschiedlichen Ebenen zu existieren. Sie sollen im Folgenden kurz diskutiert werden.

7.2.1. Der Dualismus Allgemeine – Regionale Geographie

Die Betrachtungsweisen der Allgemeinen und der Regionalen Geographie unterscheiden sich in ihrem Grundansatz: Die Allgemeine Geographie arbeitet analytisch, ist auf die Gewinnung nomothetischer Erkenntnisse ausgerichtet, ihr Untersuchungsraum ist die ganze Welt, sie untersucht dabei allerdings schwerpunktmässig einen einzigen Geofaktor (freilich mit seinen Verknüpfungen zu anderen), überwiegend in einer der Teilsphären der Geosphäre. Die Regionale Geographie dagegen geht synthetisch-integrativ vor, sie will im Extremfall idiographische räumliche Eigenschaften oder aber das jeweils Raumtypische herausarbeiten. Die Regionale Geographie untersucht einzelne Raumindividuen oder Raumtypen, wobei das Zusammenwirken der einzelnen Geofaktoren in Ländern und Landschaften untersucht wird. Ein unüberbrückbarer Dualismus besteht in Wahrheit aber nicht, da auch die Allgemeine Geographie Einzelerkenntnisse in spezifischen Räumen gewinnt (z. B. Stadtgeographie Italiens), umgekehrt auch die Regionale Geographie faktorenbezogen arbeitet, wie dies beim länderkundlichen Schema besonders augenfällig wird. In Wirklichkeit sind daher Allgemeine und Regionale Geographie inhaltlich und methodisch eng miteinander verknüpft. Immerhin führte die vermeintliche Dichotomie zwischen den beiden Hauptbereichen der Geographie in

Das Dualismus-"Problem" 93

den 1970er Jahren beinahe zur Aufgabe der Regionalgeographie und zur Konzentration auf die analytischen Geofaktorenlehren. Dies scheint heute aber überwunden.

7.1.2. Der Dualismus Physio- – Anthropogeographie

Der Gegensatz zwischen dem naturwissenschaftlichen Denken der Physischen Geographie und dem sozialwissenschaftlichen oder geisteswissenschaftlichen Vorgehen der Anthropogeographie galt lange Zeit als der geographische Dualismus schlechthin. Dass die Zuordnung der Geographie schwerfällt, ist leicht anhand der sehr unterschiedlichen Zugehörigkeit unseres Faches zu Fakultäten und Fachbereichen abzulesen. An vielen Universitäten zählt es als Naturwissenschaft und gehört entsprechenden Fakultäten an, an anderen gilt es als Sozialwissenschaft, in wieder anderen ist die Geographie noch der Philosophisch-historischen Fakultät zugehörig. An einigen Universitäten gehören die physiogeographischen Institute oder Abteilungen einer anderen Fakultät als ihre anthropogeographischen Partnereinrichtungen an. Alles dies sind Fernwirkungen eines einstmals als gravierend betrachteten Dualismus, der sich längst zugunsten eines freieren Umgangs mit Fachgrenzen und -zuordnungen gelöst hat, wobei der „Methodenpluralismus" das Stichwort gegeben hat. Innerhalb der Geographie haben die systemanalytischen Ansätze, aber auch das sich abzeichnende humanökologische Paradigma (Kap. 8.4.), in denen es vielfach um die Wirkungsverflechtungen im Mensch-Umwelt-System und zum Teil um Fragen des menschlichen Überlebens überhaupt geht, die letzten Reste des alten Dualismus obsolet werden lassen.

7.1.3. Der Dualismus Grundlagenforschung - Angewandte Forschung

Dies ist eine scheinbare Dichotomie, die in ähnlicher Form in den meisten Fächern besteht, wobei von den Geisteswissenschaften und der Theologie über die Naturwissenschaften, Rechtswissenschaften und Medizin hin zu den Ingenieurwissenschaften die Bedeutung der Angewandten Forschung ständig zunimmt. Dabei ist der Übergang zwischen angewandter Forschung und reiner Anwendung fließend.

Für alle drei angeblichen „Dualismen" gilt, dass sie alten Richtungsstreitigkeiten und einem Denken in disziplinären Grenzen verhaftet sind. Mit einer Wissenschaftsauffassung, die die Disziplinen nicht nach Erfahrungsobjekten, sondern nach Erkenntnisobjekten, d.h. nach den je spezifischen Problemstellungen, ordnet, sind auch die Diskussionen um Dichotomien und Dualismen nicht mehr zeitgemäß. Weil man ihnen aber immer noch begegnet, sollten sie in diesem Buch doch wenigstens erwähnt werden.

Tipps zum Nach- und Weiterlesen:
BECK, H.: Geographie: Europäische Entwicklung in Texten und Erläuterungen. (= Orbis Academicus) – Freiburg, München 1973.
RITTER, W. u. W. STRZYGOWSKI: Geographie. (= Das Wissen der Gegenwart) – Berlin, Darmstadt 1970.
WEIGT, E.: Die Geographie. Eine Einführung in Wesen, Methoden, Hilfsmittel und Studium. (= Das Geographische Seminar) – 5. Aufl. Braunschweig 1979.

8. Neuere Forschungsrichtungen in der Geographie

8.1. Paradigmenwechsel

Im Laufe ihrer Entwicklung ist die Geographie, wie wir schon gesehen haben, immer wieder Wandlungen ihres zentralen Forschungsparadigmas unterworfen worden. Solche „wissenschaftlichen Revolutionen" unterliegen, wie Kuhn (1976) zeigte, einer regelhaften Abfolge von „normaler Wissenschaft", also dem allseits akzeptierten Regelwerk von Fragestellungen, Denkweisen, Arbeitsstil, aber auch Theorien, Begriffen und Methoden, kurz einem gemeinsamen Paradigma, über die „Krise" dieses Kanons, zur „Revolution", also dem Wandel zu neuen Fragestellungen und Methoden, zur Installation eines neuen Paradigmas, das nun wieder als „normale Wissenschaft" gilt.

Manche dieser „Revolutionen" – oder besser: Paradigmenwechsel – waren von Dauer, wie etwa der Wechsel von der „Erdbeschreibung" zur „Raumerklärung", der die moderne Geographie begründete, andere, wie etwa die sogenannte „Quantitative Revolution", erwiesen sich als kurzlebig. Mathematische Modelle und multivariate statistische Verfahren haben sich in der Geographie zwar etabliert, keineswegs kommt ihnen aber der Alleinvertretungsanspruch zu, den einige ihrer Proponenten bereits postuliert hatten. Im Gegenteil: Die Geographie hat in der zweiten Hälfte des 20. Jahrhunderts so viele „Revolutionen" durchgemacht, dass man fast versucht wäre, die Geographie als „Lateinamerika unter den Wissenschaften" zu apostrophieren (Taylor, zitiert in Blotevogel 1998, S. 14). Solche „Revolutionen" waren neben der schon genannten quantitativen Revolution die verhaltenswissenschaftliche Sozialgeographie (Hoch-Zeit 1968–78), die Orientierung an der Gesellschaftsrelevanz (70er Jahre) und die hermeneutisch-qualitative Wende (80er Jahre).

Auch am Ende des 2. Jahrtausends scheint es wieder Anzeichen für einen Paradigmenwechsel auf der allgemein wissenschaftlichen Ebene, aber auch in der Geographie zu geben. Welches Forschungsparadigma sich aber letztlich durchsetzt und wie nachhaltig es sein wird, muss sich erst noch zeigen. Die Diskussion ist jedenfalls schon voll entbrannt, und sie soll in den folgenden Kapiteln ansatzweise vorgestellt werden. Dabei soll sowohl die Positionierung der Geographie in einer sich möglicherweise entwickelnden „postmodernen" Wissenschaftsauffassung diskutiert als auch die Diskussion um eine „Geographie ohne Raum" und eine humanökologische Ausrichtung der Geographie kritisch referiert werden. Auf die Diskussion einer weiteren neuen Strömung, der „Feministischen Geographie", wird aber verzichtet, weil sie keinen ganzheitlichen Paradigmenwechsel bewirkt, sondern eher als zusätzliche Betrachtungsweise angesehen werden kann.

8.2. Die Geographie in der Postmoderne?

Die Rezeption der „Postmoderne", jener „affektiven Strömung", die „in die Poren aller intellektuellen Bereiche" eingedrungen sei, wie ihr Kritiker Jürgen Habermas schon 1981 meinte, begann in der englischsprachigen Geographie 1984 und in der deutschsprachigen 1988 (hierzu und im Folgenden: BECKER 1996). Sie ist für die Geographie wichtig, weil mit der Postmoderne auch eine neue wissenschaftliche Bewertung des Realphänomens „Raum" verbunden ist, so dass sich der Geographie neue Möglichkeiten für die Reputation innerhalb der sozialwissenschaftlichen Disziplinen eröffnen konnten.

Was versteht man unter der Postmoderne? Eines der wesentlichen Charakteristika postmodernen Denkens ist, dass es schon auf diese zentrale Frage keine eindeutige Antwort geben kann. Postmodernität ist gekennzeichnet durch eine neue Pluralität – fast möchte man sagen Beliebigkeit – des Denkens und somit auch der Antworten. Die folgende Übersicht (Abb. 43) versucht eine Annäherung durch die Gegenüberstellung „modernen" und „postmodernen" Denkens.

Moderne	Postmoderne
Konsumorientierung	Erlebnisorientierung
Wohlfahrtsstaat	Neokonservatismus
„economies of scale"	„economies of scope"
operationales Management	strategisches Management
quantitatives Wachstum	qualitatives Wachstum
Massenproduktion (Fordismus)	Kleinserienproduktion (Postfordismus)
spezialisierte Arbeit	flexible Arbeit
Monopolkapital	Unternehmertum
betriebliche Arbeitsteilung	gesellschaftliche Arbeitsteilung
Klassenpolitik	soziale Bewegungen
Hierarchie, Homogenität	Anarchie, Diversifizierung
Zweckorientierung	Spiel, Spieltheorie
Metropolisierung	Counterurbanisation
Ordnung, Klassifikation	Chaos, Chaostheorie
Ethik	Ästhetik
Materialismus	Immaterialismus
Produktion	Reproduktion
Originalität	Eklektizismus
Zentralisierung	Dezentralisierung
Synthese	Antithese
kollektives Handeln	lokales Handeln
Gruppe	individuelle Akteure
technisch-wissenschaftliche Rationalität	Esoterik
Industrialisierung	Deindustrialisierung
Internationalismus	Geopolitik
Spezialisierung, Analyse	Generalisierung, Synthese
Lebensstandard	Lebensqualität
quantitative Methoden	qualitative Methoden
Gültigkeit je einer Metatheorie	Beliebigkeit der Wahl von Metatheorien
Zeit	Raum
Dogmen	Offenheit
Monopolisierung	Pluralität

Abb. 43: Moderne und Postmoderne (stark verändert nach HARVEY 1989, S. 340 f.)

Eine solche Liste ließe sich noch lange erweitern. Es ist auch keineswegs sicher, ob alle Gegensatzpaare stimmen oder ob nicht einzelne Phänomene Erscheinungsformen der Spätmoderne sind. Ebenso unbestimmt bleibt, ob es in der Postmoderne noch jenes manichäische oder dialektische Denken (Denken in Gegensätzen) geben wird, das der Moderne immanent ist und letztlich ja auch die oben genannten Kontrastpaare prägt. Die in postmoderner Auffassung herrschende Pluralität akzeptiert auch den scheinbaren Gegensatz. Globalisierung und Regionalisierung sind weder Dualismen noch „Kehrseiten einer Medaille", vielleicht wäre es richtiger, vom „komplementären Konzept der Postmoderne" zu sprechen. Auch HARVEY (1989), auf den die Gegenüberstellung im Grundkonzept zurückgeht, betont, dass die Übergänge fließend zu denken seien und nicht immer klar auszumachen sei, welches Merkmal welche historische Gegebenheit kennzeichne.

Wenn wir bei einzelnen Begriffspaaren der Abb. 43 unterschiedlicher Meinung waren, ist auch dies ein Kennzeichen der Postmoderne. In der rationalen, technisch-wissenschaftlichen Auffassung der Moderne galten Ergebnisse wissenschaftlicher Reflexion in der Öffentlichkeit als beinahe „sakrosankt", die angeblichen wissenschaftlichen „Beweise" wurden kaum angezweifelt (dies galt allerdings, wie wir in Kap. 2.3 gesehen haben, keineswegs für szientistische Kritik innerhalb der Wissenschaft). Das postmoderne Bewusstsein knüpft an die Antike an: Nichts ist bewiesen, „ich weiß, dass ich nichts weiß" gilt nun. Alles ist zweifelhaft. Damit hat die Kritik eine neue Qualität gewonnen, und sie kann sich in neuen Arsenalen bedienen: Einen Altpositivisten kann man hermeneutisch kritisieren, einen Neopositivisten mit den Ergebnissen induktiv gewonnener Erkenntnisse kritisieren. Zwar wäre dies auch früher möglich gewesen, neu – und „postmodern" – ist aber, dass die Kritisierten diese Kritik nicht von vornherein zurückweisen.

Das wesentliche Kennzeichen der Postmoderne ist das gleichzeitige Nebeneinander von Heterogenem, von differenten Ansprüchen, von unterschiedlichen Lebensentwürfen, d.h. demnach ein „Polytheismus der Alltagskulturen". Ob und ggf. wo im Kuhnschen Kontinuum (KUHN 1976) sich die Wissenschaftsentwicklung derzeit befindet, in der Krise, in der Revolutionsphase oder schon bei der Etablierung eines neuen Paradigmas, ist derzeit nicht auszumachen.

Tipps zum Weiterlesen:
BECKER, J.: Geographie in der Postmoderne? Zur Kritik postmodernen Denkens in Stadtforschung und Geographie. (= Potsdamer Geographische Forschungen 12) – Potsdam 1996.
HARVEY, D.: The Condition of Postmodernity. An Enquiry into the Origins of Cultural Change. – Oxford, Cambridge (MA) 1989.
HASSE, J.: Sozialgeographie an der Schwelle zur Postmoderne. – In: Zeitschrift für Wirtschaftsgeographie 1989, H.1–2, S. 20–29.
KRÜGER, R.: Die Geographie auf der Reise in die Postmoderne? (= Wahrnehmungsgeographische Studien zur Regionalentwicklung 5). – Oldenburg 1988.

8.3. Geographie ohne Raum oder: Sozialgeographie alltäglicher Regionalisierungen

Nur scheinbar stellen die vieldiskutierten Thesen von WERLEN (1988, 1995, 1997) eine Gegenposition zu der in der Postmoderne postulierten neuen Wertigkeit des Raumes dar. Überspitzt hat WERLEN seine These 1993 (im Titel) in die Frage gekleidet „Gibt es eine Geographie ohne Raum?". Und er antwortete: „Wissenschaftliche Geographie ist auch ohne Forschungsobjekt „Raum" denk- und praktizierbar, ohne dabei in eine Legitimationskrise zu verfallen" (1995, S. 15). Allein die Formulierung der Frage, noch mehr aber ihre eindeutige Beantwortung, musste als Provokation für die traditionelle Geographie gelten, die sich als Raumwissenschaft versteht. Verliert sie, wenn man WERLEN folgt, ihr Erfahrungsobjekt? Verliert sie am Ende auch ihr Erkenntnisobjekt? Um diese Frage zu beantworten, müssen wir uns im Folgenden kritisch mit den Thesen dieses Autors auseinandersetzen.

WERLEN vertritt die Auffassung, dass im Zuge der gegenwärtig ablaufenden Globalisierungsprozesse keine Gesellschaft und Kultur noch ein eigenständiges Dasein führt, man sie also nicht mehr in räumlichen Kategorien fassen kann. Daraus folgert er, dass nicht mehr Länder, Regionen und Räume zentrale Forschungsobjekte der Sozialgeographie sein können, sondern nur noch die menschlichen Handlungen unter bestimmten sozialen und zeitlichen Bedingungen. Bei seinem Versuch einer Neuorientierung der Geographie stützt er sich auf drei Säulen: die Raumkonzeption des deutschen Philosophen und Geographen IMMANUEL KANT (er hielt in Königsberg die Vorlesung „Physische Geographie"), die Handlungstheorie von GIDDENS (1992) und die Metatheorie des Kritischen Rationalismus (z. B. POPPER 1973).

Er folgert: „Wenn die Sozialgeographie ihr Forschungsziel erreichen will, dann sollte sie nicht verhaltenstheoretisch entworfen werden, sondern handlungstheoretisch" (WERLEN 1986, S. 68). Um dies zu verstehen, muss man sich kurz den Bedeutungsinhalt von „verhalten" und „handeln", wie ihn WERLEN versteht, verdeutlichen. Verhalten ist in der kognitiven psychologischen Verhaltenstheorie eine sinnlich wahrnehmbare Tätigkeit. Ein Reiz, den jedes Objekt der physischen Welt auslösen kann, führt zu einer Reaktion des Menschen. Tätigkeiten werden als Reaktionen auf Umweltinformationen verstanden. Handeln ist dagegen eine Tätigkeit, die bewusst und zielorientiert verläuft. Handlungen sind durch die Intention gekennzeichnet, etwas in der Welt zu verändern oder etwas vor der Veränderung zu bewahren. Für die Definition der Handlungssituation sind sozio-kulturelle, subjektive und physisch-materielle Aspekte bedeutsam. Handeln kann auch eine geistige Tätigkeit umfassen, die demnach nicht beobachtbar ist. Jede Handlung besteht aus vier aufeinanderfolgenden Abläufen (untere Kästen in Abb. 44, S. 98), wobei der Handlungsentwurf in seiner Zielorientierung im oberen Kasten noch detailliert wird.

Es ist aufschlussreich, dieses Modell mit der „Psychischen Treppe" (Abb. 35, S. 74) zu vergleichen! Jene Mittel, die dem Handelnden nicht zur Verfügung stehen, bilden die „Zwänge" (constraints) des Handelns. Indem sich der Handelnde an anderen Personen und deren Tätigkeiten orientiert, wirkt das gesellschaftliche Umfeld auf die Handlung ein und muss in die Analyse einbezogen werden. Wird dies von verschiedenen Handelnden praktiziert, kann von „sozialen Handlungen" gespro-

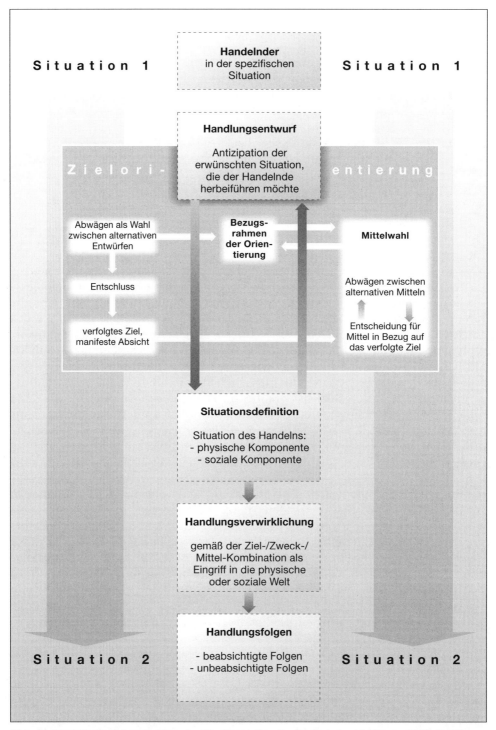

Abb. 44: Modellhafte Rekonstruktion des Handlungsablaufes (verändert nach WERLEN 1986, S. 70)

chen werden. Demnach ist die Handlung das „Atom" der Gesellschaft (WERLEN 1987, S. 3, vgl. auch GIDDENS 1992). Da heute der Raum kein Objekt neben den Gegenständen und Handelnden darstellt, sondern ihnen immanent ist, ist jeder Form empirischer Raumforschung die Grundlage entzogen.

Dies war durchaus nicht immer so. Traditionelle Gesellschaften wiesen eine hohe räumlich-zeitliche Stabilität auf. Auf diese war die traditionelle Geographie abgestimmt und ihr Forschungsansatz dieser angemessen. In traditionellen Gesellschaften fanden kulturelle und soziale Formen in begrenzten (lokalen und regionalen) Räumen ihren Niederschlag. Menschliche Aktionsräume waren wegen der gering entwickelten Kommunikationstechnik und der geringen Mobilitätsinfrastruktur noch eng begrenzt. Eine solche stabile und streng geregelte Gesellschaft macht den traditionellen Ansatz der Sozialgeographie plausibel, wenn auch nur oberflächlich (WERLEN 1993, S. 242).

In den modernen Gesellschaften haben die Traditionen ihre Bedeutung verloren. Die individuellen Handlungen haben mehr Spielraum, Veränderungen gehen rasch vonstatten, Orte und Zeitpunkte verlieren für die Handlungsorientierung an Bedeutung. Beziehungen werden über moderne Kommunikationsmedien über große räumliche und zeitliche Distanzen aufgenommen, Handeln auf Distanz wird möglich, überall wirken räumliche „Entflechtungsmechanismen", „Entankerungen", d. h. Lösungen vom Raum, sind die Folge.

Wenn Handelnde ihre eigene „Geschichte" machen, dann machen sie auch ihre eigene Geographie, d.h. sie schaffen sich ihre eigenen alltäglichen Aktionsräume. In der „Sozialgeographie alltäglicher Regionalisierungen" werden solche Handlungen untersucht, über die die Akteure ihre eigenen „Geographien" herstellen und reproduzieren. Sozialgeographie ist dann nur noch auf die Frage nach der Bedeutung von Handlungen für die Gesellschaftskonstitution beschränkt.

Die Thesen WERLENS sind auf viele Kritiker gestoßen. Beim Geographentag 1998 in Bonn wurden sie sogar in einer öffentlichen Sitzung diskutiert. Die folgenden kritischen Bemerkungen fußen auf einer Innsbrucker Dissertation, die selbst auch der Handlungstheorie von GIDDENS folgt (VOGT 1999). Diese Kritik beruht, stark vereinfacht, auf folgenden Gesichtspunkten:
- WERLENS Theorie kann nicht eine neue Geographie „ohne Raum" begründen, sondern allenfalls eine neue Sozialgeographie.
- Durch die Hintertür bilden auch bei WERLEN räumliche Bezüge konstitutive Elemente seiner Theorie. Sie werden allerdings lediglich über das Bewusstsein individueller Akteure hergestellt. Diese radikale Subjektzentrierung hat aber weitgehende Folgen, indem etwa die Bedeutung von Ressourcen, die zur Bedürfnisbefriedigung von Menschen dienen, nicht anerkannt wird. Ferner sind bei WERLEN objektive Strukturen wie die Raumstruktur lediglich „gegeben", sie stellen aber für ihn keine Handlungsprodukte dar, obwohl sie dies natürlich auch sind.
- Die Subjektzentrierung kann nicht klären, wie Verantwortungsbewusstsein bei Akteuren entsteht, noch sind deren Handlungsaufforderungen abzuleiten. Es wird nicht erklärt, wie sich Gesellschaftskonstitution und individuelles Handeln gegenseitig bedingen. Damit verzichtet WERLEN auf die kritische Strukturanalyse gesellschaftlicher Systeme. Die „ethische Neutralität", die daraus folgt, entspricht, wie wir oben gesehen haben, durchaus der Postmoderne. Es ist aber wichtig, darauf

hinzuweisen, dass die WERLENsche Theorie aufgrund der ihr innewohnenden Individualisierungstendenz keine gesellschaftskritische Dimension erreicht.
- WERLEN räumt zwar ein, dass traditionale, d.h. kulturell gebundene Handlungsmuster „Möglichkeiten" darstellen, bezieht sich aber in seiner Argumentation nur auf sogenannte „spätmoderne" Gesellschaften. Selbst diese sind aber nicht homogen „spätmodern", sondern sind in Regionen über Einzelpersonen oder gar Facetten der Persönlichkeit teilweise noch traditionell strukturiert. Dass, wie WERLEN postuliert, neue Kommunikationstechniken im „globalen Dorf" kulturelle und räumliche Differenzen bedeutungslos machen, ist eine unzulässige Vereinfachung. Die Existenz solcher Medien bedingt ja weder, dass alle Individuen über einen Zugang verfügen, noch dass alle, die sich dort informieren, sich den Medien unterwerfen.
- WERLEN verzichtet, zumindest bislang, auf jede empirische Überprüfung seiner Theorie. Es ist aber methodologisch fragwürdig, alltägliche Handlungen zur Grundlage eines neuen Paradigmas zu machen, wenn diese nicht auch empirisch abgesichert sind.

Eine Geographie ohne Raum ist, zumindest nach Meinung des Autors, im Wortsinn „gegenstandslos", und zwar sowohl auf der Ebene des Erfahrungs- als auch der des Erkenntnisobjektes. Sie würde sich gerade in Zeiten der Diskussion um die Postmoderne mit der ihr immanenten Neupositionierung des Raumbegriffs selbst ihrer Kompetenzbasis berauben und an Relevanz verlieren.

Tipps zum Weiterlesen:
GIDDENS, A.: Die Konstitution der Gesellschaft. Grundzüge einer Theorie der Strukturierung. – Frankfurt/M., New York 1992.
HARD, G.: Was ist Geographie? Re-analyse einer Frage und ihrer möglichen Antworten. – In: Geographische Zeitschrift 78, 1990, 1, S. 1–14.
KÖCK, H.: Die Rolle des Raumes als zu erklärender Faktor. Zur Klärung einer methodologischen Grundrelation in der Geographie. – In: Geographica Helvetica 52, 1997, 3, S. 89–96.
POHL, J.: Kann es eine Geographie ohne Raum geben? Zum Verhältnis von Theoriediskussion und Disziplinpolitik. – In: Erdkunde 47, 1993, 1–4, S. 255–266.
VOGT, C.: Verbotene Ressourcen. Wirtschaftliche Aktionsräume in Guatemala. (= Innsbrucker Geographische Studien 29) – Innsbruck, 1999.
WEICHHART, P.: Sozialgeographie alltäglicher Regionalisierungen. Benno Werlens Neukonzeption der Humangeographie. – In: Mitteilungen der Östereichischen Geographischen Gesellschaft 139, 1997, S. 25–45.
WERLEN, B.: Thesen zur handlungstheoretischen Neuorientierung sozialgeographischer Forschung. – In: Geographica Helvetica 41, 1986, 2, S. 67–76.
WERLEN, B.: Gibt es eine Geographie ohne Raum? Zum Verhältnis von traditioneller Geographie und zeitgenössischen Gesellschaften. – In: Erdkunde 47, 1993, 4, S. 241–255.
WERLEN, B.: Sozialgeographie alltäglicher Regionalisierungen. 2 Bände (= Erdkundliches Wissen 116 u. 119) – Stuttgart 1995 u. 1997.

8.4. Humanökologische Geographie

Die Thesen von WERLEN haben zur weiteren Schwächung des traditionellen Paradigma-Kerns der Geographie beigetragen. Nachdem HARD (1973) den Landschaftsbegriff kritisiert hat und die „Geographie ohne Landschaft" konstituieren wollte (vgl. DÖRRENHAUS 1971), ist nun der seither populär gewordene „Raum"-Begriff in die Diskussion geraten. Wie in Kap. 1.2 gezeigt wurde, ist es jedoch naiv zu glauben, dass man die Geographie über ein Erfahrungsobjekt definieren könne. Der „Raum" des Geomorphologen ist selbstverständlich ein anderer „Raum" als der des Sozialgeographen, weil er unter einer jeweils spezifischen Fragestellung betrachtet wird.

Schon zuvor hat die durch die Studenten auf dem Kieler Geographentag 1969 (vgl. Kap. 4.3) formulierte Forderung nach der Trennung von Physio- und Anthropogeographie eine starke Tendenz zur Spezialisierung hervorgebracht, die im Laufe der Zeit zentrifugale Kräfte freigesetzt hat. Inhaltliche Konvergenzen mit Nachbardisziplinen und die enge Zusammenarbeit lösten zuweilen die Fachidentität von Geographen auf. Mancher Geograph bezeichnet sich lieber als Klimatologe, Hochgebirgsforscher oder Verkehrswissenschaftler und gibt sich ungern als Geograph zu erkennen. Die Folge ist eine immer wieder zu beobachtende Selbst-Stigmatisierung von Geographen, ein Problem, das andere Wissenschaften offenbar so nicht kennen (hierzu und im Folgenden: BLOTEVOGEL 1998).

In dieser Situation einer zunehmenden Spezialisierung und Fragmentierung versuchen andere Wissenschaften das geographische Mensch-Natur-Paradigma mit integrierenden Ansätzen, also sowohl thematisch als auch methodisch, neu zu besetzen. Die naturwissenschaftliche Umweltforschung, die Landschaftspflege, die Umweltpsychologie und die Umweltökonomie befassen sich mit ähnlichen Problemstellungen, mit denen sich auch die Geographie beschäftigen sollte. Solche Fragestellungen haben auch Hochkonjunktur, wenn man an den Brundtland-Bericht und die Diskussion um nachhaltige Entwicklung, an die Weltklimakonferenzen, die Diskussion um die Lebensqualität und anderes denkt.

Der Grund, warum die genannten Nachbardisziplinen und andere bei der Vermarktung ihrer Ergebnisse erfolgreicher sind, liegt möglicherweise daran, dass sie dem Phantom der Wertneutralität nicht oder nicht mehr verhaftet sind. Die Wertneutralität bestimmt, wie wir in Kap. 2.3 gesehen haben, bei vielen Geographen, die dem Alt- oder Neopositivismus verpflichtet sind, die politische Haltung, aber auch Hermeneutiker üben sich vielfach in vornehmer politischer Zurückhaltung (vgl. Abb. 11, S. 27).

Der humanökologische Ansatz der Geographie verzichtet auf die ohnehin nur scheinbare Objektivität der Wissenschaft und stellt sich bewusst in die politische Verantwortung für unsere Welt. Er akzeptiert die Einheit von Erkenntnis und (persönlichem und politischem) Interesse und versteht sich als kritische Wissenschaft. Damit ist möglich, dass auch Geographen an der Diskussion um Nachhaltigkeit, Lebensqualität, Global Warming, Ethik und sogar Geopolitik (wieder) teilnehmen, und dies mit durchaus respektablen Wortmeldungen.

Die humanökologische Geographie überwindet schließlich auch den für die Spezialisierung der analytischen Teilzweige des Faches scheinbaren Dualismus zwischen Physio- und Humangeographie.

Tipps zum Weiterlesen:

BLOTEVOGEL, H. H.: Geographische Erzählungen zwischen Moderne und Postmoderne – Thesen zur Theoriediskussion in der Geographie am Ende des 20. Jahrhunderts. (= Institut für Geographie der Gesamthochschule Duisburg, Diskussionspapier 1/1998) – Duisburg 1998.

WEICHHART, P.: Geographie im Umbruch. Ein methodologischer Beitrag zur Neukonzeption der komplexen Geographie. – Wien 1975.

9. Einführung in das wissenschaftliche Arbeiten

9.1. Informationsgewinnung aus Schrifttum

Franz Molnar hat einmal gesagt: „Wenn jemand aus einem Buche abschreibt, so ist das Plagiat. Wenn jemand aus zwei Büchern abschreibt, ist das ein Essay. Wenn jemand aus drei Büchern abschreibt, so ist das eine Dissertation" (zitiert nach PUNTSCH 1990, S. 328). Wenn wir von der durchaus berechtigten Kritik am Wissenschaftsbetrieb absehen, die in dieser Aussage steckt, so bleibt doch als Faktum, dass ein großer Teil der wissenschaftlichen Tätigkeit aus dem Zusammentragen von Wissen aus sogenannter Sekundärliteratur und einer erneuten Verarbeitung in einem anderen thematischen Zusammenhang bzw. unter einer anderen Fragestellung besteht. Überspitzt könnte man diese Tätigkeit auch als kompilatorisch bezeichnen. Allerdings ist dies nicht die einzige Art, dem Forscherdrang nachzugeben. Historiker und kulturlandschaftsgenetisch forschende Geographen arbeiten quellenorientiert und quellenkritisch, d.h. sie benutzen Originalquellen aus Archiven, Bibliotheken und Museen. Physiogeographen arbeiten vielfach im Gelände, vermessen, nehmen Boden- oder Gewässerproben und verarbeiten diese im Labor, Anthropogeographen erheben ihre Daten per Interview oder schriftlicher Befragung und arbeiten mit amtlichen Statistiken. Sekundärliteratur ist also keineswegs die einzige Informationsquelle, aber dennoch spielt die Arbeit mit wissenschaftlicher Literatur im Studium eine wichtige Rolle.

Nur davon soll in den folgenden Kapiteln die Rede sein, weil diese Art der Arbeit in allen Teildisziplinen der Geographie von gleicher Wichtigkeit ist. Spezifische Methoden werden in den einzelnen Teildisziplinen gelehrt und eingeübt, für sie wäre in einem Einführungsbuch wie diesem kein Platz.

Zu Beginn muss aber gleich mit einem Missverständnis aufgeräumt werden, dass so verbreitet ist, dass Molnar seine Aussage darauf aufbauen konnte. Wissenschaftliche Tätigkeit, selbst wenn sie scheinbar kompilatorisch ist, darf niemals in bloßes Abschreiben ausarten. Sie steht immer unter einer spezifischen Problem- oder Fragestellung, und jede Literaturauswertung hat unter den Gesichtspunkten dieser Fragestellung zu erfolgen und Fakten und Gedanken aus Werken anderer in der Perspektive der eigenen Problemstellung weiterzuentwickeln.

Zitierte Literatur, gut zu verwenden für den Einstieg bei Referaten:
PUNTSCH, E.: Witze, Fabeln, Anekdoten. Handbuch für Politiker, Künstler, Pädagogen, Wissenschaftler, Schriftsteller, Manager, Korrespondenten. – Augsburg 1990.

9.1.1. Informationsträger und Analysetechniken

Aus dem Einführungsteil wissen wir, dass nicht die Resultate den Wert wissenschaftlicher Leistung begründen, sondern allein die Art des wissenschaftlichen Vorgehens. Je gründlicher jeder Arbeitsschritt vorher überlegt wird, je sorgfältiger er durchgeführt wird, desto besser ist das Ergebnis. Umgekehrt ist jede noch so schöne Aussage wissenschaftlich wertlos, wenn sie nicht methodisch sauber erarbeitet wurde. Im Allgemeinen wird also nicht allein das Ergebnis, sondern vor allem der

Prozess beurteilt, der zu diesem Resultat geführt hat. Dies gilt bereits im Geographieunterricht der Schule, umso wichtiger sind Arbeitstechniken im Studium. Je besser sie beherrscht werden, desto sicherer ist der Studienerfolg.

Für den Geographen gibt es viele Wege, um zu den Informationen zu gelangen, auf denen seine wissenschaftliche Arbeit aufbaut. Sie sind in den unterschiedlichsten Informationsträgern gespeichert. Eine kleine Auswahl gibt die Abb. 45:

Informationsträger	Analysetechnik
Raumausschnitt, Landschaft	Geländebeobachtung
	Geographische Feldmethoden
Boden-, Wasser-, Gesteinsproben	Labormethoden
Topographische und thematische Karten, Atlanten	Karteninterpretation
Amtliche Statistiken	Interpretation
Befragung, Interview	Auswertung, Delphimethoden etc.
Luft- und Satellitenbilder	Interpretation, GIS
Quellen, Archive	Auswertung, Interpretation
Literatur	Sichten, Lesen, Auswerten, Kompilieren

Abb. 45: Informationsträger und Analysetechniken in der Geographie (Auswahl)

Die spezifischen Techniken werden in den entsprechenden Übungen, Proseminaren, Projektseminaren, Praktika und Geländepraktika vorgestellt und eingeübt. Hier soll nur die grundlegende Arbeitsmethodik im Zusammenhang mit der Auswertung von Literatur und die Präsentation des Ergebnisses in Form von Referaten, Hausarbeiten, Diplomarbeiten oder Dissertationen vorgestellt werden. Dabei gehen wir von dem üblichen Fall aus, dass dem oder der Studierenden ein Thema durch den Kursleiter vorgegeben wurde.

9.1.2. Themaanalyse

Wer ein Thema wissenschaftlich bearbeiten will, muss sich zunächst Klarheit über das Thema verschaffen. Dies ist ein außerordentlich wichtiger Schritt, dem größte Sorgfalt gebührt. In Tübingen hat der Fall eines Studenten für viel Gelächter gesorgt, der ein Referat über die Ölgewinnung in Malaysia anzufertigen hatte. Gemeint war die Palmölerzeugung. Dies hat der Kandidat jedoch nicht verstanden, er schrieb statt dessen über die Erdölgewinnung. Malaysia besitzt aber kein eigenes Erdöl, deswegen blieb das Referat relativ inhaltsleer, ganz abgesehen davon, dass er das Thema verfehlt hatte. Selbst scheinbar auf den ersten Blick verständliche Themen sind daher genau zu analysieren. Zumeist erscheinen sie nur deshalb verständlich, weil in ihnen Begriffe enthalten sind, die dem Bearbeiter bekannt erscheinen. In vielen Fällen ist aber die umgangssprachlich bekannte Bedeutung eines Terminus von seiner wissenschaftlichen Sinnfüllung völlig verschieden. Dies ist uns bereits aus der Diskussion der Begriffe Land und Landschaft bekannt. Aber auch Termini wie Areal, Region, zentral, marginal, Karibik oder Mitteleuropa werden wissenschaftlich durchaus anders definiert, als der „gesunde Menschenverstand" denken würde.

Am Anfang jeder wissenschaftlichen Arbeit steht daher die Themaanalyse (Abb. 46). Dabei werden die Begriffe, die im Thema enthalten sind, sorgfältig definiert, wobei Fachliteratur und Fachlexika heranzuziehen sind. Darüber hinaus ist das Thema disziplinär einzuordnen, ferner werden Such- und Hilfsbegriffe bestimmt und damit das semantische Wortfeld der Begriffe festgelegt. Damit ist die Themaanalyse auch für die Literatursuche außerordentlich praktisch. Wir werden das noch sehen.

1. Definition der zentralen Begriffe (aus Fachlexikon oder Lehrbuch)
2. Disziplinäre Einordnung
3. Bildung von Suchbegriffen
4. Bildung von Hilfsbegriffen

Abb. 46: Arbeitsschritte der Themaanalyse

Nehmen wir als Beispiel das Thema „Bewässerungslandwirtschaft in der Levante". Zu definieren sind die Begriffe Bewässerungslandwirtschaft und Levante. Disziplinär einordnen kann man dieses Thema in die Agrargeographie, Wirtschaftsgeographie und die Regionale Geographie der Levante. Mit diesen beiden Begriffen kann man bereits im Schlagwortregister und im Regionalregister von Bibliotheken oder Bibliographien suchen. Der selten verwendete Begriff „Levante" zeigt aber schon, dass man im Regionalregister nicht weit kommt. Daher werden nun Suchbegriffe bestimmt. In unserem Fall wären dies beispielsweise „Agrarlandschaft, Wirtschaftsformationen, Feldbau, Ackerbau, Wasserwirtschaft, Bewässerung, Foggara, Quanat, Zwangsbewässerung," aber auch die einzelnen Länder und Landschaften der Levante, also „Kleinasien, Türkei, Syrien, Libanon, Israel, Ägypten, Levantinisches Becken, Levantinisches Meer etc.". Hilfsbegriffe zu diesem Thema wären „Bodennutzungssysteme, Trockengebiet, Arides Gebiet, Aridität, Trockengrenze, Desertifikation, Tragfähigkeit, Fellache, Rentenkapitalismus, Subsistenz, Orient, Vorderer Orient" und andere.

Mit der Themaanalyse ist somit bereits das Thema in seinen Dimensionen bekannt geworden. Aber mehr noch: Wir haben einen ganzen Kanon von Begriffen, die wir bei der Literatursuche einsetzen können.

9.1.3. Die Literatursuche

Nun beginnt die Suche nach Material. Im Regelfall wird man zuerst nach Literatur suchen. Die disziplinäre Einordnung erlaubt bereits den Zugriff auf Lehrbücher. Selbstverständlich gibt es Lehrbücher der Agrargeographie oder Länderkunden der Einzelstaaten der Levante. Auf diese haben wir einen schnellen Zugriff in der Fachbibliothek. Allerdings wird man rasch feststellen, dass in fast allen Fällen diese Literatur schon mehrere Jahre alt ist und daher keinesfalls die Forschungsfront wiedergibt. Trotzdem wird als erster Schritt dringend empfohlen, zunächst diese Lehr- und Handbücher zur Hand zu nehmen. Damit kann man sich einen schnellen Überblick über das Thema verschaffen. Darüber hinaus ist es empfehlenswert, das Literaturverzeichnis dieser Standardwerke zu studieren, um die für das Thema relevante ältere Literatur relativ bequem zu ermitteln. Auf diese Weise, die wir als **„Schneeballsystem"** bezeichnen, können wir schon zum ersten Grundstock der Quellen für die zu beginnende Arbeit kommen. Wir suchen die im Lehrbuch zitierte Literatur, studieren das darin enthaltende Literaturverzeichnis und stoßen auf weitere Literatur, die wiederum auf weitere Titel durchforstet werden kann. So wächst ein kleiner „Literaturschneeball" bald zu einer großen „Lawine". Das Wortspiel ist gut gewählt, denn es zeigt auch die Schwächen des Schneeballsystems: So wie ein rollender Schneeball immer nur bereits gefallenen Schnee aufnehmen kann, stossen wir bei dieser Arbeitsweise immer nur auf ältere Literatur. Selbst wenn das Lehrbuch eben erst erschienen wäre (ein seltener Glücksfall!), sind darin doch nur Quellen enthalten, die mindestens ein Jahr alt sind. Und in diesen finden wir wieder nur Zitate, die wiederum mindestens ein Jahr alt sind.

Neuere und neueste Literatur erhält man durch das Schneeballsystem also nicht. Die nächste Runde der Literatursuche führt uns in die Instituts- oder Universitätsbibliothek oder eine andere einschlägige öffentliche Bibliothek und zum Katalog. Dort ist der Autorenkatalog für uns durchaus von Wert. Wir kennen aus dem Studium der Handbücher die Autoren, die sich vor einigen Jahren mit dem Thema beschäftigt haben. Da anzunehmen ist, dass einige ihre Arbeiten inzwischen fortgesetzt haben, kann man unter den entsprechenden Namen u. U. neuere Literatur finden. Auf andere Autoren stoßen wir jedoch nur im Schlagwort- und Regionalregister. Die neuere Literatur ist in vielen Bibliotheken inzwischen über digitale Literaturdatenbanken aufgeschlossen. Auch dort arbeiten wir mit Autoren und Stichworten (Sach- und Regionaldeskriptoren). In Bibliotheken, deren Magazine zugänglich sind, kann es ferner erfolgreich sein, sich mit der Einstellsystematik vertraut zu machen, um ggf. im Regal „Agrargeographie" oder „Wirtschaftsgeographie" oder im Regal „Kleinasien" oder „Vorderer Orient" fündig zu werden.

Allerdings hat diese Methode einen entscheidenden Nachteil: Wir stoßen immer nur auf Monographien, und zwar vor allem auf solche, die nicht in Reihen erschienen sind, und nicht auf Fachaufsätze in Fachzeitschriften, die in der Regel die derzeitige Forschungsfront repräsentieren. Nur wenige Bibliotheken nehmen inzwischen auch die Einzelaufsätze in Zeitschriften auf. Wenn dies der Fall ist, können wir uns glücklich schätzen. Meistens sind wir aber darauf angewiesen, die Jahresinhaltsverzeichnisse dieser Zeitschriften einzeln durchsehen. Manche Journale verfügen auch über Fünf- oder Zehnjahresinhaltsverzeichnisse, was die Arbeit schon erleichtert. Allerdings ist diese Suche ein mühsames Geschäft, weil es sehr viele Serien, Zeitschriften, Jahrbücher und andere Periodika gibt. Besser und einfacher ist es, Bibliographien zu befragen, die uns diese Arbeit bereits abgenommen haben. Bibliographien sind die verbreitetsten Literaturauskunftsmittel. In ihnen wird die gesamte oder ausgewählte Literatur eines definierten Zeitraums oder/und Sachgebiets aufgeführt und über Register erschlossen.

9.1.4. Das Bibliographieren

Jährlich erscheinen unzählige Bücher und noch mehr Aufsätze in Fachzeitschriften und anderen Periodika im In- und Ausland. Es ist ganz unmöglich, einen Überblick über diese Publikationsflut zu behalten. Seit vielen Jahrzehnten leisten hier Bibliographien eine große Hilfe. Mit ihnen ist es möglich, gezielt und zeitsparend Literatur zu spezifischen Themenbereichen zu finden. Allerdings gibt es inzwischen auch schon eine sehr verwirrende Fülle von Bibliographien. Eine Übersicht versucht, eine gewisse Systematik zur ersten Orientierung herzustellen.

Die Vielfalt der Bibliographien hat inzwischen schon eine neue Gattung von Bibliographien hervorgebracht: Bibliographien von Bibliographien, auch treffend bi-

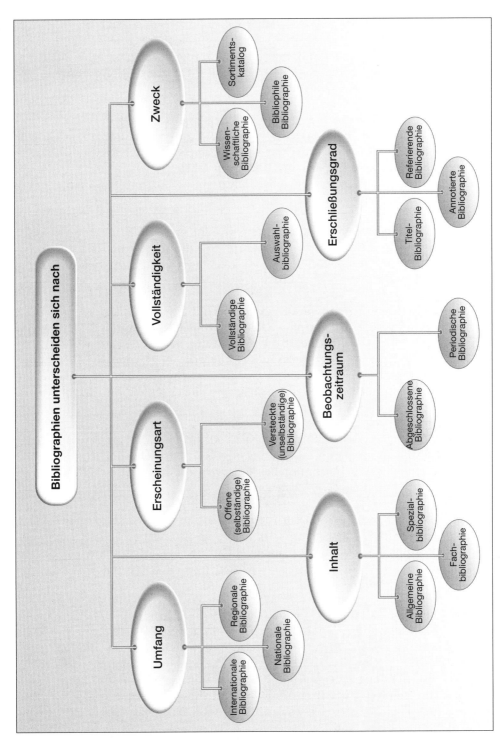

Abb. 47: Klassifikation der Bibliographien

bliographische Wegweiser genannt. Laufend ergänzt werden beispielsweise die „Bibliographischen Berichte", die von der Staatsbibliothek Preußischer Kulturbesitz, Frankfurt, seit 1959 fortlaufend herausgegeben werden. Sachgruppe Nr. 3 darin ist „Geographie, Kartographie und Geodäsie" und verzeichnet Bibliographien und Zeitschriften aus unserem Fachgebiet.

Zwei weitere, für Geographen wichtige Führer sind zu nennen:
- SPERLING, W.: Geographiedidaktische Quellenkunde. Internationale Basisbibliographie und Einführung in die wissenschaftlichen Hilfsmittel (Ende des 17. Jh. bis 1978). (= Beiheft 4 zum BIB-Report) – Duisburg 1978.
- HARRIS, CH. D.: Bibliography of Geography. (= Univ. of Chicago, Department of Geography, Research Paper 179) – Chicago 1976.

Die erste Bibliographie, die Studienanfänger der Geographie zur Hand nehmen sollten, ist die „Bibliographie zum Geographiestudium" von BLOTEVOGEL / HEINEBERG, die in mehreren Bänden seit 1976 erschienen ist und inzwischen in neueren Auflagen aktualisiert wurde. Sie ist referierend angelegt.

Zum unentbehrlichen Handwerkszeug gehören die drei wichtigsten laufenden Fachbibliographien der Geographie. Dies sind die „Bibliographie Geographique Internationale", die „Geo-Abstracts", die in mehreren Reihen erscheinen (nach Teildisziplinen geordnet) und schließlich die „Current Geographical Publications". Diese Bibliographie ist eigentlich ein Gesamtverzeichnis der Literatur, die in den Bibliotheken der American Geographical Society eingestellt ist. Alle drei Bibliographien sind annotiert.

Die Fülle der abgeschlossenen und der Fach- oder Regionalbibliographien vorzustellen oder zu kommentieren, ist hier aus Platzgründen nicht möglich. In der Vorlesung werden einige wichtige Ausgaben demonstriert. Für weitere Informationen sei auf das Buch von H. ECK (1983) verwiesen.

Im Zeitalter des Computers und der Internetvernetzung gewinnt das „Verzeichnis lieferbarer Bücher" des deutschen Buchhandels an Bedeutung, das auch über den Bildschirm abgerufen werden kann. Es verzeichnet alle lieferbaren Bücher, d.h. Monographien, und wird über verschiedene Abfragemöglichkeiten erschlossen. Leider enthält es keine Aufsätze.

Wem das Bibliographieren zu mühselig erscheint, der kann immer noch auf Literaturdienste zurückgreifen, die meist nach Anzahl der Nachweise bezahlt werden. Solche Dienste werden vom Informationsverbundzentrum Raum und Bau (IRB), vom ORLIS-Informationszentrum, vom Umweltbundesamt Berlin und anderen Anbietern bereitgehalten (siehe Tabelle). Das Geographische Institut der Ruhr-Universität Bochum bietet seinen Zeitschriftenkatalog, in dem sämtliche Aufsätze der Zeitschriften enthalten sind, die dieses Institut bezieht, jährlich auf einer Diskette an. Das Programm LIDOS, in dessen Format die Datenbank erstellt ist, kann als Leseversion mitbezogen werden.

Informationsgewinnung aus Schrifttum

Dokumentationszentrum	Dokumentations-bereich	Sonderung	Bearbeitungsart	Kosten
Bundesanstalt für Geowissenschaften und Rohstoffe, Postfach 510153 Hannover	Geomorphologie, Hydrologie, Pedologie	Zeitschriften, Monographien, Dissertationen, Tagungsberichte dt. seit 1970, int. seit 76	einmalige Recherche, Dauerauftrag	Grundgebühr + Zitat
Institut für Weltwirtschaft Postfach 4309 Kiel	Wirtschaftsgeographie, Weltwirtschaft, Volkswirtschaft	Zeitschriften, Monographien, Dissertationen, Tagungsberichte	Recherche	bis zu 30 Titel kostenlos
ORL, DIFU: ORL-Informationssystem Straße des 17. Juni Berlin	Orts-, Regional- und Landesplanung	?	Recherche, Computerausdruck mit Abstract	Grundgebühr
Informationszentrum Raum und Bau Silberburgstraße 119A Stuttgart	Bauwesen, Raumordnung, Städtebau, Wohnungswesen	Zeitschriften, Monographien, graue Literatur, Dissertationen, Normen, Prüfbescheide, Firmenschriften	Datenbanken, tel. Kurzauskünfte, Recherche, Profil, Besucherdienste	nach Preisliste
Zentralstelle für Agrardokumentation und -information Villichgasse 17 Bonn	Agrarwissenschaften, Agrargeographie	Internationale Zeitschriften, Daten, Projekte, Experten, Veranstaltungen	Recherche, Auskünfte, Kurzinformationen, Spezialbibliographie	auf Anfrage
UMPLIS, Umweltbundesamt Bismarckplatz 1 Berlin	Umweltwissenschaften, Geoökologie, Angewandte Physiogeographie	Fachschriften, Monographien, Projekte, Institutionen, Behörden	Recherche, Profil und andere Dienstleistungen	auf Anfrage

Zum Auffinden weiterer Dokumentationszentren:

Verzeichnis Deutscher Informations- und Dokumentationsstellen BRD, herausgegeben vom Informationszentrum für Informationswissenschaft und -praxis der Gesellschaft für Information und Dokumentation mbH, Frankfurt, aktuellste Ausgabe

Abb. 48: Dokumentationszentren (bibliographische Auskunftsstellen), Auswahl

9.1.5. Suche im Internet

Seit der Installation des World-Wide-Webs im Jahr 1989 steht jedem, der über einen Zugang zum Internet verfügt, ein weiteres mächtiges Instrument für die Informationssuche zur Verfügung, das auch zum Bibliographieren benutzt werden kann. Im Buchhandel sind viele und ständig neue Einführungen in die Arbeit mit dem Internet verfügbar. Eine kurzgefasste und für den Geographen völlig ausreichende Einführung haben FÖRSTER/ÖGGL (1997) verfasst und zusätzlich auf dem Server des Instituts für Geographie der Universität Innsbruck (http://geowww.uibk.ac.at) bereitgestellt. Von dieser Homepage können sehr leicht auch verschiedene Suchmaschinen und andere Links abgerufen werden.

Mit dem Internet ist auch die Verbundsuche in deutschen und österreichischen Bibliotheken möglich. Ferner steht das Verzeichnis lieferbarer Bücher (VLB) des deutschen Buchhandels zur Verfügung. Den Zugang zu Bibliotheken weltweit liefern Linksammlungen wie Webcats (Bibliotheken mit WWW-Seiten) oder Hytelnet (Bibliotheken mit Telnet-Anschluss). Viele Geographen stellen ihre Publikationen entweder als Literaturhinweis oder sogar in Vollform in das Netz. Auch darauf kann leicht über die genannte Homepage zugegriffen werden („Geography Departments Worldwide"), die die derzeit wohl umfassendste Zusammenstellung dieser Art im Internet darstellt.

Wird das Netz zum Bibliographieren benutzt, entstehen natürlich keine Probleme. Geht man jedoch darüber hinaus und ruft auch Fakten ab, erwächst eine ganze Reihe von Problemen, angefangen beim Copyright, über die ungelöste Frage der wissenschaftlichen Transparenz, da die Informationen z.T. nur kurzfristig im Netz verfügbar sind und daher nicht nachgeprüft werden können, bis hin zu den Problemen des wissenschaftlichen Nachweises im Literatur- oder Quellenverzeichnis. In solchen Fällen empfiehlt es sich, mit dem jeweiligen Lehrveranstaltungsleiter Kontakt aufzunehmen, um zu erfahren, ob oder ggf. in welcher Form Informationen aus dem Internet in ein Referat aufgenommen werden können.

Tipps zum Weiterlesen:
FÖRSTER, K. u. B. ÖGGL: Geographie am „Daten-Highway". Ein Einstieg in die Zukunft. – In: Innsbrucker Jahresbericht 1995–1996. – Innsbruck 1997, S. 48–57.

Informationsgewinnung aus Schrifttum 111

9.1.6. Enzyklopädien, Fachlexika, Hand- und Lehrbücher
Die wichtigsten Enzyklopädien im deutschen Sprachraum sind:

- Brockhaus Enzyklopädie in 25 Bänden,
- Meyers Enzyklopädie in 25 Bänden,
- Bertelsmann Lexikothek in 15 bzw. 30 Bänden.

Die Bertelsmann Lexikothek bietet auch drei Bände „Länder-Völker-Kontinente", die einen regionalgeographischen Überblick über die ganze Erde bieten. Ab der Auflage 1996 ist darin auch ein Band zur Allgemeinen Geographie enthalten.

In ähnlicher Weise ist die Reihe „Meyers Kontinente und Meere" aufgemacht, die in acht Bänden 1968–1973 erschienen ist und ebenfalls einen allgemeingeographischen Lexikonteil bietet. Daneben ist „Westermanns Lexikon der Geographie", Braunschweig 1968–1972, mit vier Bänden und einem Registerband, trotz seines hohen Alters noch immer ein Standardwerk. Es ist später als unveränderter Nachdruck als Taschenbuchreihe erschienen. Schließlich bieten heute viele Schulbuchverlage (Westermann: „Diercke-Fachwörterbuch Geographie", Klett-Perthes: „Geovokabeln" etc.) Kleinlexika an, die jedoch als ernstzunehmende Quellen kaum in Betracht kommen.

Zuverlässigere Informationen bekommt man in den Hand- und Lehrbüchern zur Geographie. In der folgenden Literaturliste sind die wichtigsten Reihen aufgelistet:

Wichtige Lehrbuchreihen in der Geographie:
Das Geographische Seminar, Georg Westermann Verlag, Braunschweig
Erträge der Forschung, versch. Geographie-Titel, Wissenschaftliche Buchgesellschaft, Darmstadt
Fischer Länderkunde, Fischer-Taschenbuch-Verlag, Frankfurt
Grundriss Allgemeine Geographie, Ferdinand Schöningh-Verlag, Paderborn
Harms Erdkunde, List-Verlag, München, Frankfurt, Hamburg, Berlin
Harms Handbuch der Geographie, List-Verlag, München, Frankfurt, Hamburg, Berlin
Hirts Stichwortbücher Geographie, Verlag Ferdinand Hirt, Unterägeri
Kurswissen Geographie, Ernst-Klett-Verlag, Stuttgart (seit 1998: Abiturwissen Geographie)
Lehrbuch der Allgemeinen Geographie, Walter de Gruyter-Verlag, Berlin, New York
Perthes GeographieKompakt, Klett-Perthes, Justus Perthes Verlag, Gotha
Perthes GeographieKolleg, Klett-Perthes, Justus Perthes Verlag, Gotha
Perthes Länderprofile, Klett-Perthes, Justus Perthes Verlag, Gotha
Perthes Regionalprofile, Klett-Perthes, Justus Perthes Verlag, Gotha
Raum und Gesellschaft, Georg Westermann Verlag, Braunschweig
Sammlung Göschen, versch. Geographie-Titel, Walter de Gruyter-Verlag, Berlin, New York
Studienbücher der Geographie, B. G. Teubner Verlag, Stuttgart
Wege der Forschung, versch. Geographie-Titel, Wissenschaftliche Buchgesellschaft, Darmstadt

Wissenschaftliche Länderkunden, Wissenschaftliche Buchgesellschaft, Darmstadt
Universitätstaschenbücher (UTB), versch. Geographie-Titel, versch. Verlage

9.1.7. Fachzeitschriften und Reihen

Berichte zur Deutschen Landeskunde. Hrsg. i.A. d. Zentralausschusses für deutsche Landeskunde e.V., Selbstverlag, Trier (1941 ff.), 2 x im Jahr.

Catena: An Interdisciplinary Journal of Geomorphology, Hydrology and Pedology. Catena-Verlag, Cremlingen-Pestedt (1973 ff.), 1 x im Jahr.

Die Erde. Zeitschrift der Gesellschaft für Erdkunde zu Berlin. Berlin (1870 ff.) 4 x im Jahr.

Erdkunde. Archiv für Wissenschaftliche Geographie, begr. v. C. Troll. Hrsg.: Ferd. Dümmlers Verlag, Bonn (1947 ff.), 4 x im Jahr.

Geographica Helvetica. Schweizerische Zeitschr. f. Geogr. u. Völkerkunde. Hrsg.: Geogr.- Ethnogr. Ges. Zürich. Verlag Kümmerly und Frey, Bern (1946 ff.), 4 x im Jahr.

Geographie heute. Themen, Modelle, Materialien für die Unterrichtspraxis aller Schulstufen. Hrsg.: Friedrich Verlag, Seelze (1980 ff.), 6 x im Jahr.

Geographie und ihre Didaktik. Hrsg. i.A. d. Hochschulverbandes für Geographie und ihre Didaktik. (1976 ff.), 4 x im Jahr.

Geographie und Schule. Fachdidaktik, Unterrichtspraxis mit Materialien für die Sekundarstufe II. Aulis Verlag Deubner & Co., Köln (1979 ff.), 6 x im Jahr.

Geographische Rundschau. Westermann Schulbuchverlag, Braunschweig (1949 ff.), 11 x im Jahr.

Geographische Zeitschrift. Begr. v. A. Hettner. Franz Steiner Verlag, Wiesbaden (1895 ff.), 4 x im Jahr.

Geographischer Jahresbericht aus Österreich. Hrsg.: Institut für Geographie der Universität Wien (1930 ff.), jährlich.

Geo Journal. International Journal for Physical, Biological and Human Geosciences and their Applications in Environmental Planning and Ecology. Akad. Verlagsges. Wiesbaden (1977 ff.), 6 x im Jahr.

Geoökodynamik. Hrsg.: O. Seuffert in Zusammenarbeit mit dem Verein für Erdkunde Darmstadt, Darmstadt. Geoöko-Verlag W. Seuffert, Bensheim (1980 ff.), 1-3 x im Jahr.

GW-Unterricht. Hrsg.: Verein Wirtschaftserziehung Wien. Wien (1978 ff.), 4-6 x im Jahr.

Hefte zur Fachdidaktik der Geographie. A. Henn Verlag, Kastellaun (1977 ff.), 4 x im Jahr.

Informationen zur Raumentwicklung. Bundesforschungsanstalt Landeskunde und Raumordnung. Bonn-Bad Godesberg (1951 ff.), 12 x im Jahr.

Innsbrucker Jahresbericht. Hrsg.: Innsbrucker Geographische Gesellschaft. Innsbruck (1971 ff.).

Jahrbuch der Geographischen Gesellschaft zu Hannover. Selbstverlag (1924 ff.).

Kartographische Nachrichten. Organ d. Deutschen Ges. f. Kartographie e.V., d. Schweizerischen Ges. f. Kartographie u. d. österreichischen Kartogr. Kommission i. d. Österreichischen Geogr. Ges., Kirschbaum Verlag, Bonn-Bad Godesberg (1951 ff.), 6 x im Jahr.

Landschaft und Stadt. Beiträge zur Landschaftspflege und Landesentwicklung.

Ulmer Verlag, Stuttgart (1969 ff.), 4 x im Jahr.
Mitteilungen der Fränkischen Geographischen Gesellschaft. Erlangen. Verlag Palm u. Enke, (1954 ff.), 1 x oder 2 x im Jahr.
Mitteilungen der Geographischen Gesellschaft in Hamburg. Selbstverlag Hamburg (1873 ff.), 1 x im Jahr.
Mitteilungen der Geographischen Gesellschaft zu Lübeck (1882 ff.). Kommissionsverlag A. Adler, Lübeck. unregelmäßig.
Mitteilungen der Geographischen Gesellschaft in München. Selbstverlag München (1904 ff.), 1 x im Jahr.
Mitteilungen der Österreichischen Geographischen Gesellschaft. Wien (1857 ff.) 1 x im Jahr.
PGM – Petermanns Geographische Mitteilungen. Klett-Perthes, Justus Perthes Verlag, Gotha (1855 ff.), 6 x im Jahr.
Praxis Geographie. Georg Westermann Verlag, Braunschweig, (1971 ff.), 11 x im Jahr.
Raumforschung und Raumordnung; Hrsg.: Bundesforschungsanstalt für Landeskunde und Raumordnung. Verlag C. Heymanns. Hannover (1950 ff.), 6 x im Jahr.
Regio Basiliensis. Baseler Zeitschr. f. Geographie. Revue de Géographie de Bale. Hrsg.: Geographisch-Ethnologische Ges. Basel u. Geogr. Inst. d. Univ. Basel, Komm.-Verlag Wepf & Co. , Basel (1959/60 ff.), 2 x im Jahr.
Standort (Deutscher Verband für Angewandte Geographie e.V.). Hamburg (1977 ff.), 3 x im Jahr.
Zeitschrift für Geomorphologie. Annales of Geomorphology/Annales de Géomorphologie. Verlag Gebr. Borntraeger, Berlin, Stuttgart (1925 ff.), 4 x im Jahr.
Zeitschrift für Wirtschaftsgeographie. Angewandte- und Sozialgeographie. Pick Verlag (1958 ff.), 8 x im Jahr.
Zeitschrift für den Erdkundeunterricht. Berlin (1949 ff.), 12 x im Jahr.

Es kann übrigens nur empfohlen werden, gleich im ersten Semester eine geographische Fachzeitschrift zu abonnieren. So legt man sich einen guten Grundstock von Aufsatzpublikationen an, der von Semester zu Semester wächst und bald eine gute Grundlage für die eigene Arbeit darstellen kann. Noch wichtiger ist aber die Gewöhnung an das zweckfreie wissenschaftliche Lesen: Mit dem Abonnement einer Fachzeitschrift liest man die Artikel ja nicht auf ein eigenes Projekt (Seminarreferat, Diplomarbeit etc.) bezogen, sondern zur Erweiterung der geographischen Bildung und gewöhnt sich somit an die mit der Zeit immer spannendere Lektüre von Fachliteratur.

Wichtige Reihen:
Acta Humboldtiana. Hrsg.: Deutsche Ibero-Amerika-Stiftung, Hamburg. Wiesbaden (1959 ff.).
B*iographica.* Boston, London (1972 ff.).
Erdkundliches Wissen. Beihefte zur Geographischen Zeitschrift. Stuttgart (1952 ff.).
Erdwissenschaftliche Forschung. Hrsg.: Akad. der Wissenschaften und der Literatur Mainz (1968 ff.).
Forschungen zur Raumentwicklung. Hrsg.: Bundesforschungsanstalt für Landeskunde und Raumordnung. Bonn (1975 ff.).

Geocolleg. Kiel (1975 ff.).
Geoecological Research. Wiesbaden, Stuttgart (1972 ff.).
Material zur Angewandten Geographie. Hrsg.: Deutscher Verband für angewandte Geographie, Hamburg (1978 ff.).
Material für den Beruf des Geographen. Hrsg.: Deutscher Verband für angewandte Geographie, Hamburg (1978 ff.).
Quellen und Forschungen zur Geschichte der Geographie und der Reisen. Stuttgart (1964 ff.).

Deutsche Hochschulschriftenreihen
Nahezu jedes Institut für Geographie unterhält eine eigene Schriftenreihe, deren Ausgaben in unregelmäßiger Folge erscheinen und zumeist Dissertationen, Habilitationen und Tagungs- oder Projektberichte enthalten. Manche Institute geben sogar mehrere Reihen heraus. Oft erfolgt die Gliederung in eine physio- und eine humangeographische Reihe, manchmal sind es auch thematische oder regionale Sonderbereiche, die in einer zweiten Reihe abgehandelt werden.

Viele Institute sind dazu übergegangen, Vorlesungsskripte, Exkursionsberichte, Reports über Projekte und Praktika, Arbeitsanleitungen für Labor, EDV, Vermessung u.a. sowie Kurzfassungen von Diplomarbeiten in einer weiteren Reihe anzubieten, die vornehmlich für die eigenen Studenten gedacht ist. Gerade diese "kleinen Reihen" können von großem Wert für die eigene Arbeit sein, da sie viel praktischer angelegt sind als die renommierten Reihen und vor allem auf Handreichungen für das selbständige Arbeiten angelegt sind.

9.1.8. Statistiken
Amtliche Statistiken sind wertvolle Datenquellen. Im internationalen Bereich vermitteln die verschiedenen statistischen Jahrbücher der UN einen guten Überblick, z.B.:

- Statistical Yearbook,
- Demographic Yearbook,
- Yearbook of International Trade Statistics.

Besonders hilfreich zeigt sich auch der jährlich erscheinende „Fischers Welt-Almanach", der Strukturdaten aller Staaten der Erde, Weltübersichten und jährlich wechselnde Statistiken zu spezifischen Themen bietet (seit 1998 mit CD-ROM). Inzwischen bieten auch andere Verlage, wie der Harenberg-Verlag oder „Der Spiegel", ähnliche Jahresbände an. Ausführlichere Daten enthält das jährlich erscheinende „The Statesman's Year-Book", das in London und Berlin erscheint.

Für die einzelnen Staaten der Welt sind die „Länderberichte" bzw. „Länderkurzberichte" des Statistischen Bundesamtes Wiesbaden (Kohlhammer Verlag) sehr nützlich. Das Statistische Bundesamt unterhält auch einen Informationsdienst, der auf individuelle Anfragen eingeht. Sehr hilfreich ist das „Zugangsverzeichnis. Bücher und Zeitschriftenaufsätze" des Statistischen Bundesamtes Wiesbaden, das mit seinen weit über 1000 Seiten pro Jahresband auch als Bibliographie aufgefasst werden kann, deren Schwerpunkt im statistischen Bereich liegt.

Ikonographische Materialien 115

Für Österreich bzw. die einzelnen Bundesländer, Bezirke und Gemeinden gibt es veröffentlichte und unveröffentlichte Statistiken. Allgemein gilt, dass die wenigsten Statistiken im Buchhandel vertrieben werden. Wenn überhaupt, liegen sie als „Graue Literatur" vor. Dies gilt ganz besonders auch für die für bestimmte Fragestellungen ausserordentlich wertvollen Geschäftsberichte, Bilanzen, Tätigkeitsberichte u. ä. von Körperschaften, Unternehmen, Forschungsstellen, Entwicklungsdiensten, Ministerien, Dienststellen u.a., die oft nur schwer zu erhalten sind.

9.1.9. Pressedienste

Es existiert eine Vielzahl von Pressediensten, die Ausschnitte von Tages- und Wochenzeitungen zu bestimmten Themenbereichen bieten. Es können hier nur drei bekannte Pressedienste genannt werden:
Entwicklungspolitik im Spiegel der Presse. Hrsg. vom Bundesministerium für wirtschaftliche Zusammenarbeit, Bonn (gratis);
Lateinamerika-Pressespiegel. Hrsg. vom Österreichischen Lateinamerikainstitut Wien (100 ÖS/Jahr);
Terra-Press. Klett-Perthes, Justus Perthes Verlag Gotha (gratis).

9.2. Ikonographische Materialien

9.2.1. Karten und Atlanten, Luft- und Satellitenbilder

Karten sind wertvolle Informationsspeicher für Geographen, weil sie ihre Informationen in räumlicher Ordnung wiedergeben. Es kann nicht ausdrücklich genug darauf hingewiesen werden, dass eine geographische Arbeit ohne die Hinzuziehung von Karten nicht erfolgreich sein kann. Dies gilt in gleicher Weise für die Präsentation des Ergebnisses. Jedes Referat, jede geographische Arbeit sollte zumindest eine selbstentworfene Karte enthalten. Eine Bibliographie des kartographischen Schrifttums ist:
- *Bibliographia Cartographica.* Hrsg.: Staatsbibliothek Preußischer Kulturbesitz in Verbindung mit der Deutschen Gesellschaft für Kartographie. München, New York, London, Paris (1974 ff.), erscheint jährlich.

Ähnlich den Barsortimentskatalogen des Buchhandels (z.B. VLB, siehe oben!) verzeichnet der
- *Geokatalog International* (Hrsg.: Geocenter, Stuttgart, erscheint jährlich)
alle derzeit lieferbaren Karten und Kartenwerke aus aller Welt.

In den Lehrveranstaltungen zur Kartographie werden die einzelnen nationalen und internationalen topographischen Kartenwerke in verschiedenen Maßstäben sowie thematische Karten in Auswahl vorgestellt und ihre Auswertungsmöglichkeiten besprochen. Dort werden auch in praktischer Arbeit die Techniken eigener Kartenentwürfe und ihrer Reinzeichnung traditionell und am Computer besprochen. Schließlich sollte jeder Student darauf achten, dass er sich im Laufe des Studiums mit der Technik des Blockbildzeichnens, der Anfertigung von Kausalprofilen und synoptischen Diagrammen vertraut macht. Dies alles sind außerordentlich wichtige

Techniken, die bei der Ergebnispräsentation helfen. Man erwartet im Übrigen von jedem Geographen, dass er in kartographischen Techniken gut bewandert ist. Erst wenn man einige Erfahrungen mit eigenen Kartenentwürfen gemacht hat, kann man die thematischen Karten anderer Autoren richtig auswerten und hierbei auch die möglicherweise versteckten Mängel oder Irreführungen erkennen.

Zu den Kartenwerken gehören auch die Atlanten. Jeder kennt die wichtigsten Schulatlanten aus der Schulzeit. Zu nennen sind der Diercke-Atlas (jetzt auch in Regionalausgabe Österreich und zahlreichen Regionalausgaben für die deutschen Bundesländer erhältlich), der Alexander-Atlas (in thematischer oder regionaler Gliederung), der Seydlitz Weltatlas (jetzt „Unsere Welt Mensch und Raum", Große Ausgabe), der List-Weltatlas, der Harms-Atlas oder der Österreichische Oberstufenatlas (Hölzel). Zu vielen dieser Schulatlanten sind Handbücher erschienen, die die Karteninformation ergänzen und interpretieren und gute Quellen darstellen.

Neben den Schulatlanten sind die großen Weltatlanten zu nennen. Der wohl ausführlichste ist der russische Atlas Mira. Der Bertelsmann Weltatlas ist auch als „Briefträgeratlas" bekannt, weil er nahezu jeden Ort der Erde verzeichnet. Der „Times Atlas of the World" besticht durch seine Plastizität.

Von großer Bedeutung sind die Nationalatlanten der einzelnen Staaten, weil sie in der Regel neben den kartographischen viele regionalgeographische Informationen bieten. Noch wichtiger sind die großen Atlaswerke, die oft in Loseblatt-Lieferungen erscheinen oder erschienen sind. Beispiele sind der Tübinger Atlas des Vorderen Orients und der Tirol-Atlas. Zu den einzelnen Karten sind vielfach Begleitbände erschienen, die eine Fülle von Material bieten.

In den Lehrveranstaltungen zur Luft- und Satellitenbildinterpretation werden die Möglichkeiten der Auswertung dieser Informationsträger ausführlich besprochen. Der Anfänger kann sich anhand des „Diercke-Weltraumbildatlas" eine erste Einsicht verschaffen.

9.2.2. Dias, Arbeitstransparente, Filme, Videos

Häufig werden Lichtbilder, Transparente und Filme nur zur Präsentation des Referates oder der Arbeit herangezogen. Auf diese Funktion wird weiter unten hingewiesen. Sie sind jedoch auch Informationsspeicher, die bereits bei der Abfassung der Arbeit herangezogen werden sollten. Dies gilt umso mehr, als zu den wissenschaftlichen Lichtbildreihen des V-Dia-Verlags, des Westermann- oder Justus Perthes-Verlags Begleithefte erschienen sind, die die einzelnen Dias interpretieren und zusätzliches Informationsmaterial bieten. Dies gilt in gleicher Weise für die käuflichen Arbeitstransparente, die ebenfalls mit Begleitheften erscheinen. Schließlich sind zu einzelnen Themen auch ganze Bücher mit beigehefteten Transparenten herausgegeben worden. Die Filme des Instituts für den wissenschaftlichen Film und der Schulbuchverlage kommen grundsätzlich mit umfangreichem Begleitmaterial heraus. Sie sind heute als 16-mm-Filme, als Super-8-Filme und auch als Videos erhältlich und können zu einem Großteil bei den Landesbildstellen (auch inkl. Projektionsgerät) entliehen werden.

9.3. Informationsspeicherung

9.3.1. Das eigene Archiv
Ein typischer Anfängerfehler ist es, Vorlesungsmitschriften, Seminarpapiere, Exzerpte, Fotokopien u.ä. unsystematisch abzulegen. Die Übersicht verliert sich bei wachsenden Materialmengen spätestens vor dem Examen, dann, wenn Übersicht eigentlich am dringlichsten wäre. Daher empfiehlt es sich, bereits bei Studienbeginn mit dem Aufbau eines eigenen Archivs zu beginnen. Ist dieses konzipiert, können auch systematisch Zeitungen und Zeitschriften ausgeschlachtet und dem Archiv zugeführt werden. Dieses Archiv kann auch im späteren Berufsleben weitergeführt werden und bildet eine wichtige Voraussetzung nicht allein für den Studien-, sondern auch für den beruflichen Erfolg.

Wichtig ist, dass die einmal konzipierte Ordnung sich jederzeit verfeinern lässt. Anfänglich wird man vielleicht die Wirtschaftsgeographie ungegliedert sammeln, später kann man dann in die Geographie des Primären, Sekundären und Tertiären Sektors verfeinern usw.

Als Ordnungsmedien kommen Ordner, Aktendeckel, Klemm-Mappen, Schnellhefter, Hängemappen u.a. in Frage. Alle diese Systeme sind teuer, umständlich, zeitraubend und erfordern bei späterer Verfeinerung einen erheblichen Aufwand. Wirklich empfehlenswert ist nur die Anlage von sog. Sonderdruckkästen, die auch schon sehr preiswert aus Pappe erhältlich sind. Es sind dies Kartons mit Schublade, die leicht übereinander gestapelt werden können. Sie sind mit einigem handwerklichen Geschick nach einem Muster auch leicht selbst herzustellen.

9.3.2. Die eigene Kartei
Es gibt die verschiedensten Möglichkeiten, die Informationen, die man aus der Literatur, aus Karten und anderen Quellen für die Anfertigung eines Referates gewinnt, zu speichern. Am ehesten versagt hier unser Gehirn. Deswegen hält man in aller Regel diese Informationen schriftlich fest. Ein Heft hat den Nachteil, dass man die Informationen in der chronologischen Ordnung ihrer Gewinnung aufschreibt und es bei fortschreitender Arbeit immer schwieriger wird, die richtige Information wieder aufzufinden. Dies ist auch bei losen Blättern nicht besser, da jedes Suchen in einem Chaos zu enden pflegt. Sehr viel besser ist es, die Informationen in einer Kartei zu speichern. Die Vorteile einer eigenen Studienkartei sind
- Übersichtlichkeit,
- Ordnung,
- Erweiterbarkeit,
- Hilfe für Prüfung und Endexamen.

Werden die Informationen aus der Lektüre für ein Referat kontinuierlich und in kleinen Dosen auf Karteikarten gespeichert, kann man nach Abschluss der Literatursichtung und nach der Anfertigung einer Arbeitsgliederung diese Karteikarten nach der Gliederung ordnen und auf diese Weise nacheinander gezielt abarbeiten, ohne wichtige Informationen zu vergessen. Man legt in jeder Lehrveranstaltung eine solche Kartei an, die in Formgebung und Format kompatibel sein muss und hat so am Ende seines Studium eine wichtige Datenbank.

Bei der Anlage einer Studienkartei können aber gravierende Fehler gemacht werden. Zu achten ist auf:
- Das **Format**: Empfohlen wird DIN A 5. Es ist groß genug, damit in die Kartei später auch Fotokopien (A 4, geknickt) und Ähnliches eingearbeitet werden kann.
- Die **Ordnung**: Sie kann durch Karteikartenfarbe, Reiter (in unterschiedlichen Farben und Formen, teilweise beschriftbar), Ausschnitte, Farbmarkierung und Ordnungskarten hergestellt werden. Es sollte einige Mühe in die Konzipierung dieser Ordnung gesteckt werden, weil sie später schwer veränderbar ist. Werden die Karteikarten am Computer erzeugt, ist es leicht, von einer Karte mehrere Kopien zu erstellen, so dass sie u.U. in eine alphabetische, eine Schlagwort- und eine Regionalkartei eingestellt werden können.
- Das **System**: Neben den üblichen Karteikarten gibt es im Handel auch Randlochkarten, die viele Vorteile besitzen. Heute werden statt der papiergeführten Kartei vielfach Datenbanksysteme der EDV benutzt. Randlochkarten und Datenbanken werden weiter unten vorgestellt.

Für welches System man sich auch entscheidet: Die Qualität der eigenen Kartei hängt von der Qualität der darin befindlichen Informationen ab. Wichtig ist, wörtliche Zitate genau abzuschreiben und mit der exakten Quelle zu versehen (Seitenzahl nicht vergessen!). Dies gilt sinngemäß auch für nichtwörtliche Zitate und Exzerpte. Generell wird dringend empfohlen, Begriffsdefinitionen immer wörtlich zu zitieren.

Studienkarteien können rasch ins Geld wachsen, vor allem, wenn die teuren Karteikarten im Schreibwarenhandel bezogen werden. Billiger ist es, die Karten durch Teilung von DIN A 4 – Schreibmaschinenseiten selbst herzustellen. Dabei ergibt sich ein weiterer Vorteil durch die geringere Seitenstärke: es müssen weniger Karteikästen angeschafft werden. Diese Kästen lassen sich aus Schuh- oder Zigarrenschachteln auch selbst herstellen. Schön ist es nur, wenn man wenigstens eine transportable und mit Deckel verschließbare Box besitzt, mit der man einen Teil der Kartei zu Arbeitsgruppensitzungen und Ähnlichem transportieren kann.

Auf das Randlochkartensystem soll noch besonders verwiesen werden. Es kommt offenbar aus der Mode, dabei ist es das praktischste Karteisystem überhaupt. Die Informationen werden ohne weitere Ordnung auf die Karte geschrieben. Diese besitzt am Rand eine Doppelreihe mit Lochungen. Aufgrund eines selbstentwickelten Ordnungssystems besitzt jedes Loch eine bestimmte Bedeutung, z.B. oben Reihe 1, Loch 1: Wirtschaftsgeographie; oben Reihe 2, Loch 2: Agrargeographie; unten Reihe 1, Loch 1 Lateinamerika; unten Reihe 2, Loch 1: Andenländer. Mit einer speziellen Zange können die Löcher auf einfache Weise mit dem Rand verbunden werden. Sucht man nun eine Information zur Landwirtschaft der Andenländer, sticht man zunächst mit einer Stricknadel durch den Stapel sämtlicher Karteikarten hindurch in das Loch Wirtschaftsgeographie: heraus fallen alle Karten zur Wirtschaftsgeographie. Nun folgt dasselbe für die Löcher Agrargeographie und Andenländer: Schon hat man sämtliche Karten, die zum gewünschten Thema Informationen enthalten, vor sich.

Informationsspeicherung

Abb. 49: Muster einer Randlochkarte

Dieses System besitzt viele Vorteile: Es entfallen die Mehrfachanfertigungen von Karten, um sie in unterschiedliche Systeme (alphabetisch, Schlagwort, regional) einzuordnen. Ferner müssen Karten nach der Benutzung nicht umständlich wieder exakt zurückgeordnet werden, es reicht, wenn sie nur wieder in den Karteikasten gestellt werden.

Vom Prinzip her ähneln die Randlochkarten der Informationsverwaltung im Computer, sie können demnach als eine archaische Form der modernen Datenspeicherung angesehen werden. Deswegen geraten sie trotz ihrer immer noch vorhandenen großen Vorzüge leider außer Mode, und der Tag ist abzusehen, wo sie nicht mehr nachgekauft werden können. Dies ist ein Argument, das nicht unbedingt für die zukunftsgerichtete Anlage eines Karteikartensystems mit diesen Karten spricht. Die Benutzung von Computern für die Informationsspeicherung ist sicher zeitgemäßer. Sie hat auch große Vorteile, denn für diesen Zweck sind Computer ja eigens eingerichtet. Die Recherche in Datenbeständen ist konkurrenzlos schnell, es können Filter und Sortierroutinen definiert werden, Vernetzungen und Hyperlinks können Verweise erleichtern. Es gibt aber auch erhebliche Nachteile gegenüber der Papier-Datei: Die Bindung an eine Computer-Software bedingt die Notwendigkeit ständiger Updates, um die Datenbank auch später noch nutzen zu können. Datenspeicher können Defekte bekommen (also unbedingt auf verschiedenen Speichern sichern: Festplatte und Diskette oder CD-ROM!). Die Kompatibilität unterschiedlicher Softwareprodukte, ja selbst unterschiedlicher Versionen eines einzigen Systems ist teilweise eingeschränkt. Die Produkte selbst haben eine geringe Halbwertszeit. Dies gilt für die Programme und die Speichermedien: Die ersten Computer benutzten noch Lochkarten, dann kam die 8-Zoll-Diskette auf, später die 5-Zoll-Diskette, dann die 3,5-Zoll-Diskette, Speichermedien, die sehr empfindlich sind. Heute sind viele Computer bereits mit ZIP-Laufwerken ausgerüstet oder haben die Möglichkeit, mit einem CD-Brenner CD-ROM als Speicher zu benutzen. Bandlaufwerke für Datensicherung, vor fünf Jahren noch der letzte Schrei, sind schon fast wieder überholt, und so geht der technische Fortschritt weiter, so dass zweifelhaft ist, ob eine heute auf einem Medium gesicherte Datei in fünf oder zehn Jahren noch in einem State-of-the-art-Computer lesbar sein wird.

9.4. Wissenschaftliche Lese- und Lernmethoden

Trotz aller Bedeutung der Feldforschung verbringt ein Wissenschaftler die meiste Zeit mit der Lektüre von Fachliteratur. Dies gilt in noch stärkerem Maße für die Studierenden. Ihnen kann nicht eindrücklich genug gesagt werden, dass Lehrveranstaltungen nur eine Form der Wissensaneignung sind, ebenso wichtig ist die Eigenlektüre, das Selbststudium.

Diese Feststellung ist umso wichtiger, als heute die Fähigkeit des Lesens offenbar immer mehr zurückgeht. Jeder, der einmal eine Eingabe bei einem Ministerium gemacht hat, weiß, dass dort eine moderne Form des Analphabetismus zu herrschen scheint. Mehr als maximal zwei Seiten Text können weder dem Minister noch dem Staatssekretär zugemutet werden. Auch bei Studenten lässt sich eine gewisse Lesemüdigkeit feststellen. Andere Medien, TV, Videokassette und EDV, sind an die Stelle des Buches getreten und scheinen, da sie moderner sind, vielen attraktiver. Deswegen ist es heute wichtiger denn je, das Lesen wieder zu lernen. Und das ist nur durch ständige Übung möglich, also durch Lesen.

Um diese Praxis kommt also niemand herum, der einmal einen akademischen Grad besitzen will. Allerdings gibt es gewisse Techniken, die einem das Lesen und das lernende Lesen erleichtern. Einige dieser Methoden sollen hier vorgestellt werden.

Grundsätzlich gilt, dass jedes wissenschaftliche Lesen mit der Konzentration auf das Inhaltsverzeichnis beginnt (oder, wenn dieses nicht vorhanden ist, etwa bei Aufsätzen: auf die Kapitelüberschriften). Hieraus lassen sich bereits die Struktur des Gedankengangs erkennen und erste Anhaltspunkte über den Inhalt gewinnen. Vielfach kann man bereits nach diesem Arbeitsschritt entscheiden, ob sich eine weitere Lektüre lohnt oder nicht. Das nächste Augenmerk gilt dem Einleitungskapitel: Wie wird die Problemstellung oder Aufgabenstellung der Publikation definiert, welche Methoden werden verwendet, wo liegt der Erkenntnisfortschritt, wie ordnet sich die Veröffentlichung im Forschungsstand ein? Und schließlich kann noch vor dem eigentlichen Lektürebeginn empfohlen werden, die Zusammenfassung zu studieren. Mit diesen wenigen und relativ rasch zu bewältigenden Arbeitsschritten kann der Kanon der zu lesenden Schrift leicht ermittelt werden. Jetzt gilt es zu entscheiden, ob sich eine intensive, studierende Lektüre bzw. eine exemplarische oder kursorische Lektüre lohnt oder nicht.

9.4.1. Das studierende/lernende Lesen: Die SQ3R- und die Reiners-Methode

Die bekannteste Methode des lernenden Lesens ist die SQ3R-Methode nach ROBINSOHN (1961). Sie ist nach den Anfangsbuchstaben der fünf Schritte des Leseprozesses benannt:

- **Survey:** Man verschafft sich durch rasches Lesen einen Überblick über den Text.
- **Question:** Man formuliert Fragen zum Text. Damit hat der Leser ein Interesse am Text gewonnen, was ihm unklar geblieben ist, will er nun durch intensivere Lektüre klären.
- **Read:** Dieser Schritt erfolgt nun mit dem ersten gründlichen Lesen.

- **Recite:** Was ich höre, vergesse ich; was ich sehe, erinnere ich; was ich erkläre, beherrsche ich – so lautet ein chinesisches Sprichwort. In diesem Schritt wiederhole ich den Text in eigenen Worten, am besten erkläre ich ihn einem Partner. Dabei wird klar, was man noch nicht verstanden hat, oder wo logische Sprünge auf Verständnisdefizite hinweisen.
- **Review:** Bei der dritten Lektüre, der Rückkoppelung, können diese offenen Fragen geklärt werden. Es erfolgt auch die Überprüfung des vorherigen Schrittes.

Diese Methode ist relativ zeitaufwendig, ihre Resultate sind allerdings beeindruckend. Mit einem etwas geringeren Zeitaufwand kommt die Reiners-Methode aus. Sie geht ebenso wie die SQ3R-Methode davon aus, dass die meisten Leser wissenschaftliche Stoffe als sehr trocken empfinden, ihre Lektüre daher langweilig ist. Es wäre daher gut, wenn der Leser ein Sekundärinteresse am Text gewinnen könnte. Ein solches Interesse ist es, den Text auf seine logische Struktur hin zu untersuchen. Dies schafft man, indem man die Hauptgedanken des Textes mit senkrechten Bleistiftstrichen am Rande markiert, wichtige Nebengedanken durch Unterstreichungen hervorhebt und markante Formulierungen oder/und Definitionen mit einer Wellenlinie unterlegt. Begriffe können auch durch Einrahmung in der Nähe ihrer Definition hervorgehoben werden. Bei wiederholendem Lesen kann nun der Text anhand der senkrechten Markierungen leicht mit eigenen Worten wiedergegeben werden. Diese Methode eignet sich auch als Vorleistung für Exzerpte, die nun leicht anhand der unterschiedlichen Markierungen vorgenommen werden können. Allerdings sollten die Bleistiftstriche bei entliehenen Büchern und Zeitschriften nach der Arbeit wieder ausradiert werden.

Tipps zum Weiterlesen:
REINERS, L.: Stilkunst. Ein Lehrbuch deutscher Prosa. – München 1955.
REINERS, L.: Kleine Stilfibel. – München 1963.
ROBINSOHN, F. P.: Effective Study. – New York 1961.

9.4.2. Das schnelle Lesen

Vielleser haben eine hohe Lesegeschwindigkeit. Daraus folgt, dass man durch Übung seine eigene Lesegeschwindigkeit sehr steigern kann. Von dem US-amerikanischen Präsidenten Carter wurde überliefert, dass er bis zu 15 Bücher an einem Tag las. Dies konnte er – bei aller Übung – nur durch die Anwendung spezifischer Lesetechniken, die den raschen Überblick erlauben.

Vermutlich hat Carter vor allem morphologisch gelesen. Diese Technik beruht auf der Fähigkeit von Auge und Gehirn, das morphologische Bild bestimmter Begriffe zu speichern und rasch aufzufinden. Um in einem Wälzer über die Karibik Informationen zum Reggae auszumachen, ist es sinnvoll, sich die Wortgestalt Reggae einzuprägen. Man wird auch bei rascher Durchsicht kaum eine Textstelle übersehen. Geübte Vielleser beherrschen die meisten Worte in ihrer Morphologie, müssen sie also nicht wirklich Buchstabe für Buchstabe lesen, sondern können Texte überfliegen, ohne dass ihnen der Sinngehalt verloren geht. Diese Technik kann man sich nur durch ständige und fortgesetzte Übung aneignen.

Möglicherweise hat der amerikanische Präsident auch kursorisch gelesen. Dabei überfliegt man einen Text nach wichtigen Stellen, die dann aber gründlich gelesen werden. Dies kann sich wiederum an Schlüsselbegriffen orientieren, die am besten ebenfalls aufgrund ihres Erscheinungsbildes identifiziert werden. Wenn die Auswahl der Stellen, die etwas gründlicher gelesen werden, eher zufällig erfolgt, spricht man von diagonalem Lesen.

Mit Methoden des dynamischen Lesens kann die Lesegeschwindigkeit trainiert werden. Vor allem sollen damit Regressionen, d. h. das Zurückgleiten der Augen auf eine schon gelesene Textstelle, vermindert werden.

Tipps zum Weiterlesen:
SPANDL, O. P.: Die Organisation der wissenschaftlichen Arbeit. – Reinbek 1974.

9.5. Das Zitieren im Text und im Literaturverzeichnis

Das Charakteristikum wissenschaftlicher Arbeit ist die Transparenz des Gedankenganges. Dazu gehört, dass alle Daten und Gedanken, die man von anderen übernimmt, kenntlich gemacht und ihre Quellen angegeben werden. Diese Zitate bilden den sog. wissenschaftlichen Apparat. Der Wert einer wissenschaftlichen Arbeit wird vor allem auch an der Qualität dieses Apparates gemessen. Auf seine Anlage ist daher größter Wert zu legen.

Stolpersteine gibt es genug. Dies beginnt beim Zitieren im Text. Wörtliche Zitate müssen immer als solche kenntlich gemacht und mit der eindeutigen Quelle versehen werden. Sie müssen sinngemäß richtig sein und dürfen daher nicht aus dem Zusammenhang gerissen oder gar sinnentstellend verkürzt werden. Dies ist die Methode, der sich manche Politiker bedienen, sie hat in der wissenschaftlichen Arbeit nichts zu suchen. Das heißt aber auch, dass wörtliche Zitate wirklich wörtlich übernommen werden müssen. Hervorhebungen im Original müssen auch im Zitat hervorgehoben werden. Falls Auslassungen oder Zufügungen zum Verständnis nötig oder Hervorhebungen durch den Autor durchgeführt werden, müssen diese eindeutig gekennzeichnet werden. Weil immer wieder Verstöße gegen diese Regeln festzustellen sind, wird grundsätzlich nach der Originalquelle zitiert. Zitate aus Sekundärquellen in der Form „zitiert nach..." sind nur dann zulässig, wenn die Originalquelle selbst bei größtem Aufwand nicht beschafft werden kann.

Zufügungen bezeichnet man als *Interpolationen*. Hierzu ein Beispiel:
„*Erstere* [die strukturbedingten Pendelbewegungen] *sind häufig in Realteilungsgebieten mit dichter ländlicher Bevölkerung ohne ausreichende landwirtschaftliche Basis*" (HOFMEISTER 1980, S. 123/124).
Auslassungen werden *Ellipsen* genannt. Sie werden wie folgt gekennzeichnet:
„Leider ist die Verwendung der beiden Begriffe Trabantenstadt (...) und Satellitenstadt im Schrifttum nicht einheitlich" (HOFMEISTER 1980, S. 125).
Hervorhebungen durch den Verfasser sind in eckigen Klammern zu kennzeichnen:
„Der Versuch, eine Länderkunde gleichzeitig von der Geographie und der Soziologie zu entwerfen, führt zu einigen sehr grundsätzlichen Fragen, die sehr eng mit

*der **spezifischen deutschen Wissenschaftstradition*** [Hervorhebung vom Verf.] *zusammenhängen"* (SANDNER/STEGER 1973, S. 11).

Bei nichtwörtlichen Zitaten muss die Quelle ebenso angegeben werden wie bei wörtlichen Zitaten. Der Beleg oder Verweis kann unterschiedlich gestaltet werden, allerdings sollte hierbei eine gewisse Einheitlichkeit durch den gesamten Text gewahrt bleiben.

Im Text wird entweder durch einen in Klammern gesetzten Kurznachweis (MAIER 1992, S. 12) oder durch Fußnote[2] zitiert. In Referaten und Arbeiten in der Geographie ist immer der Klammer der Vorzug zu geben. Lediglich Belege von mehr als drei Literaturstellen sind in Fußnoten zu setzen. Generell gilt z. B. in meinen Lehrveranstaltungen, dass alle wichtigen Gedanken in den Text gehören. Sind sie dort nicht unterzubringen, kann auch auf eine Fußnote verzichtet werden. Endnoten sind bei mir generell nicht zulässig. Die Einstellung zu Fuß- und Endnoten ist allerdings bei den einzelnen Universitätslehrern unterschiedlich. Es ist daher unbedingt zu empfehlen, vor der Reinschrift des Manuskriptes mit dem Betreuer Rücksprache zu halten.

Alle Kurzverweise im Text müssen natürlich durch das Literaturverzeichnis ausführlich belegt sein. Es muss vor Abgabe der Arbeit immer überprüft werden, ob sämtliche Textzitate auch in das Literaturverzeichnis aufgenommen wurden.

Das Literaturverzeichnis ist immer geschlossen. Die Reihenfolge der Autoren erfolgt nach dem Alphabet. Eine Aufteilung, z. B. in Monographien und Aufsätze oder in benutzte und weitere Literatur, ist nicht sinnvoll. Allenfalls können Karten oder/und Statistiken in einem gesonderten Teil des wissenschaftlichen Apparates zusammengefasst werden.

Bei Referaten verlangen manche Universitätslehrer nur die Angabe der benutzten Literatur, andere dagegen eine Bibliographie. Bitte informieren Sie sich bereits bei Arbeitsbeginn, was der betreffende Betreuer wünscht. In Referaten zu meinen Lehrveranstaltungen wird immer eine bibliographische Leistung erwartet.

Auch die Zitierregeln sind bei den einzelnen Universitätslehrern unterschiedlich. Die hierfür bestehenden Normen sind national unterschiedlich, obwohl eine internationale Norm existiert. Leider sind diese Normen jedoch kaum bekannt. In Arbeiten, die bei mir abgegeben werden, gelten Regeln, die aus folgenden Beispielen abgeleitet werden können. Weitere Beispiele gibt die Arbeit von H. ECK: Methoden wissenschaftlichen Arbeitens. Eine Einführung für Geographiestudenten. - Tübingen 1983.

1. Beispiel: Buch in 1. Auflage, nicht Bestandteil einer Reihe, nur ein Verfasser:
BADER, F. J. W.: Einführung in die Geländebeobachtung. - Darmstadt 1975.
Besonderheiten: Kein Erscheinungsort: o.O., kein Erscheinungsjahr: o.J., Erscheinungsjahr nicht angegeben, aber bekannt: (Jahr). Zu beachten: Untertitel sind immer anzugeben!! Nicht anzugeben sind der Verlag und die Seitenanzahl. Bücher ohne Verfasser sind unter dem Titel in der alphabetischen Reihenfolge des Litera-

---

[2] ECK, H.: Methoden wissenschaftlichen Arbeitens, Tübingen 1983, S. 109 ff.

turverzeichnisses einzuordnen. Im Text sind sie bis zum Substantiv mit folgenden Punkten ... zu zitieren: Beispiel: (UNSERE RIEDLINGER HEIMAT.... 1991, S. 12). Höhere Auflagen sind vor der Jahreszahl zu nennen: Darmstadt, 2. Aufl. 1975.

2. Beispiel: wie oben, aber Bestandteil einer Reihe:
STEINICKE, E.: Friaul – Friuli. Bevölkerung und Ethnizität. (= Innsbrucker Geographische Studien 19) – Innsbruck 1991.

3. Beispiel: wie oben, aber mehrere Autoren:
COY, M. u. R. LÜCKER: Der brasilianische Mittelwesten. Wirtschafts- und sozialgeographischer Wandel eines peripheren Agrarraumes. (= Tübinger Beiträge zur geographischen Lateinamerikaforschung 9) – Tübingen 1993.
Besonderheiten: Bis zu drei Autoren werden einzeln genannt, mehr als drei Autoren werden wie folgt zitiert: COY, M. et al.: Herausgeber werden durch nachgestelltes (Hrsg.) kenntlich gemacht: COY, M. u. R. LÜCKER (Hrsg.):

4. Beispiel: Aufsatz in einer Zeitschrift:
TURNOCK, D.: The Oil Industry in Scotland. – In: GeoJournal, Jg. 1, 1977, H. 1, S. 55–70.
Besonderheiten: Es müssen immer Jahrgang, Jahr, Heftnummer und Seiten angegeben werden. Manche Zeitschriften erscheinen nur einmal pro Jahr oder werden nicht jahrgangsmäßig gezählt. Nur bei diesen kann auf die entsprechenden Angaben verzichtet werden.

5. Beispiel: Beitrag in einem Sammelband:
BORSDORF, A.: Siedlungen auf ideeller und religiöser Grundlage. – In: BÜTTNER, M. u. W. LEITNER (Hrsg.): Beziehungen zwischen Orient und Okzident. (= Abhandlungen zur Geschichte der Geowissenschaften und Religion/Umwelt-Forschung 8/1) – Bochum 1992, S. 347–369.

Grundsätzlich zu beachten ist die Einheitlichkeit des Literaturverzeichnisses. Werden Zeitschriften abgekürzt (nicht zu empfehlen), muss dies einheitlich geschehen. Also: Geogr. Rdsch. oder GR, aber nicht wechselnd, dann auch Geogr. Ztschr. oder GZ, aber niemals Geogr. Rdsch. und GZ in einem Verzeichnis. Dies gilt auch für Band-Angaben: Einmal Bd. 1 heißt immer Bd. 1 und dann niemals Vol. 1. Dies gilt sinngemäß auch für die Abkürzungen von Hg. oder Hrsg., für die Angaben der Vornamen (abgekürzt oder ausgeschrieben), für die Stellung der Vornamen (vor oder nach dem Namen) bzw. die Stellung des Vornamenkürzels vor oder nach dem Zweitverfasser.

Bei Referaten ist es vielfach so, dass der Lehrveranstaltungsleiter während des Vortrags das Literaturverzeichnis studiert. Es kann nicht eindrücklich genug darauf hingewiesen werden, dass diesem Literaturverzeichnis als wichtigem Bestand des wissenschaftlichen Apparates größte Aufmerksamkeit zu schenken ist. Dies gilt für die formalen Kriterien ebenso wie für die Vollständigkeit der Literatur. Im Verzeichnis erweist sich sehr schnell, ob der Bearbeiter eines Referates oder einer Diplomarbeit wirklich bibliographiert oder lediglich den Katalog der Bibliothek benutzt hat.

9.6. Die Gliederung des Manuskriptes

9.6.1. Allgemeines

Grundsätzlich muss jede wissenschaftliche Arbeit folgende Teile enthalten:
- die Präliminarien: mindestens Titel und Verfasser, zusätzlich evt. Widmung, Vorwort, Inhalts-, Abbildungs-, Tabellen-, Abkürzungsverzeichnis, ggf. ferner die bibliographischen Angaben (Titelaufnahme in der Deutschen Bibliothek, Verlag, Ort, Jahr, Herausgeber u. a.);
- den Einleitungsteil: Darin sollten enthalten sein: die Problemstellung oder das Ziel der Arbeit, der Forschungsstand und Angaben zur Methodik (u. U. sowohl die Erhebungsmethoden als auch die Darstellungsmethodik);
- den Textteil;
- die Zusammenfassung, ggf. auch als Summary, Resumé, Resumen oder Resumo;
- den Anhang: Dazu gehört mindestens das Literaturverzeichnis, u. U. auch ein Karten-, Statistiken-, Quellenverzeichnis, Glossar, die verwendeten Frage- oder Interviewbögen, Kartenbeilagen etc.

Ein besonderes Augenmerk ist dem Einleitungsteil und der Zusammenfassung zu schenken, da diese in der Regel besonders gründlich gelesen werden. Eine Einleitung ohne klare Zielsetzung, Begriffsdefinitionen, ohne Angabe des Forschungsstandes oder der Transparentmachung der Methodik ist kaum als wissenschaftliche Leistung anzuerkennen. Die Konzeption der Zusammenfassung richtet sich nach dem zugrundegelegten metatheoretischen Ansatz: Bei induktivem Vorgehen wird in der Zusammenfassung das Ergebnis (Theorie, Modell o. ä.) präsentiert, bei deduktivem Vorgehen die präzisierte Theorie, bei hermeneutischem Vorgehen muss darauf geachtet werden, dass der hermeneutische Zirkel geschlossen wird. Verstöße gegen diese Grundregeln führen automatisch zu einer schlechten Bewertung, da sie methodische Defizite belegen. Dies gilt auch für die bereits besprochenen Regeln für das Literaturverzeichnis.

9.6.2. Die Gliederung

Es gibt im deutschen Sprachraum drei prinzipiell unterschiedliche Möglichkeiten, das Manuskript zu gliedern. Sie können in einem gewissen Rahmen variiert werden. Die einfachste Möglichkeit ist die Gliederung durch Zwischenüberschriften ohne Systematik. Sie empfiehlt sich nur für kürzere Texte oder Essays.

Aus der Schule wird die Buchstaben-Ziffern-Kombination vertraut sein. Sie folgt folgendem Schema:
Thema der Arbeit
A.
B.
   I.
      1.
         a)
            aa)
etc.
C.

Daneben setzt sich in wissenschaftlichen Texten immer mehr die Dezimalklassifikation durch. Sie liegt auch diesem Skriptum zugrunde und folgt folgendem Schema:
1.
2.
   2.1.
   2.2.
      2.2.1.
etc.

Im Inhaltsverzeichnis kann diese Gliederungsvariante oft unübersichtlich wirken. Es wird daher empfohlen, die Hauptüberschriften durch unterschiedliche Schriftgestaltung (groß, fett, kursiv) zu gliedern oder die Überschriften nach Hierarchiegrad einzurücken.

9.7. Die Präsentation

Wissenschaftliches Arbeiten besteht aus drei wichtigen Schritten: 1. dem Entdeckungszusammenhang: dabei geht es um die Frage- oder Problemstellung, die selbst gefunden wird oder die als Arbeitsauftrag (durch den Auftraggeber oder dem Seminarleiter) gegeben wird; 2. dem Begründungszusammenhang, d.h. allen Arbeitsschritten, die zum Ergebnis führen; und 3. dem Verwertungszusammenhang, d.h. allen Arbeitsschritten, die das Ergebnis anderen zugänglich machen, etwa im Vortrag, der graphischen Veranschaulichung, der Presseveröffentlichung oder -konferenz, dem Poster, der wissenschaftlichen Publikation, dem Layout und anderen (Abb. 50, S 128).

Dem letzten Schritt der wissenschaftlichen Arbeit, dem Verwertungszusammenhang, wird häufig zu wenig Aufmerksamkeit geschenkt. Dabei ist gerade dieser Schritt für die Rezeption und Wirkung der Arbeit von entscheidender Wichtigkeit. In Managementkursen hört man immer wieder die Formel, dass 60% der Wirkung eines Vortrags von der Darstellung (Rede, Medien), 30% von der Körpersprache und nur maximal 10% vom Inhalt abhängen. Diese Werte mögen auf Seminarvorträge nicht in dieser Form zutreffen, die Erfahrung aber, dass man sich nach Monaten, wenn man an einen gehörten Vortrag denkt, manchmal noch an einen Sprachfehler oder den markanten Dialekt, auch Pannen bei der Bedienung der Medien oder an eine Körperhaltung oder -geste erinnert, selten aber noch an den Inhalt, diese Erfahrung hat ein jeder schon gemacht. Das heißt zwar nicht, dass die inhaltliche Qualität eines Referates zu vernachlässigen ist – es wird ja in schriftlicher Form abgegeben, wobei die Note in der Regel vorwiegend nach Inhalt und Form des Manuskriptes festgelegt wird – dennoch kommt dem Seminarvortrag eine große Rolle für die Gesamtbewertung der Leistung zu. Im Folgenden sollen dazu Hilfestellungen gegeben werden.

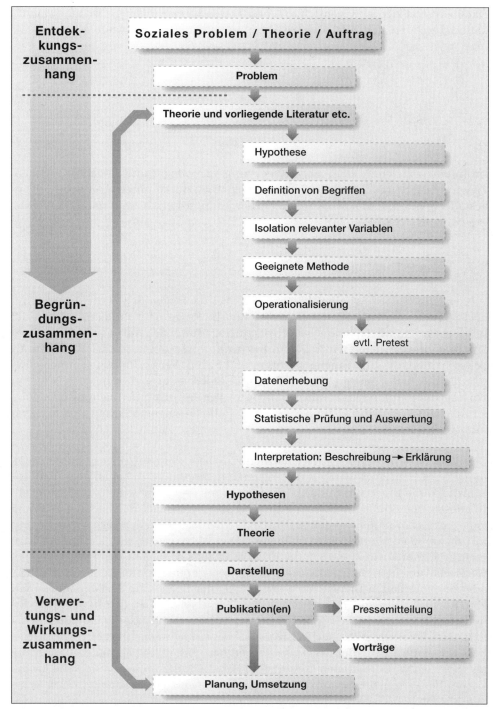

Abb. 50: Wissenschaftliches Arbeiten im Entdeckungs-, Begründungs- und Verwertungszusammenhang (verändert nach FRIEDRICHS 1973)

Die Präsentation

9.7.1. Der Vortrag und seine Alternativen

Neben der schriftlichen Fassung der Arbeit oder des Referates ist der Vortrag wohl die häufigste Präsentationsform wissenschaftlicher Arbeit. So muss auch jeder Geographiestudent im Laufe seines Studiums immer wieder vor einem Publikum sprechen: Referate in Übungen, Proseminaren und Oberseminaren, Führungen auf Exkursionen, Diskussionsbeiträge in Lehrveranstaltungen u.a. sind Gelegenheiten, die entsprechenden Fertigkeiten im Vortrag zu üben und zu verbessern. Dies ist auch unbedingt nötig, denn wo auch immer ein Geograph später seinen Arbeitsplatz finden wird, immer wird er dabei sprechen und vortragen müssen. Je besser er diese Technik beherrscht, desto größer werden seine Wirkung, seine Durchsetzungskraft, sein Ansehen sein, sei es an der Schule, in der Planung, im Verlag, im Museum, im Tourismusverband, in der kommunalen Umweltplanung oder anderswo.

Es ist ein großer Fehler zu denken, dass mit der Reinschrift des Referates die Arbeit abgeschlossen sei und nun folge nur noch die Verlesung des Textes im Seminar. Das Gegenteil ist richtig: Der wichtigste Teil folgt jetzt erst, denn das Referat wird höchstens vom Seminarleiter gelesen, die Breitenwirkung der Arbeit beruht dagegen vor allem auf dem Vortrag. Daher bedarf der Vortrag einer ebenso gewissenhaften Mühewaltung wie die Ausformulierung des Textes. Der Zeitaufwand dafür sollte nicht zu gering eingeschätzt werden.

Zunächst ist zu klären, ob der Leiter der Lehrveranstaltung wünscht, dass sich der Vortrag an der schriftlichen Fassung orientiert. Dies ist in vielen Fällen gar nicht sinnvoll, weil der Text vorher verteilt wird oder in anderer Weise zuvor öffentlich gemacht wird, so dass sich die Zuhörer nur langweilen würden. In anderen Fällen wünscht der Seminarleiter sogar eine eigenständige Vortragsleistung, um Kriterien für die didaktische Eignung des oder der Vortragenden zu gewinnen. Wenn der Vortrag unabhängig vom ausformulierten Text gehalten wird, lässt sich auch viel besser einschätzen, ob der Referent wirklich über der Sache steht, d.h. auch, ob er die Sachverhalte, die er vorträgt, selbst begriffen hat und souverän beherrscht. Pointiert formuliert könnte man meinen, dass die Anforderungen, die in einer Lehrveranstaltung an den Vortrag gestellt werden, auch bestimmte Rückschlüsse auf die didaktische Eignung des Seminarleiters zulassen.

Wenn den Referenten Freiheit in der Gestaltung „ihrer" Seminarsitzung gelassen wird, steht diesen ein ganzer Kanon von Möglichkeiten offen. Einige seien hier aufgelistet, wobei sehr knapp angegeben wird, worauf besonders zu achten ist:

Nicht jedem liegt eine freie Sitzungsgestaltung, Vorbehalte und Ängste gibt es bei Teilnehmern und Lehrenden. Mit einem gut gehaltenen, traditionellen Vortrag wird man nie fehlgehen. Man sollte aber nicht glauben, dass der Vortrag leichter vorzubereiten sei als die freien Unterrichtsformen.

Alternative:	besonders zu achten ist auf:
Konzentration auf Ausschnitt aus dem Thema	Gesamtzusammenhang herstellen
Vortrag mit Stillarbeitsphasen	Klare Aufgabenstellung; Erwartungshorizont der Aufgaben formulieren, Diskussion in Richtung auf Erwartungshorizont lenken, bei Gruppenarbeit: Gleichwertigkeit/-zeitaufwand für alle Gruppen!
Unterrichtsgespräch mit oder ohne Vortrag oder/und Diskussion	Erwartungshorizont festlegen, Antworten in Richtung auf diesen Horizont wiederholen, ausreichend Zeit für die Auswertung vorsehen, Ergebnis sichern (Tafel, Folie, Clipboard)
Debatte	Gruppen gut einteilen, jede sollte über einen in der Eloquenz gleichwertigen Redner verfügen. Gerade Debatten laufen leicht aus dem Ruder, evtl. als Diskussionsleiter stark steuern. Wichtige Gesichtspunkte an Tafel oder Clipboard festhalten. Ausreichend Zeit für Ergebnissicherung kalkulieren.
Lernspiel	Spiel gut vorbereiten, sämtliche Aufgaben klar definieren, mehrmals probespielen, Ernsthaftigkeit nicht verlieren, ausreichend Zeit für Ergebnissicherung bereithalten.
etc.	

Abb. 51: Gestaltungsmöglichkeiten für Seminarsitzungen, Alternativen zum klassischen Vortrag

9.7.2. Gesamtgestaltung

Zunächst ist die Gesamtgestaltung des Vortrags zu planen. Ein guter Vortrag hat eine eigene Dramaturgie: Er besitzt einen guten Einstieg, und ihn ziert ein gelungener Schluss. Während des Hauptteils müssen Hilfen für die Aufmerksamkeit der Zuhörer gegeben werden. Auf diese Gesichtspunkte sollte einige Sorgfalt verwendet werden. Nichts ist schlimmer, als wenn der Vortragende sich nicht anders zu helfen weiß, als Überleitungen durch ein „ich komme jetzt zu Punkt drei meiner Ausführungen" zu gestalten.

Beim Einstieg kann Humor helfen, es kann an Erfahrungen der Zuhörer appelliert werden, man kann aktuelle Nachrichten aus der Presse verwenden, notfalls hilft ein [ungewöhnliches und nicht schon tausendmal im gleichen Zusammenhang gehörtes] Zitat. Ziele des Einstiegs sind die Weckung von Aufmerksamkeit, Interesse und Anteilnahme der Zuhörer, die Sympathiewerbung für den Vortragenden und die Einführung in die Aufgaben- und Themenstellung des Vortrags. Das sind viele Ziele, und man sollte keines vernachlässigen! Eine Studentin wählte einmal als Einstieg die Vorlage von Produkten aus der bäuerlichen Erzeugung – ihr Thema war die Ausbreitung des Ab-Hof-Verkaufs auf dem Lande. Ein Student, der über Pozuzo, die Tiroler Siedlung im peruanischen Bergwald, berichten sollte, war mit Kleidungsstücken, die dort hergestellt wurden, bekleidet. Als er auf die handwerklichen Fähigkeiten der Siedler zu sprechen kam, zog er seine Schuhe aus, die nach längst überholten Leisten und Verfahren in Pozuzo gefertigt wurden. Er hatte im Vortrag die volle Anteilnahme und das volle Interesse der Zuhörer. Ein Student, der über die Folgen der Desertifikation im Sahelgürtel sprach, legte zwei Maiskolben vor, einen aus einem Trockenjahr, den zweiten aus einem Normaljahr. Dieser war viermal so schwer wie der aus dem Trockenjahr.

Der Schluss legt im Wesentlichen die Wirkung, den Nachhall und die Resonanz des Vortrags fest. Hier können noch einmal ähnliche Mittel eingesetzt werden wie sie auch für die Einstiegsphase zur Verfügung stehen. Die Intention des Schlusses kann entweder eine prägnante Zusammenfassung des Themas sein, sie kann aber auch in Richtung auf eine Überleitung für die anschließende Diskussion zielen und Anregungen für erste Wortmeldungen geben. Falls in der Einstiegsphase Fragen formuliert und ggf. an Tafel oder Clipboard geschrieben wurden, können diese jetzt mit Antworten versehen werden (Achtung: Niveau halten!).

9.7.3. Vortragstechnik

Viele Vorträge kommen deswegen nicht an, weil sie einfach abgelesen werden. Schriftsprache folgt aber anderen Regeln als Sprechsprache. Die oftmals kunstvoll verschachtelten Sätze wurden langsam formuliert, sie werden nun aber schnell vorgetragen, zu schnell für die Zuhörer. Wer frei formuliert, tut dies in seiner Denkgeschwindigkeit. Die gleiche Denkgeschwindigkeit herrscht auch bei den Zuhörer vor, deswegen können sie folgen. Nun kann aber nicht jeder frei sprechen, und manchmal ist ein gut abgelesener Vortrag besser als ein schlecht freigesprochener. Wenn es also, meist aus Mangel an Routine und Sicherheit, wirklich sein muss, dass ein Vortrag abgelesen werden muss, dann ist Folgendes zu beachten:
- vorherige Übersetzung der Schriftsprache in Sprechsprache mit kurzen, prägnanten Sätzen;
- langsame, artikulierte Sprechweise, Betonung der wesentlichen Satzteile, lebendige Sprachmelodie;
- Vermeidung von zu langen Pausen und von Dehnungslauten (ähh u. ä.);
- aber: Einfügung von Kunstpausen zur Spannungssteigerung oder vor dem Beginn eines neuen Gedankenganges.

Es gibt aber viele Hilfen, die demjenigen zur Verfügung stehen, der noch zu wenig Selbstvertrauen hat, einen Vortrag gänzlich frei zu halten. Die Stichworte des Vortrags können in geschickter Form auf Folie gebracht werden. Der Vortragende legt Folie auf Folie auf, verliert dabei nicht den roten Faden, und die Zuhörer können durch das zusätzliche Medium leicht folgen. Eine Folienrolle ist dafür ebenfalls gut geeignet. Gute OH-Projektoren besitzen Vorrichtungen für das Einspannen von Rollen. Allerdings sind diese nicht genormt, so dass vor dem Einkauf unbedingt Maß genommen werden muss. Leider haben manche Projektoren solche Vorrichtungen nicht, weil beim Einkauf darauf nicht geachtet oder aus Etatgründen ein billiges Gerät gewählt wurde. Eventuell wird man auf der Suche nach einem geeigneten Gerät im Nachbar-Seminarraum fündig.

Ein gefülltes Diamagazin kann den gleichen Zweck erfüllen wie eine Serie von Folien. Dias können gekauft oder selbst fotografiert worden sein, darüber wird noch zu sprechen sein. Man kann aber auch Texte oder eigene Grafiken abfotografieren, so dass eine lückenlose Gedankenfolge entsteht. Heute gibt es die Möglichkeit, im Computer erzeugte Texte und Grafiken auf Diabelichtern zu Lichtbildern umzuwandeln.

Damit ist eine weitere Präsentationsform angesprochen, die dem noch ungeübten Redner helfen kann: die Computer-Präsentations-Show. Moderne Präsentationsprogramme wie Lotus-Freelance oder Corel-Presentations stellen eine Fülle von Hilfen bereit, um Bildschirmseiten mit Text und Graphik zu versehen. Die komplette Show besteht dann aus 30–50 „Slides", die nacheinander durch Betätigen der „Enter"-Taste abgerufen werden. Besonders geeignet sind Laptops, deren Bildschirminhalt mit einem OH-Screen auf den Projektor übertragen wird. Aber Vorsicht: Moderne Bildschirme haben oft bessere Auflösungen als die OH-Displays. Das verändert Farben und Präzision und kann zu unverhofften, meist unangenehmen Überraschungen führen!

Die beste Vortragsweise ist aber der lebendige, freie Vortrag. Dafür kann man kaum Ratschläge geben. Wer kein Naturtalent ist, und wer ist das schon, muss dafür üben, üben, üben. Der Aufwand lohnt sich aber, weil in Schule oder Beruf nur der wirklich bestehen kann, der überzeugend frei zu reden versteht.

Einige Punkte verdienen im Vortrag, sei er nun frei oder textgebunden, Beachtung:
- Nie zur Tafel, zur Projektionswand, zum Clipboard sprechen!
- Stets Blickkontakt zum Publikum und zum Seminarleiter halten!
- Die Technik beherrschen, nicht von ihr beherrscht werden! Werden Medien eingesetzt, ist deren Funktionsweise vorher zu testen bzw. einzuüben. Geht etwas schief, ist die ganze Aufmerksamkeit des Publikums bei der technischen Panne, nicht beim Redner.
- Nie sprechen, wenn hantiert wird. Die Aufmerksamkeit folgt den Hantierungen, nicht der Rede!
- Keine Angst vor ungewohnten Medien! Wer davor zurückschreckt, bleibt sein Leben lang beim langweiligen Ablesen. Aber: Jedes neue Medium muss beherrscht werden, deswegen muss man vorher damit üben!

9.7.4. Möglichkeiten der Veranschaulichung, Medieneinsatz

Geographen tun sich schwer mit der Sprache. Dies liegt an der Natur unseres Erfahrungsobjektes: In der Geosphäre ist die geographische Substanz gleichzeitig vorhanden. Ihr Ordnungsprinzip ist ein chorologisches. Wenn wir sie beschreiben wol-

Die Präsentation

len und uns dazu der Sprache bedienen, wird es schwierig, da diese chronologisch geordnet ist. Wir müssen ein tatsächliches Nebeneinander sprachlich in ein scheinbares Nacheinander verwandeln. Aus dieser Verlegenheit können uns einige Medien, wenigstens zu einem Teil, helfen. Sie helfen uns auch bei der sprachlichen Bewältigung des Vortrags.

Prinzipiell stehen uns zur Verfügung:
Tafel – Clipboard – Overheadfolie, -projektor – Aufbautransparent – Dia, Diaprojektor – Film, Filmprojektor – Videoband, -recorder – Handout, Arbeitsblätter – Hand-, Demonstrationsstücke – Tonbänder, Cassetten – Computer, OH-Display oder Beamer – Poster.

Vielfach ist zu beobachten, dass während des Vortrags Karten, Bücher oder Bildbände herumgereicht werden. Dies ist kein sinnvolles Medium, da die Aufmerksamkeit vom Vortragenden abgelenkt wird. Auch die Anbringung von eigenen Graphiken an der Wand ist sinnlos, da die Inhalte aus der Entfernung ohnehin nicht wahrgenommen werden können. Vielmehr entlarvt sich der Vortragende als Verschleierer, der den tiefen Einblick in seine Werke offenbar nicht gestatten will und statt dessen nur mit seinem Fleiß prahlen will.

Die anderen Medien sollen eingehender kommentiert werden. Die **Tafel** kann vielfältig eingesetzt werden. Manchmal empfiehlt es sich, die Gliederung des Vortrags dort zu fixieren (vor Seminarbeginn vorbereiten!), damit die Zuhörer besser folgen können. Auch Teile des Tafelbildes können u.U. vorbereitet und zur gegebenen Zeit (bei Klapptafeln) aufgeklappt werden. Die Tafel kann während des Vortrags zur Speicherung von Inhalten benutzt werden. Dies ist nur dann nicht planlos, wenn zuvor ein Tafelbild überlegt (und auf Papier vorgezeichnet) wurde, das am Ende des Vortrags eine geschlossene Einheit bildet. Zu beachten sind Farbwahl, saubere Schrift, Übersichtlichkeit. Auch bei Alternativen zum klassischen Vortrag wird die Tafel ihr Einsatzfeld finden. Auch bei einem relativ einfachen Medium wie der Tafel gilt es, die Technik zu beherrschen: Kreiden (evt. farbig) müssen besorgt werden, ein Schwamm oder Lappen sollte bereitliegen.

Das **Clipboard** ersetzt heute vielfach die Tafel. Das ist eigentlich ein Missverständnis, denn dieses Medium ist ganz anders einsetzbar. Die Inhalte des Vortrags oder eines Brainstormings, einer Diskussion, Debatte oder eines Unterrichtsgesprächs können dort viel vollständiger festgehalten werden, weil der Raum unbegrenzt ist. Die Zusammenfassung lässt sich dann anhand der Einzelblätter leicht bewerkstelligen.

Die **Wandkarte** wird vielfach nur zur „Möblierung" des Seminarraums verwendet. Wenn dies intendiert sein sollte, dann kann man auch ganz darauf verzichten. Wird sie eingesetzt, dann sollte sich der Vortragende vorher genau topographisch orientieren, um nicht hilflos auf der Karte herumzurudern. Wichtig ist die Stellung zur Karte: Halten Sie Augenkontakt zum Publikum, sprechen Sie nicht zur Karte! Meist wird ein Zeigestock gebraucht (und noch häufiger vergessen!).

Beim **Overheadprojektor** haben wir die vielfältigsten Möglichkeiten, hier passieren aber auch die gravierendsten Fehler. Dies fängt bei der Stellung des Vortragenden an. Er sollte, vom Publikum aus betrachtet, hinter bzw. neben dem Gerät stehen und mit einem Zeigegegenstand die zu demonstrierenden Objekte auf der Folie zeigen. Dies gestattet fast permanenten Augenkontakt zum Publikum. Die Grundeinstellung des Gerätes muss vor dem Vortrag überprüft werden. Da der Vortragende die Glasplatte und nicht die Projektionswand im Auge hat, muss er sicher sein, dass auch die ganze Folie zu sehen ist. Auch darf er die Projektionswand nicht verdecken oder einen Schatten darauf werfen.

Es gibt viele Möglichkeiten, zu Folien zu gelangen. Am einfachsten ist zweifelsohne der Einsatz von professionellen Foliensätzen bzw. Aufbautransparenten. Dabei geht am wenigsten schief, weil diese meist eine genaue Anleitung besitzen und oft ein fester Aufbaurahmen mitgeliefert wird. Die zweite Variante ist die Eigenanfertigung per Folienkopie aus Büchern. Der Einsatz und die Wirkung können wesentlich verbessert werden, wenn diese anschließend noch bearbeitet werden, sei es durch Retusche (Radieren durch Wegkratzen unwichtiger Informationen mit scharfem Messer) oder Kolorierung (Spezielle Folienschreiber oder Folienmarker verwenden, es sind auch Folienklebraster und Folienklebfarbsignaturen im Handel).

Eigene Folien kann man im Computer herstellen. Es gibt laserdrucker- und inkjetverträgliche Folien. Man kann sie auch per Hand mit Folienstiften und -markern herstellen. In jedem Fall gilt: Sorgfältige Farbwahl ist entscheidend für die rasche Verständlichkeit. Es fällt schwer, sich in Folien einzulesen, in denen stadtgeographische Sachverhalte grün, vegetationsgeographische dagegen rot dargestellt sind. Noch besser sind selbsthergestellte Aufbautransparente. Wenn dazu ein Kartenumriss nötig ist, darf dieser nur einmal auf der Grundfolie vorhanden sein, weil man die Umrisse schwer zur Deckung bringt. Diese Deckung fällt auf Projektoren nicht schwer, die über Randstifte verfügen: Man locht seine Folien vor der Bearbeitung, beschriftet sie und kann durch das Einlegen in die Randstifte weder Orientierungs- noch Deckungsfehler machen. Sind solche Stifte (sie müssen meist durch Drücken aktiviert werden) nicht vorhanden, kann man sich eine Vorrichtung leicht selbst herstellen, indem man Heftstreifen aus dem Ordnersystem verwendet. Anderenfalls helfen nur Orientierungspunkte auf jeder Folie, die allerdings umständlich zur Deckung gebracht werden müssen. Bei eigenen Aufbautransparenten ist vor allem auch auf die Beschriftung zu achten. In der Regel gehört sie auf die Grundfolie, wenn aus didaktischen Gründen einzelne Schriften erst auf Aufbaufolien erscheinen sollen, müssen diese so positioniert werden, dass sie sich nicht mit anderen kreuzen.

Neben der einfachen Folie oder dem Aufbautransparent kann auf manchen OH-Projektoren, die über eine Rolleinrichtung verfügen, auch eine Folienrolle eingesetzt werden. Vor dem Kauf einer solchen Rolle sollten aber das Fabrikat und Modell des Projektors notiert werden, da die Rollen leider nicht normiert sind. Auf einer Rolle kann der ganze Vortrag in Stichworten oder Graphiken festgehalten werden. Man rollt, dem Vortragstempo entsprechend, die Rolle ab und hat so einen guten Leitfaden für den Vortrag. Am Ende kann der ganze oder ein Teil des Vortrags zurückgespult und für die Zusammenfassung eingesetzt werden. Bei

Die Präsentation

allen Folien ist das Augenmerk auf die Lesbarkeit auch von der letzten Reihe aus zu richten.

Viele Seminarräume sind heute schon mit einem **Screen-Projektor** (Beamer) ausgestattet, mit dem man den Inhalt eines Computerbildschirms auf eine Leinwand projizieren kann. Ersatzweise dient dazu auch das Overheaddisplay eines Computers, das auf einen lichtstarken OH-Projektor aufgelegt wird. Damit wird es möglich, in Präsentationsprogrammen, wie WP-Presentations, Lotus-Freelance oder MS-Powerpoint erstellte, sogenannte Slide-Shows zur Unterstützung des Vortrags zu verwenden. Sie haben gegenüber OH-Folien, die man selbstverständlich mithilfe dieser Programme auch herstellen kann, den Vorteil, dass die sog. „Slides" dynamisch gestaltet werden können. Z. B. kann ein Balkendiagramm, das Sachverhalte in Zeitscheiben darstellt, zunächst nur den Stand von 1980, mit einem Mausklick zusätzlich den von 1990 und schließlich, wieder per Mausklick, den aktuellen Stand darstellen.

Ganz ohne Nachteil ist auch eine derartige Vortragsunterstützung nicht. Programme können abstürzen und müssen neu gestartet werden. Darauf muss man ebenso vorbereitet sein wie auf den Zusammenbruch der gesamten Technik. Je aufwendiger dies ist, desto geübter sollte man damit sein, um auf alle Eventualitäten vorbereitet zu sein. Technik verführt auch zum Spielen, so dass eine gewisse Zurückhaltung bei der Auswahl der Effekte anzuempfehlen ist. Schriften, die mal vom Himmel fallen, im nächsten Moment aber wieder aus dem Boden wachsen, können einerseits verwirren, sie können aber auch dazu führen, dass die Zuschauer, fasziniert von der Präsentationstechnik, sich nur noch auf diese konzentrieren und dabei den Inhalt der Ausführungen völlig vernachlässigen. Für den Notfall sollte man zuvor Overheadfolien der verschiedenen Slides hergestellt haben, die ohne technische Probleme aufgelegt werden können.

Dias werden oft nur eingesetzt, um dem Seminarleiter zu demonstrieren, dass man diese nicht vergessen hat. Das ist sinnlos. Dias müssen einen Erkenntnis- oder Informationswert besitzen und dieser muss auch vom Vortragenden herausinterpretiert werden. Ein Dia darf niemals im wissenschaftlichen Zusammenhang eingesetzt werden, um lediglich „Stimmung" zu erzeugen. Auch ein Diaprojektor kann technische Tücken haben. Das Gerät sollte daher zuvor getestet, eingestellt und die Bedienung dabei eingeübt werden. Wichtig kann es sein, einen Zeigestock oder ein anderes Zeigeinstrument (Laser-Pointer) bereitzuhalten. Auf die Möglichkeiten der Doppelprojektion (Vergleich zweier Dias) oder Überblendtechnik soll nur hingewiesen werden.

Weitere Medien sind **Filme** und **Videos**. Generell muss vor solchen hochtechnischen Medien gewarnt werden. Zuviel kann schiefgehen, schon bei der Beherrschung der Technik. Meist sind die Filme zu anderen Zwecken gedreht worden als für den spezifischen Seminarzweck. Die Betextung passt daher dann auch nicht zum Referat. In solchen Fällen ist zu überlegen, ob man den Ton nicht stumm schaltet und die Filme selbst kommentiert. Nur im Ausnahmefall können (Kurz-!)Filme in ganzer Länge gezeigt werden, besser ist immer ein gezielter Ausschnitt!

Im Geographieseminar haben **Musikrecorder** nichts verloren. „Einstimmungen" auf ein Referat mithilfe mitreißender Rhythmen sind unnötig und verraten meist nur die Hilflosigkeit des Referenten, einen gelungenen Einstieg in sein Referat zu finden. Geht es um die Darstellung des Inhalts von qualitativen Tiefeninterviews, ist die Stimme des Referenten neutraler und leichter verständlich als ein Tonband. Um den Vortrag aufzulockern, wäre es in diesem Fall auch möglich, die wörtlichen Zitate durch Kommiliton(inn)en in verteilten Rollen lesen zu lassen.

Zu **Hand**- und **Demonstrationsstücken** sind schon Beispiele genannt worden. Beim Einsatz von **Handouts** ist zu beachten, dass diese die Aufmerksamkeit vom Vortragenden abziehen können. Vielfach werden sie nur eingesetzt, um zu zeigen, dass der Vortragende auch dieses Medium kennt. Sie wirken dann plump-protzig. Manchmal, wenn die Tafel anderweitig gebraucht wird, kann es sinnvoll sein, die Gliederung des Vortrags auszuteilen. Zuweilen benötigt man Handouts als Arbeitsblätter, wenn Alternativen zum traditionellen Vortrag eingesetzt werden. In diesem Fall ist es meist besser, wenn die Papiere erst kurz vor dem Arbeitsauftrag ausgegeben werden.

9.7.5. Äußerer Ablauf des Vortrags

Jeder Vortrag sollte eingeübt werden. Die letzte Übungsstufe ist dann die Generalprobe, möglichst vor Publikum (Freunde). Dabei kommt es auf die genaue Einhaltung der Zeitvorgabe an. Alle kleineren Vortragsfehler fallen den Freunden auf und können noch ausgemerzt werden. Vor allem gewinnt man Sicherheit beim Einsatz der Medien und der Verdunkelung. Fehlende Gegenstände (Wandkarte, Schreibkreide, Zeigestab etc.) werden bemerkt und können noch rechtzeitig vor dem Vortrag besorgt werden. Die Motorik wird von den Freunden kritisch beobachtet und kann noch angepasst werden. Sie sollte weder zu nervös noch zu unbewegt erscheinen. Die Lautstärke wird an die Hörbarkeit in der letzten Reihe angepasst.

Einem souverän gestalteten Vortrag folgt man mit Spannung. Der Einsatz von Medien erfolgt scheinbar mühelos, ihre technische Seite wird kaum wahrgenommen.

Nicht alles gelingt schon beim ersten Referat. Aber hier gilt: Übung macht den Meister. Wann immer es möglich ist, ein Referat zu übernehmen, sollte man die Chance ergreifen. Sprache ist Macht, diese Binsenweisheit erweist sich tagtäglich beim Studium der Nachrichten. Wer „mitreden" will, wer also ernstgenommen werden will im Beruf, der muss das Reden lernen.

> **Die Universität will aber nicht nur zum Reden verhelfen. Dies ist, wie schon gesagt, nur die letzte Stufe des wissenschaftlichen Prozesses, der Verwertungszusammenhang. Die Universität will vor allem zum Denken erziehen, sowohl beim Entdecken wissenschaftlicher Probleme als auch im Begründungszusammenhang, wenn es um die Methoden der Analyse und Synthese geht. Dieses Buch soll hierfür Hilfestellung leisten. Sein Ziel ist nicht die Vermittlung von Wissen, sondern von Fertigkeiten, vor allem des Denkens.**

10. Ein Blick vom ersten auf das letzte Semester

10.1. Von der Notwendigkeit des Vorausschauens

Studieren heisst trotz aller akademischen Freiheit: zielgerichtet lernen. Dieses Buch will dazu eine solide Grundlage legen. Es ist wichtig, sich schon zu Beginn über die unterschiedlichen Zielkategorien im Klaren zu sein: Das Nahziel ist immer die augenblickliche Lehrveranstaltung, es folgen das Vordiplom und das Endexamen mit der Diplomarbeit. Wer das vorhergehende Kapitel durchgearbeitet hat, müsste auch dafür gute Grundlagen erworben haben. Das Endziel des akademischen Strebens ist aber die Fähigkeit, sich für den späteren akademischen Beruf vorzubilden, in unserem Fall für den Beruf des Geographen als Lehrer oder Berufsgeograph. Es ist dringend zu empfehlen, diese Fernperspektive vom ersten Semester an im Auge zu behalten. Materialsammlungen können bereits auf dieses Ziel hin angelegt, Referatthemen und Lehrveranstaltungen „strategisch" ausgewählt, das gesamte Studium kann auf die Erwerbung von Fertigkeiten ausgerichtet werden, das Praktikum sollte bereits in die berufliche Richtung zielen, Kontakte können geknüpft werden.

Wer dies alles beherzigt, dürfte beim Berufseinstieg keine allzu großen Schwierigkeiten haben. Nach Angaben der zentralen Arbeitsvermittlung beträgt die Wartezeit auf den Berufseinstieg bei Geographen in der Bundesrepublik Deutschland derzeit nur fünf Monate, insgesamt ist die berufliche Perspektive für Geographen, verglichen mit Absolventen anderer Fächer (sogar im Vergleich zu Juristen, Medizinern, Wirtschaftswissenschaftlern) recht gut.

Welche beruflichen Möglichkeiten bieten sich nun dem Geographen? Eine klare Vorstellung von den Berufsfeldern zu gewinnen, ist eine Pflichtübung des ersten Semesters, denn die eigene Positionierung auf einige Einsatzbereiche, die einem persönlich als attraktiv erscheinen, sollte die Anlage des Studiums beeinflussen und dadurch die Zielerreichung erleichtern. Von einem wichtigen Berufsfeld, dem pädagogischen im engeren Sinn (also Lehrer/in an Höheren Schulen) soll hier keine Rede sein, weil dazu in der Regel ein eigenes pädagogisches Begleitstudium zu absolvieren ist. Vielmehr sollen im Folgenden die Möglichkeiten für Studierende des Diplom- oder Magisterstudiengangs aufgezeigt werden.

10.2. Berufsfelder für Geographen

10.2.1. Der Arbeitsmarkt

Geographen haben sich in den letzten Jahrzehnten ein außerordentlich vielfältiges Berufsfeld erschlossen. Einige Beispiele von Absolventen aus Tübingen und Innsbruck belegen dies:

DIETMAR BEZ, Stadtplanungsamt Leipzig

MONIKA GÄRTNER, Leiterin des Alpenvereinsmuseums Innsbruck

MARKUS GONSER, zunächst Umweltreferent der Stadt Nürtingen, später Mitarbeiter bei Dornier System Planungsberatung, heute Arbeit als EDV-Fachmann

Klaus Peter Hartmann, Leiter der Volkshochschule Calw
Norbert Häuptle, in einem Consultingbüro zuständig für Umweltverträglichkeitsprüfungen
Tilman Häusser, selbständiger Verkehrsplaner und Statistiker in Tübingen
Wolfgang Hess, Chefredakteur von „Bild der Wissenschaft"
Isabella Krassnitzer, „Wetterfrosch" beim ORF Wien
Sabine Langguth, Geschäftsführerin des Schwäbischen Heimatbundes
Philipp Maußhart, Redakteur beim Schwäbischen Tagblatt, freier Mitarbeiter der ZEIT
Martina Oberlechner, GIS-Expertin in der Südtiroler Landesregierung
Matthias Poensgen, Redakteur von „Das Beste aus Reader's Digest"
Richard Resl, Entwicklungsplaner in Ecuador
Birgit Reutz, Mitarbeiterin der CIPRA, Netzwerk für die Alpen
Bettina Sander, Mitarbeiterin im Tourismusverband Südliche Heide
Gerhard Schöffthaler, selbständig mit einem Büro für Raumplanung und Raumordnung in Inzing
Gerhard Waschin, Lehrer an der Freien Waldorfschule Tübingen

Die Liste ließe sich leicht fortsetzen. Sie belegt, dass Geographen in den unterschiedlichsten Berufsfeldern und Arbeitsverhältnissen arbeiten. Sie sind als Planer in Ämtern und Consultingfirmen tätig, sind in der Bildung an Volkshochschulen und Museen, aber auch an freien Schulen beschäftigt, arbeiten in Verlagen, bei Zeitschriften und beim Rundfunk, engagieren sich in der Entwicklungszusammenarbeit, und sie werden als Experten für Geographische Informationssysteme, Umweltverträglichkeit, Elektronische Datenverarbeitung, Regionalstatistik und viele andere Bereiche geschätzt. Viele arbeiten im Beamten- oder Angestelltenverhältnis, andere haben sich selbständig gemacht. „Der Geograph/die Geographin" – das ist kein festumrissenes Berufsfeld, so wie es „der Jurist/die Juristin" oder „der Arzt/die Ärztin" ist. Allerdings gibt es doch einen minimalen gemeinsamen Nenner, auf den sämtliche „geographischen" Berufe zu bringen sind: Sie sind offen für alle Tätigkeitsfelder, die räumliches Denken, vernetzte Sichtweisen, integrative Fähigkeiten und Kreativität voraussetzen.

Der Berufsmarkt für Geographen ist nicht festgefügt, im Gegenteil: Es handelt sich um einen außerordentlich dynamischen Markt, auf dem sich immer wieder neue Potentiale öffnen, andere dagegen bereits erschöpft sind. Diese „Berufskonjunktur" ist sowohl eine Chance als auch ein Problem für Geographen. In den 80er Jahren gab es plötzlich außerordentlich viele Stellen für Umweltverträglichkeitsprüfer und kommunale Umweltbeauftragte. Diese Konjunktur ist heute vorüber, jetzt werden überall dringend Fachleute für Geographische Informationssysteme gebraucht. Wer freilich im ersten Semester auf diesen Zug aufspringen will, sieht sich möglicherweise am Ende seines Studiums mit der Situation konfrontiert, dass auch in diesem Berufsfeld die attraktiven Stellen bereits vergeben sind.

Was also ist zu tun? Zunächst kann nur dringend empfohlen werden, sich über das momentane Berufsfeld für Geographen erschöpfend zu informieren. Die folgende Liste gibt einen ersten Überblick über die wichtigsten Einsatzmöglichkeiten für Geographen, wie sie sich heute darstellen.

Berufsfelder für Geographen

Hauptberufsfelder für Geographen

Räumliche Planung:
- Stadt-, Regional- und Landesplanung, Fachplanungen (z.B. Soziales, Verkehr)
- Stadt- und Regionalforschung
- Wirtschafts- und Strukturpolitik, Arbeitsmarktforschung, Wirtschaftsförderung, Ver- und Entsorgung
- Verkehrs- und Mobilitätsforschung, Verkehrsplanung und –politik, Telekommunikation
- Tourismus, Fremdenverkehrsmanagement, Leitbilderstellung
- Markt- und Standortanalysen, Immobilienwirtschaft, Wohnungswirtschaft und –politik, Projektentwicklung (z.B. Einzelhandel)
- Entwicklungszusammenarbeit, Entwicklungshilfe, Projektmanagement

Umwelt und Landschaft
- Umwelt- und Landschaftsplanung, Natur- und Umweltschutz, Umweltverträglichkeit, Landschaftspflege
- Altlastensanierung, Biotopkartierung
- Geoökologie, Geotechnik, Ökosystemforschung, Ökomanagement, Umweltwirtschaft
- Bodenkunde, Klimaforschung, Hydrologie, Wildbachverbauung, Lawinenschutz
- Entwicklungszusammenarbeit, Entwicklungshilfe, Projektmanagement

Information und Dokumentation
- Presse und Öffentlichkeitsarbeit, Rundfunk und Fernsehen, Journalismus
- Verlagswesen
- Statistik
- Marktforschung, Kaufkraftanalysen
- Reiseleitung
- Bibliothekswesen, Informationsdienste
- Fernerkundung, Kartographie, Computerkartographie
- Geographische Informationssysteme, Geoinformatik

Hochschule (Universität, Pädagogische Hochschule, Fachhochschule, Akademie)
- Forschung (Grundlagenforschung und Auftrags-/Drittmittelforschung), Lehre
- Technologietransfer, Kooperation Hochschule-Wirtschaft
- Verwaltung, Universitätsmanagement, Forschungsförderung

Schule und Bildung
- Lehre an allgemeinbildenden und berufsbildenden öffentlichen Schulen
- Lehre an privaten Schulen (z.B. Waldorfschulen, Montessori-Schulen etc.)
- Erwachsenenbildung (Volkshochschulen, Volksbildungswerke, politische Stiftungen)
- Ausstellungswesen und Museumsmanagement
- Schulbuch-Verlagswesen

Politik
- Assistenz von Bundes- und Landtagsabgeordneten
- Mitarbeit in Parteien, Verbänden, Gewerkschaften

(verändert und ergänzt nach v. Rohr et al. 1996, S. 31)

10.2.2. Die Ist-Situation auf dem Arbeitsmarkt

Seit der Einrichtung des ersten Diplom-Studienganges (an der Freien Universität Berlin) bis zum 30.9.1995 haben in den alten Bundesländern Deutschlands 10 550 Geographen eine Diplom-Prüfung und 1250 eine Magister-Prüfung bestanden. Dazu muss man rund 400 Absolventen aus der ehemaligen DDR zählen, so dass sich eine Summe von 12 200 Absolventen, davon 41 % Frauen, ergibt. Unter der Annahme, dass die Erwerbspersonenquote bei 85 % liegt, errechnet sich eine Erwerbspersonenzahl von 10 400. Die Zahl der Arbeitslosen wird auf 1200 geschätzt, so dass sich eine Erwerbstätigkeit bei 9200 Diplomgeographen, darunter ca. 34 % Frauen, ergibt (v. Rohr et al. 1996, S. 63).

Im Lehramt wird die Zahl der Geographen auf 35 000 geschätzt, davon unterrichten 18 000 an Gymnasien, 5000 an Gesamtschulen, 9000 an Realschulen und 3000 an Berufsschulen. Während in den letzten Jahrzehnten der schulische Arbeitsmarkt äußerst angespannt war und viele Absolventen des Lehramtsstudiengangs keine Anstellung fanden, scheint sich die Lage nun etwas zu entspannen. Dennoch sind die Aussichten nicht allzu rosig, da die Schülerzahlen an Gymnasien um ca. 25 % und an Realschulen um über 30 % gesunken sind und daher nicht alle freiwerdenden Dienstposten wiederbesetzt werden. Außerdem steht das Schulfach Geographie in der Konkurrenz zu anderen und z. T. neuen Schulfächern, so dass es möglich erscheint, dass sein Gewicht abnehmen wird – aus der Sicht der Geographie und einer umfassenden Allgemeinbildung ist dies zwar zu bedauern, die Einsicht in die Notwendigkeit einer soliden geographischen Bildung scheint bei Politikern aber eher zu sinken. Auf diese Situation haben die Studierenden übrigens bereits reagiert: An vielen Universitätsinstituten übertrifft die Zahl der Diplomstudenten die der Lehramtsstudierenden seit Jahren.

Wie sieht die Situation der nicht an der Schule tätigen Geographen aus? Der Deutsche Verband für Angewandte Geographie führt eine detaillierte Mitgliederdatei. Auf dieser Grundlage und den darauf beruhenden Schätzungen zur Berufstätigkeit von Geographen beruhend lassen sich für rund 7500 Berufsgeographen, für die ein Nachweis besteht, folgende Tätigkeitsfelder auflisten:

Tätigkeitsfelder von 7500 nachgewiesenen Geographen 1995

- 24,0 % Nichterwerbspersonen (Rentner, Erziehungsurlauber, Hausfrauen, Doktoranden etc.)
- 43,3 % Geographen in der „Praxis"
- 7,3 % Hauptberufsfeld Hochschule
- 2,7 % Hauptberufsfeld Schule (Ein-Fach-Lehrer)
- 16,0 % Arbeitslose
- 6,7 % ABM und Umschulung

(errechnet nach v. Rohr et al. 1996, S. 64)

> Von den 862 erwerbstätigen Mitgliedern des DVAG waren 1995 tätig:
>
> 33,2% im Öffentlichen Dienst im engeren Sinn
> 11,6% im Öffentlichen Dienst im weiteren Sinn
> 31,2% in der freien Wirtschaft
> 20,8% an der Hochschule oder Schule
> 3,2% ohne Angabe
>
> (nach v. ROHR et al. 1996, S. 64)

10.2.3. Der Berufseinstieg

16% arbeitslose Geographen – das klingt nicht gerade hoffnungsfroh. Dennoch sind diese Zahlen zu relativieren. Die Akademiker-Arbeitslosigkeit ist derzeit generell hoch, betroffen sind nicht nur Geographen. Im Gegenteil: Im Vergleich zu anderen Fächern ist der Anteil arbeitsloser Geographen noch relativ niedrig. Überdies schwanken die Zahlen außerordentlich. Bis 1988 stiegen die Zahlen arbeitsloser Geographen stark an, Ende der 80er und Anfang der 90er gab es in Deutschland einen regelrechten Stellenboom für Geographen, der Markt für Raumplaner, Landespfleger, Umweltschutzexperten war geradezu leergefegt. Dafür war nicht allein die Wiedervereinigung ausschlaggebend, mittlerweile zahlte sich die bessere Qualifikation der Bewerber, d.h. auch die verbesserte, praxisnähere Ausbildung an den Hochschulen, aus. Viele Geographen waren inzwischen in Positionen aufgestiegen, in denen sie über Stellenbesetzungen mitreden konnten. Und schließlich hatte die Verringerung der Studierenden im Lehramtsstudiengang zur Folge, dass weniger Lehrer ohne Einstellungschancen im Schuldienst auf den Markt für Berufsgeographen drängten. Inzwischen hat sich die Lage auf dem Arbeitsmarkt wieder verschärft.

Betroffen sind, wie die Analyse der Altersstruktur der arbeitslosen Geographen zeigt (V. ROHR et al. 1996, S. 78), allerdings eher die Langzeitarbeitslosen und nicht so sehr die jungen, gut ausgebildeten Absolventen. Die mittlere Dauer der Arbeitslosigkeit beträgt derzeit acht Monate (Frauen 7,7 Monate, Männer 8,3 Monate), der Medianwert liegt bei nur 4,9 Monaten (Frauen 4,7, Männer 5,0), gegenüber dem Jahr 1992 bedeutet dies eine Steigerung von 1,2 Monaten. Die Zeiten, in denen Akademikern der Berufseinstieg gleich nach dem Examen gleichsam garantiert war, sind unwiderruflich vorbei. Aus diesem Grund ist es notwendig, sich schon während des Studiums mit Strategien zu beschäftigen, die den Berufseinstieg erleichtern. Zuvor soll aber über den Berufseinstieg generell referiert werden. Abb. 52 (S. 142) zeigt die Möglichkeiten des Einstiegs in das Berufsleben für Absolventen des Diplomstudiengangs.

Nur noch selten gelingt der direkte Einstieg in eine feste, ausbildungsbezogene Tätigkeit. Wenn dies der Fall ist, dann sind meistens zuvor absolvierte einschlägige Berufspraktika, oft bei den späteren Dienstgebern, Empfehlungen des akademischen Lehrers oder „Beziehungen" dafür ausschlaggebend. Davon soll im folgenden Kapitel noch die Rede sein. Oft müssen überbrückende Tätigkeiten ausgeübt werden, die dann erfolgversprechend sind, wenn auch sie in Hinblick auf die Berufs-

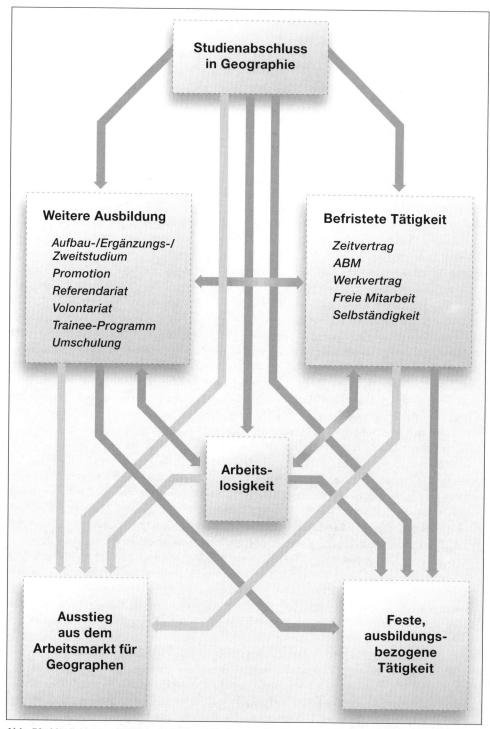

Abb. 52: Möglichkeiten des Berufseinstiegs für Geographen (nach v. Rohr et al. 1996, S. 80)

suche ausgewählt werden. Dazu zählen befristete Tätigkeiten im Rahmen von Zeitverträgen, ABM-Verträgen (also Arbeitsbeschaffungsmaßnahmen, in Österreich: Akademikertraining), mit Werkverträgen, in Form freier Mitarbeit oder der Selbständigkeit (sog. neue Selbständigkeit).

Viele Absolventen bevorzugen eine weitere Ausbildung, etwa die Promotion, ein Aufbau- oder Ergänzungsstudium, das Referendariat im Öffentlichen Dienst oder ein Volontariat, sie nehmen an Trainee-Programmen teil oder lassen sich gar umschulen. Obwohl es hervorragende Aufbaustudiengänge gibt, ist eine gewisse Skepsis angezeigt. Solche Studiengänge – und dazu gehört heute auch z. T. leider schon das Doktorat – werden oft von Absolventen nachgefragt, die keinen Zugang zum Arbeitsmarkt gefunden haben. Dies spricht sich auch bei Arbeitgebern herum, ferner ist zu bedenken, dass die Ausbildungsdauer (deren Kürze ist heute ein wichtiges Kriterium bei der Bewerbung) weiter verlängert wird.

Dies gilt natürlich nicht für Trainee-Programme, Referendariate und Volontariate, die darauf konzipiert sind, zukünftige Mitarbeiter auf ihre Volleinstellung hin auszubilden. Bei Bewährung ist die spätere Übernahme dann fast sicher. Unternehmen nehmen in ihre Trainee-Programme heute auch oft Geographen auf, weil sich deren Einsatzfreude herumgesprochen hat. Für journalistische Berufe (Printmedien, Rundfunk, Fernsehen) ist das Volontariat Voraussetzung, das studierte Fach spielt für eine solche Laufbahn nur eine untergeordnete Rolle. Geographen haben daher durchaus gute Chancen, wenn sie eine flüssige „Schreibe" oder/und eine gute Sprache besitzen. Auch Museen, Landesbildstellen und Archive bieten seit geraumer Zeit Volontariate an. Referendariate sind Vorbereitungsdienste für die Beamtenlaufbahn des höheren Dienstes. Allerdings gibt es z. Zt. nur zwei Referendariate, in deren Ausbildungsordnung auch Diplomgeographen verzeichnet sind: das Raumplanungsreferendariat in Niedersachsen und das Geologiereferendariat in Nordrhein-Westfalen.

Die unmittelbare Selbständigkeit nach dem Studium, etwa in Form eines Planungs- oder Beratungsbüros, sollte wohlüberlegt sein. In der Regel erfordert eine eigenverantwortliche Tätigkeit, die sich finanziell trägt, nicht nur große Erfahrung, sondern auch eine Vielzahl von Kontakten. Für viele Absolventen bedeutet die „neue Selbständigkeit" eher eine Zwischenlösung. Auf der Basis kleinerer und oft schlecht dotierter Aufträge (Werkverträge, freie Mitarbeit) vermeidet man Untätigkeit, oft freilich, ohne (sofort) eine wirkliche Existenzgrundlage zu haben. Dennoch kann eine solche Tätigkeit zu nachweisbaren Berufserfahrungen, vorzeigbaren eigenen Arbeiten und nicht zuletzt auch zu interessanten Kontakten führen.

Am besten ist es, diese Qualifikationen schon während des Studiums durch Praktika, Werkverträge und freie Mitarbeit bei einschlägigen Büros, Firmen und Ämtern zu erwerben. So lässt sich die „Scheinarbeitslosigkeit", die sich vielfach hinter „neuer Selbständigkeit" verbirgt, vielleicht schon im Ansatz vermeiden.

Auch die oft nach dem Studium angebotenen Zeitstellen an der Hochschule sind vielfach nur eine Form der Überbrückung von Arbeitslosigkeit. Bei der Bewerbung zählen solche Zeiten nicht zur „Berufspraxis", vielmehr werden die an der Hochschule verbrachten Jahre meist zur Ausbildung gerechnet. Zeitstellen in Forschungsprojekten oder anderen Drittmittelprojekten verschlechtern im Extremfall also die Berufsaussichten, es sei denn, sie führen zu vorzeigbaren eigenen Arbeiten und zu interessanten Kontakten zu potentiellen Arbeitgebern, oder sie helfen, Erfahrungen für eine sich finanziell tragende Selbständigkeit zu erwerben.

10.2.4. Qualifikationen, Berufspraktikum und Zusatzausbildungen

Jede(r) Studienanfänger(in) sollte sich nicht nur über die oben geschilderten Berufsaussichten im Klaren sein, er oder sie sollte auch darauf gefasst sein, dass sich die Situation bis zum Ende des Studiums noch verschlechtern kann. Jedes Geographie-Studium leistet nur „Berufsvorbildung", angesichts des breiten und unübersichtlichen Berufsfeldes des Geographen ist eine „Berufsausbildung" (wie sie am ehesten von der Medizin oder Jurisprudenz geleistet wird) in der Geographie unmöglich. Dennoch kann jede(r) Studierende die Schwerpunkte von der „Vorbildung" zur „Ausbildung" verschieben, indem er oder sie sich über das gewünschte Berufsfeld schon während des Studiums klar wird und gezielt Lehrveranstaltungen besucht, die die Berufsqualifikation verbessern.

Dabei sollten nicht so sehr inhaltliche Stoffangebote wahrgenommen werden, obwohl sich eine solide Grundausbildung im Wissenskern der Geographie immer auszahlt. Bevor diese jedoch vertieft wird, sollten von zukünftigen Berufsgeographen aber vor allem solche Lehrveranstaltungen wahrgenommen werden, die die eigenen Fertigkeiten verbessern. Solche Kurse können sein (die Reihenfolge stellt keine Wertung dar):

- *Kartographie:* vor allem Kartenentwurf, Reprotechnik, thematische Kartographie, und zwar sowohl als traditionelle Kartographie als auch im Bereich der Computerkartographie.
- *EDV:* Grundlagen der Betriebssysteme unter Einschluss von UNIX und daraus abgeleiteten Systemen, Programmierung, Hardwareaufrüstung und –umstellung, Anwendungsprogramme (Textverarbeitung, Tabellenkalkulation, Datenbank, Desktop-Publishing, Präsentation) und Statistikprogramme.
- *Geographische Informationssysteme und Geoinformatik* auf Windows-NT- und UNIX- Rechnern: gefragt ist nicht nur die Beherrschung der Programme, sondern ein tieferes Verständnis der mathematischen Grundlagen und der Leistungsvergleich unterschiedlicher Programme; gute Einarbeitung in die (automatisierte) Scan- und Digitalisierungstechnik.
- *Präsentations- und Mediationstechniken,* wie sie bereits in diesem Buch in Kapitel 10 vorgestellt wurden und im Laufe des Studiums durch spezielle Lehrveranstaltungen vertieft werden können.
- *Kommunikationstechniken,* insbesondere Diskussionsleitung und Moderation, Partizipationstechniken (Beteiligungsverfahren, Podiumsrunden, Delphi-Methoden), Teamarbeit, Metaplantechnik.
- *Archivierungs- und Dokumentationstechniken.*
- *Karten-, Luftbild- und Satellitenbildinterpretation,* Remote Sensing, und zwar sowohl konventionell als auch computergestützt.
- *Verbesserung der schriftlichen und mündlichen Ausdrucksfähigkeit.*
- *Statistische und multivariate Verfahren,* Handhabung der amtlichen Statistik.

- *Planungstechniken, Planzeichnung:* Methoden der Planung „von oben" und „von unten" (Bürgerinitiativen).
- *Arbeit mit Gesetzestechnik, Kenntnisse des Öffentlichen Rechtes,* insbesondere des Bau-, Planungs- und Raumordnungsrechtes sowie des Naturschutzrechtes.
- *Sozialwissenschaftliche Datenerhebungsmethoden,* sowohl qualitativ als auch quantitativ; solide Kenntnisse der Befragungstechniken.
- *Problemdefinitions- und -lösungsmethoden.*
- *Labormethoden,* insbesondere Techniken der Boden- und Gewässeranalyse, Altlasten und Kontaminationsermittlung, Bioindikatoren.
- *Geographische Feldmethoden* (Probenentnahme, dreidimensionale Vermessung und Kartierung, funktionale Kartierung).
- *Projektmanagement,* d.h. Akquisition, Zeit- und Ressourcenplanung, Durchführung, Präsentation.
- *Schulung der Kreativität und Innovationsfähigkeiten,* Hineinversetzen und Nachvollziehen von Problemen und Problemlösungen vor Ort.
- *Umsetzungstechniken,* d.h. Implementierung, aber auch Feasability-Technik in Bezug auf die zu beteiligenden Gruppen und die Finanzierung.

Nicht alle diese Methoden und Fertigkeiten können im Rahmen des Hochschulstudiums erworben werden. Ein großer Stellenwert kommt dem Berufspraktikum zu, das in Deutschland inzwischen in allen Diplomstudiengängen im Ausmaß von mindestens zwei bis sechs Monaten gefordert wird. In Österreich ist dies leider noch nicht der Fall, deswegen muss dort an die Einsicht in die Sinnhaftigkeit eines solchen Praktikums bei allen Studierenden appelliert werden.

Zuerst muss betont werden, dass ein solches Praktikum nur Sinn macht, wenn es außerhalb der Universität und auch außerhalb von Drittmittelprojekten absolviert wird. Nur dann zählt es bei Bewerbungen zur „beruflichen Praxis", nur dann bietet es einen Einblick in die Anforderungen der Berufswelt, nur dann kann es u.U. zur Anbahnung von Kontakten und vielleicht sogar zur Qualifikation für eine Stelle beim Praktikumsgeber dienen.

Das Praktikum wirkt auch auf das Studium zurück: Es vermittelt Anregungen, schärft das Bewusstsein für relevante und weniger relevante Lehrangebote, bietet Möglichkeiten der Einschätzung der Relevanz von Nebenfächern und kann im Extremfall helfen, eine nicht sinnvolle Nebenfach-Entscheidung zu korrigieren.

Wie lange sollte ein Praktikum dauern, wie viele Praktika sollte man durchführen? Diese Fragen sind eigentlich nur spezifisch für den jeweiligen Hochschulstandort und auch spezifisch für jeden Praktikanten oder jede Praktikantin zu beantworten. Mindestens ein Praktikum von sechs Monaten sollte in jedem Fall absolviert werden, besser sind natürlich zwei oder drei bei verschiedenen Institutionen, wenn dadurch das Studium nicht verlängert wird. Eine Aufteilung auf zwei Praktika von jeweils drei Monaten Dauer in der vorlesungsfreien Zeit kann ebenfalls sinnvoll sein. Ein frühes Praktikum trägt dazu bei, die eigenen Interessen früher zu erkennen, das Studium stringenter zu planen, Lehrveranstaltungen und Fachlektüre bewusster auszuwählen. Späte Praktika bieten die Möglichkeit, „sich zu bewähren", die eigenen Fähigkeiten einzubringen und sich damit als potentieller Mitarbeiter zu profilieren, indem die erworbenen methodischen Fertigkeiten und inhaltlichen Kenntnisse, aber auch die eigene Persönlichkeit besser präsentiert werden. Gerade bei den „späten" Praktika kommt es darauf an, die Institution, bei der das Praktikum absolviert wird, bereits nach strategischen Gesichtspunkten auszuwählen, also unter der Perspektive des späteren Berufswunsches. Tipps für die Suche nach Praktikumsstellen bieten in Deutschland die Regionalen Arbeitsgruppen des DVAG, in Österreich der Zweigverein Angewandte Geographie der Österreichischen Geographischen Gesellschaft. An vielen Instituten existieren Karteien mit bewährten Praktikumsstellen, oft erhält man wertvolle Tipps auch bei der Studentenvertretung/Fachschaft oder bei den Hochschullehrern.

Ein weiteres Mittel der Fortbildung neben dem Studium stellt der Besuch von Tagungen, Symposien, Workshops und Vorträgen dar. Es kann nur dringend empfohlen werden, zumindest sämtliche derartige Veranstaltungen, die am Hochschulort angeboten werden, zu besuchen und sich bei den anschließenden Diskussionen auch zu Wort zu melden. Dies ist eine kostenlose und wenig aufwendige Chance, das Gesichtsfeld zu weiten und die Perspektive des eigenen Universitätsinstituts zu verlassen.

Auf solchen Veranstaltungen kommen auch oft Experten aus der Praxis, und dabei nicht nur Geographen, zu Wort. Dadurch können auch Kontakte zu anderen Hochschulorten und zur Praxis geknüpft werden, die sich möglicherweise einmal auszahlen. Vortragsreihen, die jedes Institut anbietet, sind die Geographischen Kolloquien, an vielen Standorten existiert darüber hinaus eine Geographische Gesellschaft, die in der Regel ein attraktives Vortragsangebot bietet. Es kann durchaus empfohlen werden, bereits im Studium Mitglied dieser Geographischen Gesellschaft zu werden, auch dies schafft Kontakte und weitet den Gesichtskreis. Im „Rundbrief", dem Mitteilungsorgan der Deutschen Gesellschaft für Geographie, werden ferner alle wichtigen Tagungen und Symposien in einer Terminübersicht angekündigt. Es ist durchaus zu empfehlen, die Hemmschwelle des Besuchs solcher Tagungen zu überwinden und daran teilzunehmen.

Ein letzter wichtiger Hinweis soll noch gegeben werden: An den meisten Instituten werden Stellen für Tutoren und für studentische oder wissenschaftliche Hilfskräfte angeboten, z.T. auch Werkverträge oder Hilfskrafttätigkeiten im Rahmen von Drittmittelprojekten. Diese stellen nicht nur eine willkommene Gelegenheit dar, das studentische Budget aufzubessern, wichtiger sind die funktionalen Vorteile. Als Tutor erwirbt man didaktische Fähigkeiten, zudem festigt sich das eigene Wissen, indem man es anderen vermittelt. Als Hilfskraft erwirbt man eine gute Binnensicht einer Forschungseinrichtung, lernt ziel- und zeitgerecht zu arbeiten und erwirbt auch eine gewisse Sozialkompetenz. Auf die Möglichkeit des Erwerbs dieser Qualifikationen, die ggf. in einer Bewerbung genannt werden können, sollte nicht verzichtet werden.

Tipps zum Weiterlesen:
v. ROHR, G. H.-G., K. KOST, K. MENSING, P. M. KLECKER, F. HÖMME u. C. SORGE: Geographen und ihr Markt. (Das Geographische Seminar). – Braunschweig 1996.

10.2.5. Folgerungen für das Geographiestudium

Das Studium des elften Kapitels dieses Buchs ist für zukünftige Diplomgeographen von großer Wichtigkeit. Es betrifft nur scheinbar einen Zeitraum, der für manche Studienanfänger noch in weiter Ferne liegt. Im Gegenteil: Schon in den ersten Semestern müssen die Weichen für den späteren Beruf gestellt werden, um das Studium nicht „l'art pour l'art" werden zu lassen.

Wenn folgende Hinweise beherzigt werden, könnte eine gute Grundlage für die berufliche Karriere als Geograph/in gelegt werden:

- Setzen Sie sich Ziele in unterschiedlichen Zeitmaßstäben: Nahziel ist immer der gute Erfolg in der augenblicklich belegten Lehrveranstaltung und im laufenden Semester, mittelfristiges Ziel ist der Erfolg im Abschlussexamen und in der Diplomarbeit, langfristiges Ziel aber ist der Beruf. Die drei Zielebenen müssen sich durchdringen: Bereits bei der Wahl der Lehrveranstaltung und der Arbeit im Seminar müssen das mittel- und langfristige Ziel mit berücksichtigt werden.
- Erwerben Sie in den ersten Semestern ein Wissen über das Berufsfeld des Geographen und überprüfen Sie Ihre Begabungen und Neigungen. Nehmen Sie mehrere – aber weder nur eines, um nicht zu eng zu werden, noch nicht zu viele, um sich nicht zu verzetteln – mögliche Einsatzfelder in die engere Wahl und richten Sie Ihr Studium darauf aus.
- Überlegen Sie die Wahl des oder der Nebenfächer sehr genau unter beruflichen Gesichtspunkten. Scheuen Sie nicht davor zurück, diese Wahl später noch zu korrigieren.
- Nehmen Sie an so vielen Exkursionen wie nur möglich teil. Dort lernen Sie die vernetzte Sicht- und Arbeitsweise von Geographen kennen, das Lernen ist viel anschaulicher als im Hörsaal und wird leichter gespeichert. Exkursionen sind teamorientiert, bauen soziale Schwellen zu Kommilitonen/innen und zu Lehrpersonen ab.
- Beobachten Sie den Arbeitsmarkt und ziehen Sie daraus Ihre Folgerungen!
- Legen Sie den Schwerpunkt Ihres Studiums – zumindest im Hauptstudium (in Österreich dem „2. Studienabschnitt") – auf den Erwerb von berufsorientierten Fertigkeiten.
- Nehmen Sie nach Möglichkeit an studienbegleitenden Berufsorientierungskursen und anderen praktischen Weiterbildungsangeboten teil.
- Besuchen Sie alle gebotenen Vorträge, Tagungen und Symposien an Ihrem Institut oder an der örtlichen Geographischen Gesellschaft. Besuchen Sie auch die Vorträge in Nachbardisziplinen. Nehmen Sie aktiv an der Diskussion teil und gehen Sie auch, falls vorgesehen, zur eventuellen „Nachsitzung" mit den Referenten. Besuchen Sie auch Tagungen außerhalb des Hochschulortes und nehmen Sie am Deutschen Geographentag (im zweijährigen Turnus) teil.
- Engagieren Sie sich in der Studentenvertretung oder Fachschaft! Tragen Sie konstruktiv zur Verbesserung der Institutsstruktur und des Lehrangebots teil. Erwerben Sie auf diese Weise Kenntnisse der demokratischen Willensbildung und der Leitung von Institutionen.
- Nehmen Sie die Möglichkeit wahr, als Tutor bei Lehrveranstaltungen oder als stu-

dentische Hilfskraft am Institut oder an einem Lehrstuhl zu arbeiten. Sie erwerben dadurch automatisch didaktische Fähigkeiten, werden mit institutionellen Abläufen vertraut oder lernen die Forschung mit Problemstellungen und -lösungen aus der Binnensicht kennen.
- Machen Sie sich mit Bewerbungstechniken vertraut, indem Sie entsprechende Kurse besuchen.
- Bevorzugen Sie Projektseminare gegenüber „klassischen" Lehrveranstaltungen, falls die Möglichkeit besteht. Sie erlernen dabei quasi nebenbei auch Projekt- und Zeitmanagement, Datenerhebung und -verarbeitung und Präsentationstechniken.
- Planen Sie mindestens zwei berufsorientierte Praktika außerhalb der Hochschule ein: eines im Grundstudium, um sich selbst positionieren zu können und Kriterien für die sinnvolle weitere Anlage des Studiums zu gewinnen, und eines im Hauptstudium, um die inzwischen erworbenen Kenntnisse und Fertigkeiten unter Beweis zu stellen.
- Falls es an Ihrem Hochschulort eine Geographische Gesellschaft oder eine Regional- oder Ortsgruppe des Deutschen Verbandes für Angewandte Geographie oder einer ähnlichen Institution gibt, werden Sie Mitglied und besuchen Sie die Veranstaltungen regelmäßig.
- Legen Sie sich eine Datei mit Kontakten an, die Sie während des Studiums geknüpft haben. Sie könnte die Namen von Vortragsreferenten, Experten von Exkursionen, Kollegen und Vorgesetzten im Praktikum und andere dort gewonnene Kontakte, Tagungsbekanntschaften und vielen anderen Verbindungen enthalten. Wichtig ist es, Zeit und Ort der Fühlungnahme festzuhalten, um ggf. darauf zurückkommen zu können.

Vergessen Sie nie, dass in den ersten Semestern die Grundlage für den Erfolg im Beruf gelegt wird. Stellen Sie die richtigen Weichen – dies ist nicht nur wichtig für den Studienerfolg, sondern viel mehr noch für den Einstieg und das Weiterkommen im späteren Beruf.

Literatur

11. Literaturverzeichnis

In manchen Kapiteln dieses Buches wurden Tipps zur weiteren Lektüre gegeben, um Studienanfängern den Zugang zu weiterführender Literatur so einfach wie möglich zu gestalten. Ein Literaturverzeichnis würde sich also scheinbar erübrigen. Dass diesem Buch dennoch ein solches beigegeben wird, beruht auf der Hoffnung, dass es nicht alle Leser bei der Lektüre dieses Buchs und ggf. der angegebenen weiterführenden Literatur bewenden lassen wollen. Wer auf den Geschmack gekommen ist, dessen Appetit sollte auch darüber hinaus gestillt werden. So hat das Literaturverzeichnis einerseits die Funktion eines Quellenverzeichnisses, in dem alle Quellen, auf die im Text verwiesen wurde, im Langzitat aufgeführt sind, andererseits aber stellt es eine kleine Bibliographie zum Geographiestudium für methodologisch und methodisch interessierte junge Geographen und Geographinnen dar. Der Autor würde sich freuen, wenn dieser letzte Teil der am eifrigsten benutzte des ganzen Buches würde!

ABLER, R., J. S. ADAMS u. P. GOULD: Spatial Organization. The Geographer's View of the World. - London 1972.
ADORNO T. W. et al.: Der Positivismusstreit in der deutschen Soziologie. - 3. Aufl. Darmstadt, Neuwied 1974.

BADER, F. J. W.: Einführung in die Geländebeobachtung. - Darmstadt 1975.
BARTELS, D.: Zur wissenschaftstheoretischen Grundlegung einer Geographie des Menschen. (= Erdkundliches Wissen 19) - Wiesbaden 1968.
BARTELS, D. u. G. HARD: Lotsenbuch für das Studium der Geographie als Lehrfach. - 2. Aufl. Bonn, Kiel 1975.
BECK, H.: Geographie: Europäische Entwicklung in Texten und Erläuterungen. (= Orbis Academicus) - Freiburg, München 1973.
BECKER, J.: Postmoderne Modernisierung der Sozialgeographie. - In: Geographische Zeitschrift 78, 1990, 1, S. 15-23.
BECKER, J.: Geographie in der Postmoderne? Zur Kritik postmodernen Denkens in Stadtforschung und Geographie. (= Potsdamer Geographische Forschungen 12).- Potsdam 1996.
BENICKE, W. (Hrsg.): Geographie. (= Fischer Kolleg 9) - Frankfurt 1973.
BIRKENHAUER, J.: Erdkunde. - 2 Bände, Düsseldorf 1971.
BLOTEVOGEL, H. H.: Auf dem Wege zu einer „Theorie der Regionalität". Die Region als Forschungsobjekt der Geographie. - In: BRUNN, G. (Hrsg.): Region und Regionsbildung in Europa. Konzeptionen der Forschung und empirische Befunde. Baden-Baden 1996, S. 44-68.
BLOTEVOGEL, H. H.: Geographische Erzählungen zwischen Moderne und Postmoderne - Thesen zur Theoriediskussion in der Geographie am Ende des 20. Jahrhunderts. (= Institut für Geographie der Gesamthochschule Duisburg, Diskussionspapier 1/1998) - Duisburg 1998.
BOBEK, H.: Gedanken über das logische System der Geographie. - In: Mitteilungen der Österreichischen Geographischen Gesellschaft 99, 1957, 2/3, S. 122-145.

BOBEK, H. u. J. SCHMITHÜSEN: Die Landschaft im logischen System der Geographie. – In: Erdkunde 3, 1949, 2/3, S. 112-120.
BOESCH, H.: Ein Schema geographischer Arbeitsmethoden. – In: Geographica Helvetica 25, 1970, S. 105-108.
BORSDORF, A.: Chile, eine sozialgeographische Skizze. – In: Geographische Rundschau 16, 1974, 6, S. 224-232.
BORSDORF, A.: Valdivia und Osorno. Strukturelle Disparitäten in chilenischen Mittelstädten. (= Tübinger Geographische Studien 69) – Tübingen 1976.
BORSDORF, A. et al.: Strukturwandel in der Landwirtschaft (= Arbeitshefte Geographie). – Stuttgart 1989.
BORSDORF, A.: Lebensqualität in Alpenstädten. In: CONTRO, R. (Hrsg.): Lebensqualität in Alpenstädten. Situation und Perspektiven der städtischen Lebensqualität unter besonderer Berücksichtigung des Zentralalpenraumes. – Trient 1996, S. 709-829.
BORSDORF, A., K. FRANTZOK, W. KORBY u. U. ROSTOCK: Raumplanung und Stadtentwicklung in Deutschland. (= Stundenblätter Geographie). – Stuttgart 1993.
BORSDORF, A., K. FRANTZOK, W. KORBY u. U. ROSTOCK: Raumplanung und Stadtentwicklung in Deutschland (= SII Arbeitshefte Geographie). – Stuttgart 1993.
BRUNN, E. u. G. FEHL (Hrsg.): Systemtheorie und Systemtechnik in der Raumplanung. – Basel, Stuttgart 1976.
BUCHWALD, K. u. W. ENGELHARDT (Hrsg.): Handbuch für Planung, Gestaltung und Schutz der Umwelt. – 4 Bände, München, Bern 1978.

CAROL, C.: Zur Theorie der Geographie. – In: Mitteilungen der Österreichischen Geograpischen Gesellschaft 105, 1963, 1-2, S. 23-28.
CHURCHMAN, C.: Einführung in die Systemanalyse. – München 1971.

DÖRRENHAUS, F.: Geographie ohne Landschaft. Zu einem Aufsatz von Gerhard Hard. In: Geographische Zeitschrift 59, 1971, S. 101-116.
DOWNS, R. u. D. STEA (Hrsg.): Kognitive Karten. Die Welt in unseren Köpfen. – New York 1982.

ECK, H.: Methoden wissenschaftlichen Arbeitens. Eine Einführung für Geographiestudenten. (= Werkhefte der Universität Tübingen, Reihe A, H. 7) – Tübingen 1983.
ECK, H.: Image und Bewertung des Schwarzwaldes als Erholungsraum – mit dem Vorstellungsbild der Sommergäste. (= Tübinger Geographische Studien 92). – Tübingen 1985.
EIFLER, G. u. O. SAAME (Hrsg.): Postmoderne – Anbruch einer neuen Epoche? Eine interdisziplinäre Erörterung. – Wien 1990.
ELLENBERG, H. (Hrsg.): Ökosystemforschung. – Berlin, Heidelberg, New York 1973.

FLIEDNER, D.: Sozialgeographie. (= Lehrbuch der Allgemeinen Geographie). – Berlin, New York 1993.
FÖRSTER, K. u. B. ÖGGL: Geographie am „Daten-Highway". Ein Einstieg in die Zukunft. – In: Innsbrucker Jahresbericht 1995-1996. Innsbruck 1997, S. 48-57.

FRIEDRICHS, J.: Methoden empirischer Sozialforschung. (= rororo studium 28) – Reinbek 1973.

GIBSON, J. J.: Wahrnehmung und Umwelt. Der ökologische Ansatz in der visuellen Wahrnehmung. – München, Wien, Baltimore 1982.

GIDDENS, A.: Die Konstitution der Gesellschaft. Grundzüge einer Theorie der Strukturierung. – Frankfurt/M., New York 1992.

GIERLOFF-EMDEN, H. G.: Mexico. Eine Landeskunde. – Berlin 1970.

GOLD, J. R.: Wahrnehmungspsychologie. Eine Einführung. – Heidelberg, Berlin, Oxford 1997.

GOULD, P.: Mental Maps. – Harmondsworth 1974.

GRADMANN, R.: Das länderkundliche Schema. – In: Geographische Zeitschrift 37, 1931, S. 540–548.

GÜßEFELDT J. u. J. SPÖNEMANN (Hrsg.): Geographie in der Grundlagenforschung und als Angewandte Wissenschaft. Göttinger Akzente. (= Göttinger Geographische Abhandlungen 100) – Göttingen 1997.

GUTERSOHN, H.: Die Geographie als Grundlager der Orts-, Regional- und Landesplanung. – In: Basler Beiträge zur Geographie und Ethnologie, Geographische Reihe 5, 1963, S. 7–25.

HABERMAS, H.: Kleine politische Schriften I-IV. – Frankfurt/M. 1981.

HABERMAS, J.: Die Neue Unübersichtlichkeit. (= Kleine Politische Schriften 5) – Frankfurt/M. 1985.

HAGGETT, P.: Geography. A Modern Synthesis. – 3. Aufl. New York etc. 1979. Deutsche Ausgabe: Geographie. Eine moderne Synthese. – 2. Aufl. Stuttgart 1991.

HAMBLOCH, H.: Allgemeine Anthropogeographie. (= Erdkundliches Wissen 31) – 2. Aufl. Wiesbaden 1972.

HANTSCHEL, R. u. E. THARUN: Anthropogeographische Arbeitsweisen. (= Das geographische Seminar) – Braunschweig 1975.

HARD, G.: Die Geographie. Eine wissenschaftstheoretische Einführung. (Sammlung Göschen 9001) – Berlin 1973.

HARD, G.: Was ist Geographie? Re-analyse einer Frage und ihrer möglichen Antworten. – In: Geographische Zeitschrift 78, 1990, 1, S. 1–14.

HARD, G.: Regionalbewußtsein als Thema der Sozialgeographie. Bemerkungen zu einer Untersuchung von Jürgen Pohl. – In: HELLER, W. (Hrsg.): Identität – Regionalbewußtsein – Ethnizität. (= Praxis Kultur- und Sozialgeographie 13) – Potsdam 1996, S. 17–41.

HARVEY, D.: Explanation in Geography. – London 1969.

HARVEY, D.: The Condition of Postmodernity. An Enquiry into the Origins of Cultural Change. – Oxford, Cambridge (MA) 1989.

HASSE, J.: Sozialgeographie an der Schwelle zur Postmoderne. – In: Zeitschrift für Wirtschaftsgeographie 1989, H.1-2, S. 20–29.

HEINRITZ, G. u. R. WIEßNER: Studienführer Geographie. Deutschland, Österreich, Schweiz. (= Das Geographische Seminar) – 2. Aufl. Braunschweig 1997.

HESSE, M.: Nachhaltige Raumentwicklung. Überlegungen zur Bewertung der räumlichen Entwicklung und Planung in Deutschland im Licht der Anforderungen der Agenda 21. – In: Raumforschung und Raumordnung 54, 1996, 2-3, S. 103–117.

HETTNER, A.: Die Geographie. Ihre Geschichte, ihr Wesen und ihre Methoden. – Breslau 1927.
HETTNER, A.: Das länderkundliche Schema. – In: Geographischer Anzeiger 33, 1932, S. 1-6.
HOFMEISTER, B.: Stadtgeographie. (= Das geographische Seminar) – 3. Aufl. Braunschweig 1976.
HUBRICH, H.: Landschaftsökologie. (= Kurswissen Geographie) – Stuttgart 1992.
HUMBOLDT, A. v.: Ansichten der Natur. – 2 Bände, Berlin 1808.

JAMES, P. E.: All Possible Worlds: A History of Geographical Ideas. – New York 1972.

KANT, I.: Kritik der reinen Vernunft. – (Nachdruck) Stuttgart 1985.
KARGER, A.: System der Geographie. Graphik zum Beitrag von H. Uhlig: System der Geographie. – In: Westermanns Lexikon der Geographie 4, Braunschweig 1970, S. 492.
KARGER, A.: Die Sowjetunion, Land und Wirtschaft. (= Informationen zur politischen Bildung 139) – Bonn 1970.
KERN, K. G.: Systemanalyse des Rhein-Neckar-Raumes: Ein Simulationsmodell zur Ermittlung der sozioökonomischen und ökologischen Grenzen einer weiteren Industrialisierung. – Frankfurt 1977.
KILCHENMANN, A.: Regionale Geographie heute. – Unveröff. Manuskript, Karlsruhe 1973, S. 4-5.
KÖCK, H.: Die Rolle des Raumes als zu erklärender Faktor. Zur Klärung einer methodologischen Grundrelation in der Geographie. – In: Geographica Helvetica 52, 1997, 3, S. 89-96.
KOLBMÜLLER, B.: Nachhaltige Entwicklung – die Chance und die Notwendigkeit kultureller Verortungen. – In: LUTZ, R. (Hrsg.): Die Region der Kultur. (= Kulturwissenschaftliche Horizonte 3). Münster 1998, S. 211-219.
KOTTKAMP, R.: Systemzusammenhänge regionaler Energieleitbilder. (= Gießener Geographische Schriften 64) – Gießen 1988.
KREBS, N.: Vergleichende Länderkunde. (= Geographische Handbücher) – 2. Aufl. Stuttgart 1952.
KRÜGER, R.: Die Geographie auf der Reise in die Postmoderne? (= Wahrnehmungsgeographische Studien zur Regionalentwicklung 5). – Oldenburg 1988.
KUHN, T. S.: Die Struktur wissenschaftlicher Revolutionen. – 2. Aufl. Frankfurt/M., 1976.
KUTSCHERA, F. v.: Wissenschaftstheorie. Grundzüge der allgemeinen Methodologie der empirischen Wissenschaften. (= UTB 100 u. 198) – 2 Bände, München 1972.

LAUTENSACH, H.: Der geographische Formenwandel. Studien zur Landschaftssystematik. (= Colloquium Geographicum 3) – Bonn 1953.
LAUTENSACH, H.: Über die Begriffe Typus und Individuum in der geographischen Forschung. (= Münchener Geographische Hefte 3) – München 1953.
LESER, H.: Landschaftsökologie (= UTB 521). – 2. Aufl. Stuttgart 1978.
LESER, H.: Geographie (= Das geographische Seminar) – Braunschweig 1980.
LICHTENBERGER, E.: Forschungsrichtungen der Geographie. Das österreichische Bei-

spiel. – In: Mitteilungen der Österreichischen Geographischen Gesellschaft 117, 1975, S. 1–116.
LOUNSBURY, J. F. u. F. T. ALDRICH: Introduction to Geographic Field Methods and Techniques. – New York 1979.

MAIER, J., R. PAESLER, K. RUPPERT u. F. SCHAFFER: Sozialgeographie (= Das Geographische Seminar) – Braunschweig 1977.
MATZAT, W.: „Genetische" und „historische" Erklärung in der Geographie und die analytische Wissenschaftstheorie. – In: Rhein-Mainische Forschungen 80, 1975, S. 59–80.
MECKELEIN, W. u. C. BORCHERDT (Hrsg.): Deutscher Geographentag Kiel 1969. Tagungsbericht und wissenschaftliche Abhandlungen. – Wiesbaden 1970.
MEYERS KONTINENTE UND MEERE. – 4 Bände. Mannheim 1969.

NEEF, E.: Die theoretischen Grundlagen der Landschaftslehre. – Gotha, Leipzig 1967.
NEEF, E. (Hrsg.): Das Gesicht der Erde. – 3. Aufl. Leipzig 1970.

PAFFEN, K. (Hrsg.): Das Wesen der Landschaft. (= Wege der Forschung 39) – Darmstadt 1973.
PEET, R. (Hrsg.): Radical Geography. – London 1978.
POHL, J.: Geographie als hermeneutische Wissenschaft. Ein Rekonstruktionsversuch. – In: Münchener Geogr. Hefte 52, 1986.
POHL, J.: Kann es eine Geographie ohne Raum geben? Zum Verhältnis von Theoriediskussion und Disziplinpolitik. – In: Erdkunde 47, 1993, 1–4, S. 255–266.
POPPER, K.R.: Objektive Erkenntnis. Ein evolutionärer Entwurf. – Hamburg 1973.
PUNTSCH, E.: Witze, Fabeln, Anekdoten. Handbuch für Politiker, Künstler, Pädagogen, Wissenschaftler, Schriftsteller, Manager, Korrespondenten. – Augsburg 1990.

REINERS, L.: Stilkunst. Ein Lehrbuch deutscher Prosa. – München 1955.
REINERS, L.: Kleine Stilfibel. – München 1963.
RIEDEL, H.: Wahrnehmung von Grenzen und Grenzräumen. Eine kulturpsychologisch-geographische Untersuchung im saarländisch-lothringischen Raum. (= Arbeiten aus dem Geographischen Institut der Universität des Saarlandes 41) – Saarbrücken 1994.
RITTER, W. u. W. STRZYGOWSKI: Geographie. (= Das Wissen der Gegenwart) – Berlin, Darmstadt 1970.
ROBINSOHN, F. P.: Effective Study. – New York 1961.
ROHR, G. H.-G. V.: Angewandte Geographie. (= Das Geographische Seminar) – 2. Aufl. Braunschweig 1994.
ROHR, G. H.-G. V., K. KOST, K. MENSING, P. M. KLECKER, F. HÖMME u. C. SORGE: Geographen und ihr Markt. (= Das Geographische Seminar) – Braunschweig 1996.

SAARINEN, T. F.: Perception of environment. (= Association of American Geographers, Commission on College Geography, Research Paper 5) – Washington D.C. 1969.
SANDNER, G. u. H.-A. STEGER: Lateinamerika. (= Fischer Länderkunde 7) – Frankfurt/M. 1973.

SAUSCHKIN, J. G.: Studien zur Geschichte und Methodologie der geographischen Wissenschaft. – Gotha, Leipzig 1978.
SCHMITHÜSEN, J.: Die Aufgabenkreise der Geographischen Wissenschaft. – In: Geographische Rundschau 22, 1970, 11, S. 431–437.
SCHMITHÜSEN, J.: Allgemeine Geosynergetik. Grundlagen der Landschaftskunde. (= Lehrbuch der Allgemeinen Geographie 12) – Berlin, New York 1976.
SCHÖLLER, P.: Aufgaben heutiger Länderkunde. – In: Geographische Rundschau 30, 1978, 8, S. 296–297.
SCHRETTENBRUNNER, M. u. R. FICHTINGER: Methoden und Konzepte einer verhaltenswissenschaftlich orientierten Geographie. (= Der Erdkundeunterricht, H. 19) – Stuttgart 1974.
SEDLACEK, P. (Hrsg.): Zur Situation der deutschen Geographie zehn Jahre nach Kiel. (= Osnabrücker Studien zur Geographie 2) – Osnabrück 1979.
SEIFERT, V.: Regionalplanung (= Das Geographische Seminar). – Braunschweig 1986.
SEIFFERT, H.: Einführung in die Wissenschaftstheorie, 4 Bände. – München 1970-97.
SEIFFERT, H.: Einführung in das wissenschaftliche Arbeiten. Bibliographie – Dokumentation – Manuskript. – Braunschweig 1972.
SPANDL, O. P.: Die Organisation der wissenschaftlichen Arbeit. – Reinbek 1974.
SPETHMANN, H.: Dynamische Länderkunde. – Breslau 1928.
SPETHMANN, H.: Das länderkundliche Schema in der deutschen Geographie. Kämpfe um Fortschritt und Freiheit. – Berlin 1931.
STEUER, M.: Wahrnehmung und Bewertung von Naturrisiken. (= Münchener Geographische Hefte 43) – Regensburg 1979.
STIENS, G.: Prognostik in der Geographie (= Das Geographische Seminar). – Braunschweig 1995.
STORKEBAUM, W. (Hrsg.): Zum Gegenstand und zur Methode der Geographie. (= Wege der Forschung 58). – Darmstadt 1967.

THOMALE, E.: Entwicklung und Stagnation in der Sozialgeographie. – In: Die Erde 109, 1978, 2, S. 81–91.

UHLIG, H.: Organisationsplan und System der Geographie. – In: Geoforum 1, 1970, 1, S. 7–38.

VOGT, C.: Verbotene Ressourcen. Wirtschaftliche Aktionsräume in Guatemala. (= Innsbrucker Geographische Studien 29) – Innsbruck 1999.
VOGT, J.: Raumstruktur und Raumplanung. (= Kurswissen Geographie) – Stuttgart, Dresden 1994.

WAGNER, J.: Physische Geographie (= Harms Erdkunde 7) – München 1964.
WEICHHART, P.: Geographie im Umbruch. Ein methodologischer Beitrag zur Neukonzeption der komplexen Geographie. – Wien 1975.
WEICHHART, P.: Individuum und Raum, ein vernachlässigter Erkenntnisbereich der Sozialgeographie. – In: Mitteilungen der Geographischen Gesellschaft München 65, 1980, S. 63–92.
WEICHHART, P.: Sozialgeographie alltäglicher Regionalisierungen. Benno Werlens

Neukonzeption der Humangeographie. – In: Mitteilungen der Österreichischen Geographischen Gesellschaft 139, 1997, S. 25–45.

WEIGT, E.: Die Geographie. Eine Einführung in Wesen, Methoden, Hilfsmittel und Studium. (= Das geographische Seminar) – 5. Aufl. Braunschweig 1979.

WERLEN, B.: Thesen zur handlungstheoretischen Neuorientierung sozialgeographischer Forschung. – In: Geographica Helvetica 41, 1986, 2, S. 67–76.

WERLEN, B.: Thesen zur handlungstheoretischen Neuorientierung sozialgeographischer Sozialgeographie. (= Erdkundliches Wissen 89) – Stuttgart 1987.

WERLEN, B.: Gesellschaft, Handlung und Raum. Grundlagen handlungstheoretischer Sozialgeographie. – Stuttgart 1988.

WERLEN, B.: Gibt es eine Geographie ohne Raum? Zum Verhältnis von traditioneller Geographie und zeitgenössischen Gesellschaften. – In: Erdkunde 47, 1993, 4, S. 241–255.

WERLEN, B.: Sozialgeographie alltäglicher Regionalisierungen. 2 Bände (= Erdkundliches Wissen 116 u. 119) – Stuttgart 1995 u. 1997.

WESTERMANNS LEXIKON DER GEOGRAPHIE. 4 Bände. – 2. Aufl. Braunschweig 1973. (1. Aufl. 1970).

WINKLER, E. (Hrsg.): Probleme der Allgemeinen Geographie. (= Wege der Forschung 299) – Darmstadt 1975.

WIRTH, E.: Zum Problem einer Allgemeinen Kulturgeographie. Raumodelle – Kulturgeographische Kräftelehre – Raumrelevante Prozesse – Kategorien. – In: Die Erde 100, 1969, 2–4, S. 156–193.

WIRTH, E.: Theoretische Geographie. Grundzüge einer Theoretischen Kulturgeographie. (= Teubner Studienbücher Geographie) – Stuttgart 1979.

WÖHLKE, W.: Das Potential des polnischen Wirtschaftsraumes und die Probleme seiner Inwertsetzung. – In: Geographische Rundschau 19, 1967, 5, S. 170–185.

WÖHLKE, W.: Die Kulturlandschaft als Funktion von Veränderlichen. Überlegungen zu einer dynamischen Betrachtung in der Kulturgeographie. – In: Geographische Rundschau 21, 1969, 6, S. 298–308.

12. Verzeichnis der Abbildungen

Abb. 1: Strandleben in Polangen, Litauen (Foto: BORSDORF 1997) — 13
Abb. 2: Verteilung der Strandpopulation und Auszählung (Entwurf: BORSDORF nach HAGGET 1991, S. 36) — 15
Abb. 3: Coroplethenkarte (nach HAGGET 1991, S. 36) — 16
Abb. 4: Isoplethenkarte (nach HAGGET 1991, S. 36) — 16
Abb. 5: Interpersonale Distanzen auf dem Strand (nach HAGGET 1991, S. 37) — 16
Abb. 6: Veränderung der Strandpopulation in verschiedenen Zeitmaßstäben (nach HAGGET 1991, S. 39) — 18
Abb. 7: Die Wissenschaftspyramide (Entwurf: BORSDORF nach ABLER/ADAMS/GOULD 1972) — 21
Abb. 8: Schema der Induktion (Entwurf: BORSDORF) — 23
Abb. 9: Schema der Deduktion (Entwurf: BORSDORF) — 24
Abb. 10: Schema des hermeneutischen Zirkels (Entwurf: BORSDORF) — 26
Abb. 11: Wissenschaftstheoretische Konzepte und ihre ontologischen, epistemologischen, methodologischen und gesellschaftspolitischen Implikationen (Entwurf: BORSDORF in Anlehnung an BLOTEVOGEL 1998, stark verändert) — 27
Abb. 12: Die Geographie im Gefüge der Wissenschaften (Entwurf: BORSDORF) — 28
Abb. 13: Aufbau der Geosphäre (nach CAROL 1963, S. 23) — 31
Abb. 14: Blick von Westen auf dei chilenische Hochkordillere in der Atacama (Foto: BORSDORF 1995) — 31
Abb. 15: Schematische Darstellung eines Ausschnitts der Geosphäre (Entwurf: BORSDORF) — 33
Abb. 16: Hypsographische Kurve der Erdoberfläche (nach WAGNER 1964, S. 134) — 34
Abb. 17: Lagetypisierung (Entwurf: BORSDORF) — 35
Abb. 18: Der Funktionsbegriff in der Geographie (Entwurf: BORSDORF) — 37
Abb. 19: Vereinfachte Darstellung der Geosphäre und ihrer Betrachtungsweisen — 42
Abb. 20: Betrachtungsweisen der Geographie (Merkmalsmatrix) (Entwurf: BORSDORF) — 44
Abb. 21: Einfaches Schema der inneren Gliederung der Geoographie (Entwurf: BORSDORF) — 46
Abb. 22: Organisationsplan und System der Geographie (nach UHLIG 1970) — 47
Abb. 23: System der Geographie (nach KARGER 1970) — 48
Abb. 24: Aufgabenkreise der Geographie (nach SCHMITHÜSEN 1970) — 49
Abb. 25: Die Position der Geographie und ihrer Teildisziplinen im Verbund wissenschaftlicher Fragestellungen (nach HAGGET 1979 und LESER 1980) — 51
Abb. 26: Zusammenhänge einzelner Nachbardisziplinen mit den Teildisziplinen der Geographie (Entwurf: BORSDORF) — 54
Abb. 27: Das länderkundliche Schema — 57
Abb. 28: Richtungen und Lagetypen des Formenwandels — 61

Verzeichnis der Abbildungen

Abb. 29:	Richtungstypen des geographischen Formenwandels	62
Abb. 30:	Der geographische Formenwandel auf der Iberischen Halbinsel (nach LAUTENSACH 1953)	63
Abb. 31:	Seinsbereiche und Gesetzlichkeiten in der landschaftlichen Integration	64
Abb. 32:	Hauptstufen der Intergration zur Landschaft (nach BOBEK 1957, S. 129)	65
Abb. 33:	Kulturlandschaft als Funktion von Veränderlichen (nach WÖHLKE 1969)	70
Abb. 34:	Kulturlandschaftsgenese (nach BORSDORF 1976)	73
Abb. 35:	Die psychische Treppe (nach NEEF 1967)	74
Abb. 36:	Schema der Kulturlandschaftsgenese im südwestdeutschen Altsiedelland (nach BORSDORF 1989, S. 34)	76
Abb. 37:	Schema der Münchener Sozialgeographie (Entwurf: BORSDORF)	77
Abb. 38:	Perzeptionsgesteuertes menschliches Verhalten im Raum (nach MAIER et al. 1977, S. 26)	80
Abb. 39:	Semantische Differentiale derr Begriffe Schwarzwald und Landschaft bei Schwarzwaldtouristen (nach ECK 1985, S. 62)	81
Abb. 40:	Lebensqualität in Alpenstädten. Konzeption einer Untersuchung nach perzeptionsgeographischen Gesichtspunkten (nach BORSDORF 1996)	82
Abb. 41:	Das Londoner Untergrundbahn-System	85
Abb. 42:	Modell der Territorialstruktur und der in ihr ablaufenden Prozesse (nach LESER 1980, S. 47)	86
Abb. 43:	Moderne und Postmoderne (stark verändert nach HARVEY 1989, S. 340 f.)	95
Abb. 44:	Modellhafte Rekonstruktion des Handlungsablaufes (verändert nach WERLEN 1986, S. 70)	98
Abb. 45:	Informationsträger und Analysetechniken in der Geographie (Auswahl)	104
Abb. 46:	Arbeitsschritte der Themenanalyse	105
Abb. 47:	Klassifikation der Bibliographien	107
Abb. 48:	Dokumentationszentren (bibliographische Auskunftsstellen), Auswahl	109
Abb. 49:	Muster einer Randlochkarte	119
Abb. 50:	Wissenschaftliches Arbeiten im Entdeckungs-, Begründungs- und Verwertungszusammenhang (verändert nach FRIEDRICHS 1973)	128
Abb. 51:	Gestaltungsmöglichkeiten für Seminarsitzungen, Alternativen zum klassischen Vortrag	130
Abb. 52:	Möglichkeiten des Berufseinstiegs für Geographen (nach V. ROHR et al 1996, S. 80)	142

13. Stichwortregister

Allgemeine Geographie 43
Altpositivismus 22
Analysetechnik 103
Angewandte Geographie 87 ff.
Anthropogeographie 43
Anthroposphäre 30, 33
Arbeitsmarkt 137 ff.
Arbeitstransparent 116
Archiv 117
Atlas 115
Atmosphäre 30
Aufbautransparent 134

Beobachtung 39
Berufseinstieg 141
Berufsfeld 137 ff.
Berufspraktikum 144 ff.
Bevölkerungsgeographie 43
Bezugskreis,
    physisch-geographischer 35
    kulturgeographischer 35
Biogeographie 43
Bibliographieren 106 ff.
Biosphäre 30, 33
Bodengeographie 43

Choroplethenkarte 15, 16
Clipboard 133

Daseinsgrundfunktionen 78
Deduktion 24
Demonstationsstück 136
Dia 116, 135
Disziplingeschichte 90 ff.
Dualismus-Problem 92 ff.
Dynamische Länderkunde 58

Einführung 10 ff.
Enzyklopädien 111
Epistemologie 26
Evaluation 88

Fachzeitschriften 112 f.

Film 116, 135
Folie 134
Form 32, 36
Formenwandel 62
Funktion 32, 36

Genese 32, 37
Geofaktor 43
Geofaktorenlehre 43
Geographie 28 ff.
Geographie, Definition der
    30, 31, 32, 87, 88
Geographiestudium 39 f., 66 f., 147 f.
Geographische
    Formenwandellehre 61
Geographische Informations-
    systeme 57
Geomer 30, 42
Geomorphologie 43
Geoökologie 44
Geosphäre 30, 33
Gradnetz 15
Grundfrage der Geographie 17

Handout 136
Handstück 136
Hermeneutik 22, 26
Hilfswissenschaften 53
Hochschulschriften 114
Humangeographie 43
Humanökologische Geographie 101
Hydrogeographie 43
Hydrosphäre 30, 33

Ideologie 20
Induktion 23
Informationsgewinnung 103
Informationsspeicherung 117 ff.
Informationsträger 103 f.
Integration 64
Integrationslehre 63
Internet 110
Isoplethenkarte 15, 16

Stichwortregister

Karte 115
Kartei 117
Klimageographie 43
Kulturgeographie 43
Kulturlandschaft 69
Kulturlandschaftsgenese 69 ff.
Kulturlandschaftsgestaltung 71

Lage 32, 34
Lage, geographische 35
Lage, relative 35
Lage, topographische 35
Lagebestimmung 35
Länderkunde 44, 55 ff.
Länderkundliches Schema 57
Landesnatur 65
Landschaftskunde 45, 61 ff.
Lehrbuchreihen 111 f.
Lernmethode 121 ff.
Lesemethode 121 ff.
Literaturdienst 108
Literatursuche 105 f.
Lithosphäre 30, 33
Luftbild 115

Manuskript 126 f.
Maßstab 14
Medieneinsatz 132
Mental Map 79
Methatheorie 22
Moderne 95

Nachbardisziplinen 52
Neopositivismus 22

Ontologie 26
Overheadprojektor 134

Paradigmenwechsel 94
Pedosphäre 30
Perzeptionsgeographie 81
Perzeptionsgeographischer Ansatz 79 ff.
Physiogeographie 43
Politische Geographie 43
Postmoderne 94

Präsentation 127
Pressedienste 115
Problemorientierte Länderkunde 60
Prognose 87
Prozessmuster 17
Psychische Treppe 64, 75

Qualifikation 144 ff.
Question 121

Randlochkarte 118
Rationalismus, kritischer 25
Raumentwicklung 37
Raumplanung 88
Read 121
Recite 122
Regionale Geographie 42, 55 ff.
Reiners-Methode 122
Review 122

Satellitenbild 115
Schneeballsystem 105
Schulgeographie 77
Screen-Projektor 135
Siedlungsgeographie 43
Soziale Gruppe 78
Sozialgeographie 44, 77
Soziosphäre 30, 33
Spezielle Geographie 45
SQ3R-Methode 121
Standort 14
Statistiken 114
Stoff 36
Strand 12 ff.
Struktur 32, 36
Struktur, innere 21
Studienkartei 118
Substanz, geographische 14, 30
Survey 121
System 83
Systemanalyse 83
Systemanalytischer Ansatz 83

Tafel 133
Teleologie 26
Themaanalyse 104 f.

Vergleichende Länderkunde 61
Verkehrsgeographie 43
Video 116, 135
Vortrag 129 ff.
Vortragstechnik 131

Wandkarte 133

Wirtschaftsgeographie 43
Wissenschaft 19, 20, 28
Wissenschaftliche Arbeit 126
Wissenschaftliches Arbeiten 103 ff.

Zitieren 123
Zusatzausbildung 144 ff.